개정판

사회 연결망 이론

김 용 학

博 英 社

책머리에

원고를 마칠 즈음 우연히 〈트루만 쇼〉라는 영화를 다시 보게 되었다. 이 영화는 거대한 텔레비전 세트 안에서 살아가는 한 인간의 이야기를 다룬다. 주인공은 태어나는 순간부터 자신의 일거수일투족이 24시간 내내 전세계에 생중계되는지를 모른 채 살아간다. 그는 자신의 부모나 친구, 심지어는 아내까지도 배역을 수행하는 배우라는 사실을 전혀 눈치채지 못한 채 30여 년을 살아온 것이다. 구멍으로 사생활을 훔쳐보는 인간의 관음 본능을 이용한 이 생중계는 최고의 인기 프로그램으로 자리잡지만, 결국 주인공은 죽은 아버지가 다른 배역으로 출연한 것을 발견하고부터 텔레비전 방송국의 거대한 음모를 파헤치기 시작한다. 여러 가지 난관을 극복하고 지구 위에서 가장 큰 구조물인 방송국 세트를 탈출하면서 영화가 맺어진다.

사회 연결망 이론에 대한 책의 머리에서 이 영화를 언급하는 이유는 그것이 전하는 강한 메시지 때문이다. 이 영화는 한 인간이 맺는 모든 관계가 허구라는 극단적인 경우를 상상해 보도록 한다. 부모뿐만 아니라, 아내와 친구들 모두가 배역을 맡은 배우이고 자신은 이 거대한 드라마의 등장인물이라고 상상해 보라. 주인공이 7살부터 사귀어온 절친한 친구에게 진실을 밝히려고 도움을 청하자 그 친구는 이렇게 말한다. "나는 너에게 절대로 거짓말을 하지 않아." 각본대로 이 대사를 읊을 때 관객은 주인공에 대한 연민으로 가득 찬다. 과연 한 인간이 맺는 모든 관계가 허구일 때 그의 존재 의미는 무엇인가.

이 영화는 사회 연결망 이론이 근거하고 있는 관계적 인간관을 잘 보여 주고 있다(제2장에서 논의). 인간은 자신이 맺고 있는 관계를 떠나서는 살 수 없으며, 이 관계로부터 자아 정체성을 부여 받는다. 자신이 갖고 있는 신념이나 가치관, 그리고 정치적인 견해도 자신과 상호 작용하는 사람들로부터 영향을 받는다. 인간의 의식과 행동도 이 관계에 의해 형성된다. 이것이 관계에 자리매겨진(embedded) 인간 모습의 핵심이다. 연결망 안에 어떻게 자리매겨졌는가에 의해서 권력을 갖기도 하며, 그에 따라 이익을 얻기도, 혹은 손해를 보기도 한다. 극단적인 예로서 누구에게나 따돌림을 받는 왕따도 연결망 안에 자리매겨진 특정한 위치를 가리키는 말이다. 이러한 위치 때문에 왕따는 고통받기도 하고, 새로운 자리매김(embedding)을 위해 부단히 노력하기도 한다.

섹스의 네트워크에서 카사노바와 같은 바람둥이나 매매춘 여성들이 차지하는 위치를 생각해 보자. 이들은 수많은 섹스 연결선을 가진 허브가 된다. 마치 이착륙하는 항공기가 많아서 뉴욕공항이라는 허브가 중심에 놓여 있으면서 전세계 도시를 연결하듯이, 섹스 네트워크의 허브는 에이즈와 같은 질병을 전세계에 빠른 속도로 전파한다. 동남아 국가 등에서 섹스 관광을 즐기는 사람들은 에이즈 바이러스를 멀리 전달하는 구실을 한다. 네트워크의 중앙에 자리매겨진 사람들의 파급효과가 큰 것을 알 수 있다.

네트워크의 위치뿐만 아니라 네트워크의 단순한 형태상의 차이도 커다란 사회적 결과를 낸다. 예를 들어 〈그림 A〉와 〈그림 B〉에서의 네트워크 효과를 비교해 보자. 〈그림 A〉는 인접한 사람들과만 상호 작용하는 경우이고, 〈그림 B〉는 소수의 "먼 전달자"가 있는 경우이다. 〈그림 A〉의 경우 맨 하단에 위치한 행위자가 맨 상단에 위치한 행위자와 연결되려면 5단계를 거쳐야 한다. 그러나 〈그림 B〉의 경우에는 먼 전달자 덕에 2단계가 줄어든다. 내가 아는 사람이 아는 사람이 아는 사람의

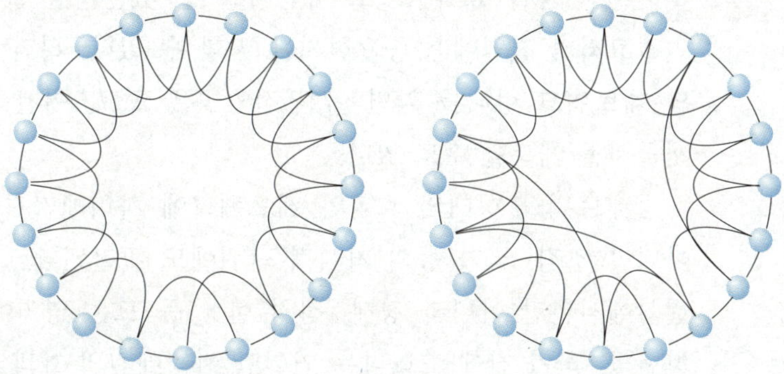

〈그림 A〉 〈그림 B〉

숫자는 지수 함수로 증가하여 "좁은 세상"을 만드는 근거가 되지만, 여기에 먼 전달자가 가세하면 세상은 더욱 좁아지게 된다.

"좁은 세상"은 중세 시대에 흑사병이 어떻게 단기간 내에 유럽 인구의 3분의 1을 희생시킬 수 있었는지를 짐작하게 하며, 아프리카 작은 부족에서 발생한 에이즈(AIDS)가 어떻게 20년 만에 전세계에서 3,800만 명의 보균자들을 고통과 죽음으로 몰아넣었는가를 납득시켜 준다. 또한 2003년 전세계를 공포로 몰아넣은 사스(SARS)가 어떻게 중국의 한 고양이 요리사로부터 몇 달 만에 전 지구에 퍼져나갔는지 설명해 준다.

또한 진화 생물학을 이용하여 반도체 회로를 설계하는 공학자들은 스스로 진화하는 설계도면을 만들어 내고 있는데, 이 반도체 회로도 좁은 세상의 특징을 갖고 있다고 한다(밴틀리, 2003). 좁은 세상 네트워크를 잘 활용하면 도로 설계를 전면 대폭 수정하지 않더라도, 몇 가닥의 고가 도로와 다리만으로도 도시의 교통 흐름을 원활하게 바꾸어 놓을 수도 있을 것이다. 전화선이나 휴대폰 통신망에서 몇 가닥의 무작위 연결만으로도 원하는 두 지점까지 빠르게 연결할 수 있으며, 인터넷에서 정보의 흐름을 효율적으로 제어할 수 있게 될 것이다. 이처럼 네트워크의 형태를 통제하는 것은 전염병의 경로를 밝히고 확산을 차단하려는 보건 의학정책 분야에서도 유용하다. 어느 다리를 끊어야 물밀듯이 진군하는 적군을 효과적으로 차단시킬 수 있는지를 알 수 있듯이, 어느 연결고리가 전염에서 중요한지를 밝힐 수 있다. 뿐만 아니라 상호 작용의 네트워크 형태를 알면 어떤 전염병은 뜨고, 어떤 전염병은 제 풀에 시들지를 예측할 수도 있다.

네트워크 형태의 효과와 네트워크에 자리매겨진 효과는 인간뿐만 아니라 조직, 국가 등의 거시적 단위에도 관찰된다. 그리고 사회, 문화 현상에서뿐만 아니라 경제, 정치 현상 등 모든 영역에서 그 효과가 나타난다. 국가 간에 드러나는 연결망 자리매김의 효과의 단순한 예를 들어 보자. 북한의 움직임에 대한 정보를 미국에 의존해야 하는 한국은 정보 흐름 네트워크에서 차지하는 위치 때문에 미국산 전투기를 구매하라는 미국 정부의 압력에 굴복하게 된다. 정보 흐름의 연결망에서의 위치 때문에 한국은 미국의 정보 권력 앞에 저자세가 될 수밖에 없었던 것이다(물론 군사정보 흐름의 연결망은 미국과 한국이라는 이자 연결망보다는 훨씬 복잡한 연결망일 것이다).

사회과학에서 연결망에 대한 관심이 증대하는 이유는 두 가지이다. 첫번째 이유로는 연결망이 한 지역 내에서 혹은 전세계적으로 거의 모든 영역에서 점차로 확산되고 있다는 점을 꼽을 수 있으며, 둘째 이유로는 연결망에서 차지하는 위치가 개인이나 기업, 조직, 국가 등에 미치는 영향이 점차로 증대하고 있다는 점을 들 수 있다. 각각의 원인에 대해 살펴보자.

고전사회학자 뒤르케임은 연결망이 확산하는 이유를 기능적 의존성에서 찾았다. 근대 이전의 사회는 자기 충족적 사회였다. 마치 지렁이의 마디를 잘라내어도 각 마디가 자기 충족적이기 때문에 생존할 수 있듯이, 근대 이전의 사회는 인접한 사회와 격리시켜도 독자적인 생존이 가능했다. 그 사회를 구성하는 마을들도 독립적이고 자기 충족적이었기 때문에 마을 사이에 상호 작용은 거의 없었다. 그러나 현대 사회는 모든 부분이 전문적으로 분화되어 각기 다른 기능을 지니고 움직이므로 서로가 서로에게 의존해야 할 기능적인 필요성이 생겨났다. 바로 이러한 상호 의존성 때문에 연결망이 증대한다고 뒤르케임은 설명한다. 동질성에 기초한 '기계적인 연대'가 아니라, 이제는 서로 각 부문 간에 자발적으로 협동하는 '유기적인 연대'가 사회 결속의 원리로 자리 잡았다는 것이다.

뒤르케임의 통찰력은 세계화와 정보화에 의해 촉진되는 연결망의 확산을 설명하는 데 아직도 유효하지만, 그가 관찰할 수 없었던 새로운 현상이 연결망을 확산시키고 있다. 바로 변이의 창조(creation of variation)를 위해서 연결망이 확산된다는 점이다. 쌀만 생산하는 사람이 고기가 먹고 싶어서 정육점 주인과 연결된다는 것이 뒤르케임의 설명논리라면, 변이의 창조는 자장면에 스파게티 소스를 섞는 퓨전, 혹은 경계 넘기(border crossing)의 논리를 말한다. 경계 넘기를 통한 변이의 창조는 정보사회의 논리이다.

둘째, 연결망에서의 위치가 점점 더 위력을 발휘하는 이유는 정보의 가치가 점차로 중요해지기 때문이다. 산업사회가 자원 소유의 싸움터라면 정보사회는 정보통제권의 각축장이다. 연결망에서 중앙을 차지하면 핵심적인 정보를 소유하게 됨으로써 권력을 갖게 된다. 왕따가 되거나 변방으로 밀려나면 정보의 흐름에서 소외되어 집단에서 영향력을 잃게 된다. 누구를 아는지가 안 되는 일도 되게 할 수도 있고, 정치적 투쟁에서의 성패를 갈라 놓는다. 정치 활동이나 경제 활동도 누구와 연결되어 있는가가 중요한 결과의 차이를 만들어 낸다.

이 책에서 논의하는 많은 개념들은 사회 연결망 분석(social network analysis)기법에 의해서 수학적으로 정의된 것들이다. 사실 이 책을 집필하면서 〈사회 연결망 이론〉과 〈사회 연결망 분석〉을 한 권의 책으로 통합하여 집필할 것인지, 아니면 두 권으로 나눌 것인지에 대해서 많이 망설였다. 어떤 결정을 내리든지 장단점이 있다. 통합하면 개념을 더욱 엄밀히 이해하고, 구체적인 분석방법을 배워가면서 사회 연결망 이론을 배울 수 있다는 장점이 있다. 그러나 연결망 분석기법만을 배우고 싶은 다양한 학문 분야의 사람들에게 사회학 이론은 필요하지 않을 수도 있다. 가령 아동학이나 교육학 등 다른 분야에서 활동하는 연구자들은 사회학 이론에는 별로 관심이 없을 것이다. 결국 독자들의 편의를 위해서 두 권의 책으로 나누어 집필하기로 결정했다. 그러나 사회과학도에게는 이 책과 〈사회 연결망 분석〉이라는 별도의 책은 밀접하게 연결된, 서로 상호 보완적임을 밝혀 둔다.

많은 분들의 도움이 없었으면 이 책의 출간이 불가능했을 것이다. 한준 교수는 책의 초고를 대학원 세미나 교재로 활용하면서 수강생들과 함께 꼼꼼히 읽은 후, 자신의 날카로운 비판과 제안, 그리고 수업에서 토의된 내용을 정리해 주었다. 그의 조언은 내용을 보다 충실하게 만들고, 논리의 흐름을 바로잡는 데 큰 도움이 되었다. 2002년 가을 연세대학교에 초빙교수로 재직하면서 한 학기를 강의한 캘리포니아(버클리) 대학의 이홍영 교수는 이 책의 초고를 이틀만에 다 읽고는 책에 대해 토론하자고 제안하여 저자를 긴장시켰다. 두 시간에 걸쳐 진행된 연결망에 관한 토론에서 나는 이홍영 교수로부터 진정한 학자의 모습을 발견할 수 있었다. 그가 제안한 좋은 논평을 충실히 소화하여 반영하지 못한 무능력은 모두 저자의 책임이다.

박찬웅 교수와 장덕진 교수, 그리고 이경용 박사는 지난 몇 년간 저자와 함께 여러 공동 연구를 수행하면서, 이 책의 구석구석에 녹아 있는 아이디어를 전수해 주었다. 이화여대의 전숙자 교수는 초안을 검토하고 수정하면서 과도한 학교행정에 지쳐 원고를 마무리하지 못하고 있던 저자를 독려해 주었다. 지금 이 글을 쓰고 있는 이 순간에도 양평의 깊은 산속에 위치한 연구원에서 저자와 함께 마무리 작업을 함께 하고 있는 조교들에 대한 고마움은 이루 표현할 수 없을 정도이다. 참고문헌을 정리하고, 빈 문단 몇몇 곳에 채워 넣을 원고의 초고를 마련해 주고, 잘못 쓰여진 내용을 지적하고 바로잡아 준 차영주, 장과 절의 구성에 대해서 제안을 하는 등 글의 흐름을 향상시키는 데 도움을 준 서남규, 이미영, 그리고 이주영, 개정판의 자료수집을 도와 준 이희재와 같은 조교의 도움을 받을 수 있었던 것은 저자로서는 커다란 행운이었다. 특히 5년간의 전액 장학금을 약속한 코넬대학으로 유학을 떠나기 전에 헌신적으로 시간과 노력을 기울였던 차영주에게 고마움을 표하면서, 큰 학자로서 성장할 수 있는 그의 가능성이 현실화되기를 기원한다.

2004. 8

저 자

차 례

그림차례

표 차 례

제1장 연결망 사회의 출현

제 1 장

연결망 사회의 출현

예 1 한 세기 전, 외세의 경제적 침입에 맞서 우리나라 사람들은 물산장려운동을 전개했다. 그 이후 경제불황이 있을 때마다 우리는 이 운동을 상기시키며 민족주의를 동원하여 경제 위기를 극복하려고 했다. IMF 구제금융을 받던 1998년 초, 우리나라 일간 신문에 도발적인 전면광고가 실렸다. 혹독한 경제 위기 속에서 '금 모으기'에 동원되던 우리나라 국민들에게 FILA라는 한 외국계 의류업체가 다음과 같은 요지의 도전적인 질문을 제기한 것이다:

> "외국에 공장을 짓고 외국 노동자들에게 임금을 주며 수익을 외국은행에 예치하는 한국기업이 민족기업입니까? 아니면 한국에 공장을 짓고 한국노동자들에게 임금을 주며, 한국의 은행에 자금을 예치하는 외국계 기업이 민족기업입니까?"

이 직설적인 물음은 외제 물건 구입이 매국적 행위로 매도되던 IMF 경제위기 당시의 분위기에서 국가나 민족과 같은 전통적인 경계들이 더 이상 자국의 경제적 이익과 직접적인 관계가 없다고 항변한 것이었다.

예 2 사이버 공간에 어떤 마을이 생겨났다.[1] 사람들은 이 마을에서 살기 위해 신용카드를 이용해서 마을에서 통용되는 돈을 산다. 그리고는 자신의 얼굴과, 옷, 신발 등의 그래픽 파일을 구입하여 자신의 모양과 이름 등을 갖춘 후, 마음에 드는 집과 정원 등을 구입하여 자신의 취향에 맞게 꾸미고 정착한다. 같은 절차를 거쳐 사이버 마을에 이사 온 이웃집 사람들과 만나 이야기하고, 자신의 주 특기를 살려 변호사 법률상담소나 꽃

1) 알파 월드 혹은 월즈 어웨이(Worlds Away: http://www.vzones.com)가 대표적인 곳이다.

배달 가게 등을 개업하여 돈도 번다. 이 마을이 어디에 위치하고 있는지는 누구에게도 아무런 문제가 되지 않으며 여기에 모여드는 사람들은 서로 국적이나 직업 등을 물을 필요도 없다. 마을 주민들은 맘에 드는 사람을 만나면 사이버 결혼서약을 하고, 전 세계로 가상 신혼여행을 떠난다. 실제 공간에서는 절대로 만나지 않는다고 결혼서약을 하고, 온라인에서 사이버 섹스를 즐긴다. 전세계에서 통용되는 각국의 화폐가 하나의 화폐로 환전되는 이 마을에 사는 사람들은 어느 나라의 국민이며, 이 사이버 마을에서 사용하는 돈과 자신의 나라에서 사용하는 돈 사이의 환율은 누가 결정할 것인가? 이 공동체의 구성원들은 과연 사이버 공동체에 알맞은 규범을 만들어 내고 이를 지킬 것인가? 궁극적으로 이들은 자신의 실제 생활에서의 정체성과 사이버 스페이스상의 정체성 사이에 모순을 겪지 않고 살아갈 수 있을 것인가?

첫번째 예는 국가나 민족과 같은 전통적인 경계선이 경제의 세계화, 즉 국민 경제의 상호 침투로 인해 더 이상 전통적인 방식으로 유지될 수 없다는 것을 보여 주는 상징적 사건이다. 국가 간에 얽힌 투자와 교역, 그리고 생산의 연결망이 한 나라의 민족경제의 경계를 전통적인 방식으로 정의할 수 없도록 만든 것이다. 두 번째 예는 전세계 사람들의 일상생활이 인터넷에 의해 지구적 차원에서 연결되면서 재조직화되어 가는 것을 보여 주는 일례이다. 세계화와 정보화라고 불리는 두 가지 현상은 뱀이 꼬리를 물듯 서로 인과적으로 얽혀 상호 상승작용을 하고 있다. 두 현상이 발생시키는 공통적인 현상은 연결관계의 폭증에 의해서 생겨나는 '연결망 사회의 출현'이다(Castells, 1996; Naisbitt, 1994).

세계화와 정보화의 영향력에 의해서 연결망은 흔히 상상하지도 못했던 영역에서도 확산되고 있다. 9·11 미국 테러에는 빈 라덴을 중심으로 한 전세계에 걸친 알케이더 테러리스트 네트워크가 배후에 있었다. 인터넷 사이트들은 사용자들이 옮겨 다님으로써 생기는 교통 네트워크(traffic network)로 연결되어 있으며, 국가간, 조직간, 도시간 정보 흐름의 네트워크가 신경망 조직처럼 자라나며 구조화되고 있다. 국가간 자본 흐름의 연결망이 한 나라의 경제의 흥망에 영향을 미치게 되었을 뿐만 아니라, 벤처 기업 사이의 기술협력 연결망이나 전략적 제휴 연결망의 형태, 그리고 각 기업이 이 연결망에서 차지하는 위치는 그 기업의 성과에도 영향을 미치게 되었다. 이동통신 회사는 누가(어떤 종류의 사람들이) 누구에게 전화를 자주 거는지의 네트워크를 파악하여 마케팅에 활용하고 있으며, 자동차의 계기판에서는 교통흐름의 네트워크를 분석하여 빠른 길을 안내한다. 인도네시아의 반정부 학생 운동조직은 한국의 경험 많은 학생 운동조직과 연계하여 정보와 조언을 얻는 연결망을 구축했으며, 여성운동 단체들과 단위 노조들도 다양한 시민단체와 연결되어 활동한다. 또 전세계에 흩어진 NGO들이 연계하여 세계화 반대 운동을 주도한다.

이처럼 연결망이 확산됨에 따라, 연결망에 대한 학문적인 관심도 함께 증대되었다. 사회학은 사회연결망 이론과 연결망 분석기법을 발전시켜, 사회이론의 발전은 물론 사회 구조분석에 획기적인 전기를 마련하였다. 연결망에 대한 관심과 연구는 사회과학뿐만 아니라 아동학이나 경영학 등의 인접학문에서도 발흥하고 있다. 오래 전, 해롤드 라스웰은 정치학이란 "누가 무엇을 어떻게 소유하는가?"를 연구하는 학문이라고 정의한 바 있다(Laswell, 1962). 그 이후 연결망 이론이 결합하면서, 정치학이란 "누가 누구를 어떻게 포섭하는가?"에 대한 연구라는 새로운 관점이 생겨났다. 그 이유는 정치란 개별 행위자들이 독자적으로 하는 것이 아니라, 여러 행위자들을 동원하거나 회유하거나 조직함으로써 성립하는 것이기 때문이다. 인간이 정치적인 동물이라면, 인간 관계의 망이나 조직 관계망 등은 전략적 포섭의 결과라고 볼 수 있을 것이다.

마찬가지로 사회운동 단체들 사이에 생겨나는 긴밀한 협력 연결망도 전략적인 이유에서 확산되고 있다. 사회운동에서 연결망의 중요성이 대두되는 이유는 자원 동원과 자원 배분의 효과 때문이다. 대표적인 자원동원 이론가인 틸리(Tilly, 1978)의 핵심적인 주장은 연결망으로 연합된 조직들이 동원한 자원을 어느 정도 효율적으로 사용(배분)하는가에 따라 운동의 성패가 갈라진다는 것이다. 예를 들어, 사회운동 단체나 로비 집단이 동원된 자원을 효과적으로 사용하지 못한다면 동원된 자원은 낭비되고 운동이 실패할 위험성이 있다. 운동이나 로비가 성공하려면 동원된 자원이 정책 결정을 담당하는 핵심집단에 제대로 전달되거나 압력으로 작용해야 하는데, 그러기 위해서는 운동집단과 정책결정 집단 사이에 연결망이 필수적이다. 결국 사회운동 연결망은 자원을 획득하거나 이를 효과적으로 사용하는 수단일 뿐만 아니라 제도적인 후원과 정당성을 획득하는 도구가 되는 것이다.

이처럼 다양한 종류의 연결망이 우리의 삶에 깊숙이 파고 드는, 연결망 사회의 출현은 거역할 수 없는 사회변동의 큰 흐름이 되었다. 이러한 메가 트렌드(mega trend)의 사회적 결과는 거시적으로 보면 수직적 위계가 수평적인 네트워크로 전환되는 것을 의미하며, 이것은 장기적으로 '경계 넘기' 혹은 '경계 무너뜨리기' 그리고 '권력이동(power shift)'을 야기한다. 전자는 수평적인 변화이고, 후자는 수직적인 변화이다. 각각의 거시적인 추세에 대하여 살펴보기로 한다.

1.1 분산화와 '결합의 연결망'

사회 변동의 거대한 흐름으로 많은 미래학자들이 공통적으로 지적하는 현상은 분산화의 진행이다. 분산화에 관심이 고조되는 이유는 분산화의 효율성 때문이다. 산업화가 시작되면서 도시로 모여들어 거대도시를 구성하던 사람들은 이제 도시 탈출(population deplosion)을 시도하고 있으며, 아침 9시부터 오후 5시까지 집중되어 있던 근무시간도 탈집중화되어서 밤 교대근무나 24시간 근무 체제로 분산되고 있다. 공간적으로나 시간적으로 분산화가 진행되고 있는 것이다. 그러나 분산화는 시간과 지리적인 공간뿐만이 아니라 집중되어 있고 결합되어 있던 거의 모든 것들의 흩어짐을 촉구하고 있다. 집중화된 국가 권력도 지방 분권화로 나아가고 있으며, 심지어는 근대적인 단일 자아에 통합되어 있던 자아정체성(integrated self)도 다중적 자아들(multiple selves)로 분산화되고 있다.[2)]

분산화에 대한 수 많은 언급에도 불구하고, 분산화의 다른 측면인 "연결망 사회의 출현"에 대해서는 신기할 정도로 관심이 저조한 편이었다. 분산화가 증대되면 될수록 분산된 것들 사이의 관계를 형성하고 결속을 유지시켜주는 연결망이 더 중요해지는 것은 자명한 이치이다. 집중화되어 있던 사회체계와 조직들이 분산화 될 수 있는 것 역시 분산화된 단위들을 얽어주는 연결망이 있기 때문이다. 즉 연결망이 분산화된 세계를 사회적으로 통합시키는 기제로 작용하는 것이다. 이 때문에 경계를 넘는 연결망(cross-border network)은 정치, 경제, 사회, 문화 등 모든 영역에서 빠른 속도로 확산되면서 기존의 경계를 넘나들거나, 기존의 경계를 무너뜨리고 있다.

사실 '경계 무너뜨리기'는 산업혁명이 발발하고 자본주의가 발달하면서 줄곧 지속되어 온 현상이다. 산업혁명이 불러온 새로운 사회의 출현을 목격하면서, 고전 사회학자 막스 베버는 전자본주의 시대의 특징으로 성(城), 국가, 종교, 계층과 같은 각종 경계를 따라 유럽사회에 존재하는 차별과 구분을 꼽았다. 예를 들어, 자본주의 이전에는 시장의 빵 가격이 구매자가 같은 성 안에 사는 사람인가 아닌가에 따라 달랐으며, 수도원 안에 사는 신부와 수도원 밖의 일반 대중은 서로 다른 방식으로 신의 구원을 찾아야 했다. 베버는 각 경계들을 따라 형성된 다양한 기준들이 하나의 보편적 기준으로 수렴하는 것, 즉 경계 자체가 허물어지는 데에서 자본주의 발생의 비밀을 찾았다. 빵 가격이 어느 곳에서나 같아지자 빵을 파는 사람이나 사는 사람 모두 경제 활동의 규모와 범위를 늘릴 수 있었으며, 신 앞에서 평등해진 사람들은 그만큼 훨씬 원활한 교역과 소통을 할 수 있었기 때문이다.

이러한 '경계 무너뜨리기'는 국민국가라는 정치적 단위가 출현하면서 한층 더 진전될 수 있었다. 마을 단위의 작은 정치적 공동체로 쪼개져

---

2) "내 속엔 내가 너무나 많아"라는 노래 가사가 다중적 자아를 잘 보여 주고 있다. 이와 대비되는 데카르트의 근대적인 단일 자아관은 지킬 박사와 하이드 같은 이중인격자를 비난하고, 인성이 합리적인 단일자아로 통합되어 있기를 요구했다.

있었던 유럽 사회는 '국민국가(nation-state)'라는 좀더 큰 지리적 단위의 정치 공동체를 만들었고, 이 안에서 나타난 새로운 정치적 권위가 강력한 무력과 효율적 조직을 동원하여 법이나 규칙 그리고 도덕이 내부적으로 통일될 수 있도록 강제했던 것이다.

정보화와 세계화는 지금까지는 국민국가 단위에서만 가능했던 지역 공동체 사이의 '경계 무너뜨리기' 혹은 '규칙과 도덕의 통일'을 전세계적인 차원으로 확장하고 있다. 인터넷으로 상징되는 전자정보 통신기술의 발전은 지리, 문화, 인종과 같은 기존의 경계들을 상상도 할 수 없을 정도의 적은 비용으로 넘나드는 것을 가능하게 했다. 그리고 '시공간의 압축'을 통해 이루어지는 '월경(越境)'은 국제적 규칙들을 강제하는 조직체들과, 새로운 문화적 코드로 무장한 세대들을 출현시켰다. 경계 넘기 때문에 생겨나는 새로운 규칙의 필요성에 대해서 예를 들어보자. 루마니아의 서버에 설치된 인터넷 포르노 사이트에는 세계 각국의 사람들이 국가라는 경계를 자유롭게 넘나들면서 접속할 수 있다. 이 사이트를 루마니아에 개설한 한국 사람이 회교 국가에 사는 한 청소년에게 음란 정보를 판 경우, 이 사람은 어느 나라의 법에 의해서 처벌을 받아야 하는가? 이처럼 '경계 넘기'는 근대적인 사고 방식으로는 이해하기 어려운 지구 차원의 복잡계(complex system)를 발생시키고, 전통적인 방법으로는 해결하기 어려운 새로운 차원의 문제를 낳았다.

경계 무너짐의 효과가 가장 두드러지게 나타나는 곳은 경제 분야이다. 세계화의 결과 상대적으로 소규모인 지역 시장들은 이제 더 큰 세계 시장으로 통합되어 가고 있으며, 초국적 자본은 컴퓨터 자판을 몇 번만 두드리면 국가 경계를 단 몇 초 안에 가뿐히 넘나든다. 20세기에 접어들어 전세계에 걸쳐 강력한 경계선을 설정했던 냉전 체제의 해체가 이러한 추세를 더욱 가속화시키고 있음은 물론이다. 메뚜기 자본주의는[3] 세계화가 초래하는 결과들 중 조그만 병리적인 예에 불과하다.

경계 무너뜨리기는 정보의 논리 그 자체에 내재한다. 정보화가 분산

---

3) 메뚜기 떼가 훑고 지나간 들녘이 황폐화되는 것처럼 초국적 투기자본이 훑고 지나가면 약소국의 경제가 황폐화되는 현상을 일컫는 말.

화를 촉진하는가—그것이 어떻게 연결망을 확산시키는가 하는 점을 크로넨버그 감독의 「플라이(*The Fly*)」라는 영화를 통해 엿볼 수 있다. 이 공상과학 영화는 한 인간이 파리로 변해가는 끔찍한 과정을 실감나게 영상화하고 있다. 물질을 전송할 수 있는 기계를 발명한 어느 과학자가 생명체를 한 장소에서 다른 장소로 전기적으로 전송하는 데 성공한다. 이후 자신을 대상으로 전송실험을 하던 도중에 파리 한 마리가 전송기 안으로 날아들지만 과학자는 이를 눈치채지 못한 채, 자신을 다른 곳으로 전송한다. 이 때 파리의 유전 정보가 과학자의 유전 정보와 융합한다. 실험에 성공한 후 시간이 갈수록 이 과학자는 인간에서 파리의 모습으로 변하다가 결국은 자살하면서 영화는 끝을 맺는다.

현실과는 동떨어진 공상영화이지만[4] 이 영화가 정보사회에 던져주는 명확한 메시지가 있다. 어떤 물질이든 정보체계로 파악될 수 있으며, 물질이나 유기체가 일단 정보로 파악되면 정보는 융합이 용이하다는 점이다. 정보결합은 기계적 결합이나 화학적 결합과는 비교도 안될 만큼 쉽게 이루어진다. 어떤 정보에 다른 정보를 더하거나 조합하여 새로운 정보로 얼마든지 만들어 낼 수 있는 것이다. 이 책에 실린 정보도 기존의 정보를 조합하고 필자의 생각을 조금 더해 새로운 정보를 만들어 독자에게 전달하는 것에 불과하다. 산업사회가 에너지를 이용하여 한 물질을 다른 물질로 변환하는 사회라면 정보사회는 기존의 정보에 다른 정보를 부가하여 새로운 정보로 변환하는 사회라고 할 수 있다.

컴퓨터 프로그램을 개발할 때 기존의 프로그램에 새로운 기능을 부과하여 발전시키는 과정을 보면 정보결합의 의미를 쉽게 이해할 수 있을 것이다. 하나의 소프트웨어를 개발하기 위해서는 프로그램의 처음부터 끝까지 순차적으로 짜나가는 것이 아니라, 여러 개의 하위 구조(subroutine)로 분할하여 작성하고, 이들을 컴파일하고 연결시켜(compile and link-

4) 물질 전송이 불가능하다고 보는 과학적인 이유는 생체 정보가 방대하기 때문이기도 하지만, 물질이 전기신호로 바뀔 때 발생하는 엄청난 에너지를 처리할 수 없다는 점 때문이다. 원자 폭탄의 원리인 $E=mC^2$, 즉 질량손실이 에너지로 변하는 것과 마찬가지의 원리에 의해서 물질이 전기적 신호로 바뀔 경우 상상을 초월할 정도의 커다란 에너지가 발생된다는 것이다.

ing) 하나의 프로그램으로 완성한다. 이러한 과정을 구조화된 프로그래밍(structured programming)이라고 부른다. 예를 들어 문서편집기의 문서열기, 잘라내기, 인쇄 등의 기능은 각각이 서브루틴(subroutine)이며, 이들이 결합되어 완성된 편집기의 기능을 수행한다. 컴퓨터 하드웨어의 특성과 독립적인 프로그램 언어로 쓰여진다면, 각 서브루틴들은 전혀 다른 용도를 위해 만들어진 서브루틴과 쉽게 결합될 수 있다. 아래아 한글의 문서열기 서브루틴은 약간의 수정만 가하면 MS WORD에 연결될 수 있다는 말이다. 결국 '물질결합'을 이용했던 산업사회의 생산물과는 전혀 다른, '정보결합'의 논리가 정보사회의 밑바탕이 된다.

인간의 유전자 지도를 완성하거나, 이미 멸종한 타스마니아 호랑이의 유전 정보를 추출하는 데 성공하거나, 정자 없이 수정을 가능케 한 생명공학은 정보결합을 통한 새로운 생명체를 만들어 낼 수 있는 가공할 위력을 과시하고 있는 것이다. 이러한 정보결합의 추세는 생명공학에만 국한된 것이 아니다. 인터넷의 생태계에도 이전에는 볼 수 없었던 돌연변이 생명체들이 득실거리게 되었다. 게임과 교육이 결합하고, 공동체와 시장이 결합하며, 중개인과 공급자 혹은 생산자와 소비자가 결합하여 생산소비자(prosumer)가 생겨나고, 새로운 변종들이 끊임없이 창출되어 인터넷 생태계와 벤처산업의 도처에서 발견된다. 정보결합의 논리가 정보사회에서 경계를 넘는 연결망이 확산되는 동력이다.

정치적인 측면에서도 민족국가의 경계가 무너지고 있음을 알 수 있다. 민족국가는 국가경계 안에서 가졌던 통제력을 잃어가고 있으며, 이제 국가는 세계적으로 얽힌 힘의 관계를 이해하지 못하고는 자국의 운명조차 통제할 수 없게 되었다 G8, OECD, WTO 등과 같은 세계적인 기구들이 국제정치의 폭을 확대하면서 단위 국가의 선택에 제한을 가하기 시작했다. 결국 국가가 자국의 경계선 안에서 최고의 권력을 향유하기만 하던 시대는 지나가고 있다. 세계화로 인하여 국제기구와 자국의 국민을 동시에 상대해야 하는 '두 차원의 게임(two level game)' 상황에 놓이게 된 국가는 양자의 이해가 상충될 경우 위험한 곡예를 해야 한다. 소주 세율을 높이라는 WTO의 압력에 직면한 우리 정부가 총선을 앞두고 국민 여론의 반발 때문에 고민했던 모습은 두 차원의 게임 논리를 상징적으로 보여준다. 그러나 우리나라를 포함한 약소국들은 자국민의 불만을 감수하고서라도 강대국의 압력에 굴복할 가능성이 크다.

세계화의 과정에서 경제적, 정치적 측면에서 경계가 무너지는것 이상으로 중요한 점은 일반인들의 일상생활에서도 시-공간적 경계가 무너지기 시작했다는 점이다. 독도가 우리 땅인가에 대한 한일 학생들의 열띤 인터넷 토론이나 스타크래프트라는 네트워크 게임 공간에서의 전세계 청소년들이 만나는 것은 세계 시민들 사이의 상호작용이 급속히 증가되고 있음을 보이는 예들이다. 이를 통해 우리는 국가마다 다르게 형성되어온 개별 전통문화들이 앞으로 심각한 변화에 직면하게 되리라는 것을 쉽게 짐작할 수 있다.

학문 분야를 갈라 놓았던 높은 벽도 허물어지는 추세이다. 순수과학이라고 여겨졌던 물리학이 반도체 공정이나 나노 산업에서 핵심적인 기술을 제공하면서 순수과학과 응용과학을 갈라 놓았던 벽을 허물고 있다. 공학은 경영학을 접맥하여 독특한 사업모델을 창출하고 있으며, 사회학은 예술과 만나고, 전통적인 기계 공학은 생물학이나 의학과 만나서 새로운 의료기기를 만들어 내고 있다. 물리학과 생물학, 그리고 사회학이 네트워크의 과학에서 만나 복잡계에 대한 탐구를 하기 시작했다. 학문의 퓨전이 빠른 속도로 진행되고 있다. 즉, 분산화가 만들어낸 세부전문 분야가 네트워크로 연결되면서 기존에 있었던 높은 경계들을 넘나들면 '연결망 사회'를 발전시키는 것이다.

1.2 위계에서 연결망으로

연결망 사회의 출현은 경계 넘기 이외에 위계를 수평적인 관계망으로 변화시키면서 '권력이동'이라는 현상을 낳고 있다. 교환이론과 사회연

결망 이론은 연결망 사회의 출현이 어떤 과정을 통해 권력이동을 가져오는지를 잘 설명한다(Blau, 1964; Emerson, 1962; Jacobs, 1974). 교환이론에서 권력이란 의존(*dependence*)의 역함수이다. 즉, A가 B에 대해서 갖는 권력은 B가 A에 의존하는 정도에서 A가 B에 의존하는 정도를 뺀 함수이다(즉, $P_{AB} = |D_{BA} - D_{AB}|$). 서로 의존도가 대칭인 교환관계에서 권력은 발생하지 않는다($P_{AB}=0$) 〈그림 1-1 A〉. 그러나 중앙-변방 구조에서는 중앙이 권력을 갖게 된다. 그 이유는 중앙은 변방의 한 파트너가 마음에 들지 않으면 옆의 파트너로 옮겨갈 수 있지만, 변방은 중앙이 유일한 정보와 자원의 원천이기 때문에 중앙에 의존해야 하기 때문이다. 또 중앙에 모이는 정보의 양과 변방에 있는 정보의 양이 비대칭적이므로 중앙이 권력을 갖게 된다.

여기서 정보의 비대칭성이 권력관계를 낳는다는 주장을 이해하기 위해서 한 가지 쉬운 예를 생각해 보자. A씨는 교통위반을 하지 않았는데도 억울하게 위반 티켓을 발부 받았다고 믿었다. 그는 자신의 억울함을 항변하고, 필요하다면 재판도 불사하겠다는 각오로 담당 경찰서 교통과에 전화를 걸어 교통과장을 바꾸어 달라고 했다. 당시 상황을 설명하는데 교통과장의 입에서 A씨의 잘못을 꾸짖는 험한 욕이 나오기 시작했다. A씨는 꾀를 내어, 아주 낮은 목소리로 다음과 같이 말했다. "나는 당신이 XX 경찰서 교통과장인지 아는데, 당신은 내가 누구인지 아시오?" 순간 교통과장은 매우 공손하게 말하기 시작했다. A씨는 아무런 권력자가 아니었건만, A씨와 교통과장 사이에 존재하는 정보 비대칭성이 순간적으로 권력을 발생시킨 것이다.

정보 비대칭성과 권력은 조직이론의 핵심적인 주제 중 하나이다. 크로지어(Crozier, 1964)는 조직 내의 권력관계는 조직구성원 사이에 존재하는 정보 비대칭성, 즉 불확실성을 통제할 수 있는 능력의 차이에서 연유한다고 이론화한다. 그는 프랑스 담배공장의 조직구조를 연구하며 기계수리공이 생산공에 대해서 갖는 권력의 구조적 원인을 분석한다. 생산공은 자신의 생산량에 따라 보상을 받는다(업적급). 반면에 기계 수리공은 고정된 월급을 받는다(고정급). 기계의 고장은 돌발적인 사건이기 때문에 기계수리공이 업적급으로 보수를 받을 수 없다는 것을 쉽게 이해할 수 있다. 이러한 조직의 규칙하에서 생산공과 수리공 사이에는 권력관계가 생겨난다. 그 이유는 다음과 같다. 업적급 제도 때문에 생산공의 수입은 기계가 고장난 상태로 있는 기간에 의해 좌우되지만, 그들은 기계에 대해 아는 것(정보)이 없다. 따라서 기계공이 수리를 제대로 하는지, 수리하는데 오랜 시간이 걸리는 것이 사실인지를 알 길이 없다. 그들은 어쩔 수 없이 자신들의 수입과 직결되어 있는 기계수리를 기계수리공에 의존해야 하고, 이것이 기계수리공의 권력을 발생시킨다.

이러한 정보 비대칭성, 혹은 자원획득의 용이함에 기인한 중앙의 변방에 대한 상대적 권력은 변방의 행위자들이 상호 연결되면 축소된다. 아래의 〈그림 1-1〉에서 상호 작용이 중앙과 변방의 구조로 배열된 B의 경우가 위계의 전형적인 형태이다. 그러나 수평적 연결망이 발달한 C의 경우는 변방의 행위자들도 더 이상 정보나 자원의 획득에서 불리한 위치에 놓여 있지 않다. 새롭게 열린 상호 작용의 길은 중앙으로 집중되었던 권력을 분산시켜 '권력이동'을 가져오는 것이다. 그러나 이것은 중앙이 사라지는 것이 아니라 중앙의 상대적인 권력이 줄어든다는 것을 의미한다. 여전히 중앙은 그 위치적 특성에 의해 다른 행위자들보다 정보획득과 자원동원에 있어 더 유리할 것이다.

이상의 논의에서 보았듯이 연결망의 확산은 권력집중이 아닌 분권화를 가져오고 따라서 위계적인 권력 관계가 약화될 것임을 예측하게 한다.

그림 1-1 상호 작용의 형태와 권력이동

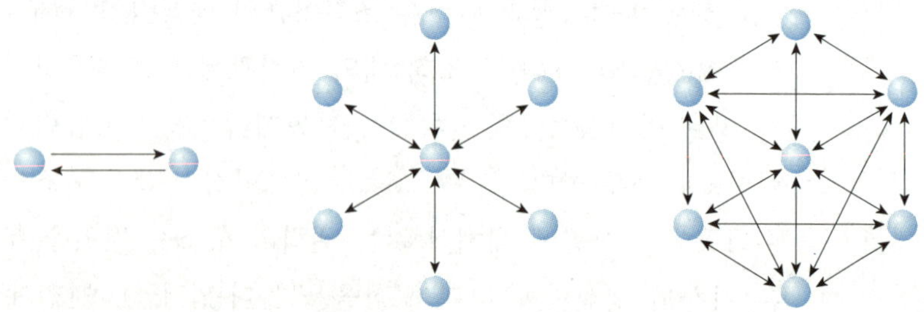

A. 대칭적 관계 B. 중앙-변방 연결망 C. 수평적 관계

1.3 복잡계로서의 연결망 사회

연결망 사회가 출현했다는 말은 사회가 복잡계(*complex system*)의 현상을 띠게 되었다는 의미와 일맥상통한다. 네트워크와 관련된 현상은 예측하기 어려우며, 법칙적으로 설명할 수 없으며, 시간적으로 되돌려 반복시킬 수 없는 복잡한 현상을 낳기 때문이다. 간략한 예를 들어 보자. 대구의 어획량이 감소하는 데 대하여 어민들은 대구를 먹고 사는 바다 표범의 개체 수를 줄이자고 주장한다. 바다 표범의 사냥을 허락하자는 어민들의 주장은 환경론자들의 동물보호 주장과 대립한다. 그런데 바다 표범을 줄인다고 대구의 수가 늘어날 것인지에 대한 확증은 없다. 그것은 대구와 바다 표범 사이에는 2억2천5백만 개가 넘는 수많은 먹이 사슬이 얽혀 도미노 연쇄 상호 작용을 일으키기 때문이다(Buchanan, 2003). 먹이사슬 네트워크의 파급효과는 예측하기가 매우 어렵다.

2003년 뉴욕의 대 정전 사태가 나타난 것도 네트워크의 효과이다. 한 발전소가 사고로 발전을 중단하게 되면, 필요한 발전량이 인근 발전소로 전이된다. 이 발전소가 과부하를 견디지 못하면서 발전설비는 타버리고, 필요한 발전량을 인근 발전소로 전가한다. 이러한 과정이 반복되면 결국은 뉴욕 주 전체의 발전 설비가 붕괴하게 된다. 같은 현상이 인터넷 망에도 그대로 적용된다. 서울의 혜화동에 위치한 인터넷 망의 허브인 서버가 다운되면 교통량은 인접 허브로 이전된다. 극심한 교통체증에 시달리는 인접한 허브는 자신에게 몰린 교통량을 처리 못하고 교통흐름을 다른 곳으로 돌린다. 이러한 과정이 순식간에 퍼져나가면서 전국의 인터넷이 마비되는 사고를 맞게 되는 것이다.

이와 흡사한 논리가 사회 현상에도 그대로 적용된다. 브라질에서 발생한 외환위기는 복잡하게 얽힌 세계 경제의 네트워크를 타고 다른 지역에 파급된다. 과연 이 파급효과가 한국 경제에 어느 정도의 크기로, 또 어떤 산업 영역에 증폭되어 다가올지를 예측할 수 있는가? 아직 경제학이나 사회과학은 네트워크 파급효과에 대해서 성공적인 이론을 제시하지 못하고 있으며, 학문이 아무리 발전하여도 이러한 작업은 무척이나 어려울 것으로 예상된다. 네트워크 현상은 혼돈(chaos) 현상과 밀접하게 연결되어 있기 때문이다.

혼돈 현상의 예로서 가장 자주 등장하는 것이 기상 예측이다. 오늘의 기상 조건을 알았을 때, 일주일 후의 날씨를 정확하게 예측할 수 있는가? 혼돈이론이 발견한 현상은, 흔히 "나비 효과"라고 불리는 것으로서, 오늘 무작위로 발생한 기상 변수의 조그마한 차이가 일주일 후의 기상 변화에 엄청난 차이를 가져올 수 있다는 것이다. 북경에서 오늘 한 마리 나비의 날개 짓이 일으킨 바람이 며칠 후 뉴욕에서 태풍으로 나타날 수 있는 가능성을 상징하는 "나비 효과"가 있기 때문이다(Gleick, 1987: 20-23).

나비 효과는 네트워크의 복잡성을 따라 증권 가격의 변동에도, 선거운동의 결과에도 드러날 수 있다. 특정 산업에서의 시장조건의 변화는 복잡하게 얽힌 재화 흐름의 네트워크를 따라 다른 산업에 연쇄적으로 파급된다. 마치 바다 표범을 줄였을 때, 그의 먹이가 되는 대구 수를 예측하기가 거의 불가능하듯이, 미국에서 생겨난 한 산업 내의 특정 기업의 주식가격 변동이 한국 증시에 미치는 인과적 영향은 예측하기 어렵다.

네트워크에 의해 동원되고 사회적인 충격을 가하는 사회 운동도 마찬가지이다. 붉은 악마의 뜨거운 함성이 미군 장갑차에 의한 '효선-미선' 추모행사를 거쳐 노무현 후보 지지 선거운동의 열풍으로 이어졌다. 여기에 동원된 사람들은 이름도 군번도 없는 군인들, 즉 '네트워크 군대' 처럼(헌터, 2003) 일사불란하게 움직였다가 사라지고, 또 등장하곤 하였다. 이들이 대통령 선거 결과에 미친 영향력의 크기를 측정하는 것은 거의 불가능한 문제이다. 만일 이 네트워크를 이용해서 반대되는 여론이 조금이나마 확산될 수 있었다면, 찬성과 반대의 순수 효과(net effect)는 더더욱 알아내기 어렵다.

연결망 사회가 도래함에 따라서 사회 각 영역에 네트워크가 확산되어 나가면서 세상은 점차 복잡성이 더해가는 복잡계(complex system)로 변해간다. 다행히 네트워크 현상의 메커니즘에 대하여 함께 머리를 맞대고 학제적인 연구가 시작되었다. '네트워크 과학'의 가장 중요한 산실인 산타페 연구소(www.santafe.edu)는 생물학, 물리학, 전자공학, 경제학, 사회학 등 거의 모든 학문 분야에서 관심의 대상이 되는 네트워크 현상에 대해서 학제 간으로 연구하는 최첨단 연구진들로 구성되어 있다. 이들의 주된 기여는 사회와 자연에 존재하는 거의 모든 네트워크에 공통적인 구조가 있다는 점과 이 공통적인 구조가 생기는 메커니즘을 밝힌 것이다.

네트워크의 구조적 특징을 밝히는 한 가지 구체적인 예로서 케빈 베이컨 게임을 소개하기로 한다. 케빈 베이컨은 20여 년 동안 50편 가까운 영화에서 개성적인 연기를 보여준 연기파 배우이다. 케빈 베이컨의 6단계 게임의 핵심은 영화에 함께 출연한 관계를 1단계라고 했을 때, 다른 할리우드 배우들이 케빈 베이컨과 몇 단계 만에 연결될 수 있는가, 즉 케빈 베이컨에 도달하는 가장 빠른 경로를 찾는 게임이다. 쉽게 말해, 차태현은 〈엽기적인 그녀〉에서 전지현과 함께 출연하고, 전지현이 〈내 여자 친구를 소개합니다〉에서 장혁과 출연한다. 그러면 차태현과 장혁의 관계는 2단계이다. 버지니아 대학 컴퓨터학과 학생들은 배우의 이름을 집어넣으면 케빈 베이컨과 몇 단계 만에 연결되는가를 알려주는 인터넷 사이트를 개설했을 정도로 이 게임의 인기는 대단했다.[5] 그런데 재미있는 사실은 이 게임에서 거의 대부분의 할리우드 배우들이 여섯 단계 이내에 케빈 베이컨과 연결된다는 사실이다. 이는 '여섯 단계만 거치면 모든 사람들은 아는 사이(Six Degrees of Separation)'라는 서양에서 오래 전부터 내려오던 통념을 반영한 놀이이다.

이 게임의 논리를 과학자 사이의 공저 네트워크에 적용한 것이 에르되스 수이다(Erdòs Number, 연결망 분석의 전문용어는 경로거리(path distance)). 폴 에르되스는 일생 동안 세계 각국의 학자 485명과 함께 1500여 편의 논문을 쓴 20세기 최고의 수학자이다. 그와 함께 논문을 쓴 공동

5) http://www.cs.virginia.edu/oracle/index.html 버지니아 대학 컴퓨터공학과에 개설된 '케빈 베이컨의 6단계' 사이트. 배우의 이름을 넣으면 International Movie Data Base 자료(http://www.imdb.com)를 근거로 케빈 베이컨으로 가는 가장 빠른 연결을 알려준다.

저자의 에르되스 수가 1이 된다고 정의하고, 에르되스와 직접 공저는 안 했지만 그의 공저자들과 함께 논문을 쓴 사람의 에르되스 수는 2가 된다고 하자. 영미 수학자들 사이의 에르되스 수의 평균은 4.7이고 median은 5라고 한다. 오클랜드 대학교 제리 그로스만(Grossman) 교수의 연구에 따르면[6] 1998년까지 수학의 노벨상이라고 불리는 필즈상을 수상한 수학자는 모두 에르되스 수가 5이하이며, 에르되스 수가 8이하인 노벨상 수상자가 63명이나 된다.[7] 이처럼 세계 각국의 다양한 분야에 종사하는 수많은 과학자들이 "좁은 세상"이라는 하나의 네트워크에 의해서 서로 연결되었다는 것이다. '좁은 세상'의 네트워크[8]는 남녀 간의 섹스 네트워크(Laumann et al., 1994; Morris, 1997)나, 학자간 논문공저의 네트워크나 논문 인용의 네트워크, 친구 네트워크, 인터넷 네트워크,[9] 발전소를 연결하는 송전 네트워크, 그리고 자연세계에 존재하는 전혀 다른 종류의 네트워크(예를 들면, 특정한 단백질을 생성하는 데 함께 참여하는 분자들 사이의 네트워크)와 비슷한 구조적 특징을 지닌다.

사회와 자연에 존재하는 네트워크의 또 다른 공통점은 연결선의 분포에 관한 것이다. 흔히들 80/20 법칙이라고 불리는 불평등이 네트워크에 공통적으로 존재한다는 것이다. 80/20 법칙은 파레토가 20%의 완두콩나무에서 80%의 소출이 생긴다는 사실을 관찰하면서 발견한 것으로 알려

6) www.acs.oakland.edu/~grossman/erdoshp.html

7) 예상 밖의 영역들이 가깝게 연결되었다는 사실이 발견되기도 한다. 에르되스와 함께 논문을 발표해 에르되스 수가 1인 수학자 다니엘 클라이트만(Daniel Kleitman)은 영화 〈굿 윌 헌팅〉의 수학 자문을 맡으면서 영화에 잠깐 출현했던 적이 있는데, 함께 출연했던 여배우 미니 드라이버가 캐빈 베이컨과 〈슬리퍼즈〉에 출연한 적이 있어 케빈 베이컨 게임으로도 2단계라는 작은 값을 가진 최초의 수학자가 되었다. 또 클라이트만이 영화에 잠깐 출연한 덕분에 에르되스와 케빈 베이컨은 3단계인 가까운 사이가 되었다. 전혀 어울리지 않는 수학자 집단과 영화계 사이에 클라이트만이라는 연결 다리(bridge)가 놓이게 된 것이다.

8) 인간관계도 좁은 세상을 이룬다는 점에 대해서는 4장에서 자세히 다룬다.

9) 바라바시(A-L Barabasi, 2002: 236-296)를 비롯한 노트르담 대학의 물리학자들은 인터넷 상의 웹 페이지들간의 네트워크를 분석하기 위해서 인터넷을 돌아다니는 작은 로봇 프로그램을 만들었다. 로봇의 자동화된 인터넷 여행은 놀라운 결과를 발견해냈다. 그들은 수 억 개의 웹 페이지가 존재하는 인터넷 상에서 하나의 웹 페이지에서 어떤 임의의 다른 페이지로 이동하는데 단지 평균 19번의 클릭만이 필요하다는 것을 알아냈다. 연예인에 관한 유언비어, 포르노사진 파일, 컴퓨터 바이러스, 그리고 WTO 반대 시위의 메시지가 순식간에 전 세계 컴퓨터로 퍼져나가는 것은 우연이 아닌 것이다.

져 있다. 사람들이 일상적으로 사용하는 단어의 분포를 살펴 보아도 20%의 단어가 80% 정도의 빈도로 등장한다는 지프 계수(Zipf coefficient)[10]도 비슷한 정도의 불평등을 표현한다. 한국 언어 사용에 대한 분석에서도 비슷한 결과가 도출된다(김홍규 · 강범모, 2000). 1990년대 전반에 나온 신문기사, 논설, 잡지, 소설, 수필, 인문교양서적, 자연과학서적 등 127종에 등장한 한국어 어휘 사용 빈도를 조사한 결과 우리가 주로 사용하는 단어는 대략 1,000개 안팎으로 한정돼 있으며, 이는 한국어 전체 어휘 중 0.3%에도 못 미치는 셈이라는 것을 밝혀 낸 것이다.

정도의 차이는 있어도 대부분의 네트워크에서 연결선 수의 분포도 무척이나 불평등하다. 이해하기 쉬운 예로 흐르는 강의 네트워크에서 지류의 연결선을 살펴보자. 강의 상류에서는 1000km^{2}에 내린 비를 흡수하는데 1000개의 물줄기가, 하류에 내려오면 2000km^{2}를 포괄하는 데 37개의 물줄기가 필요하다. 자연 세계에 존재하는 대부분의 강에서 면적이 두 배 늘 때마다 물줄기는 대략 $e^{2.7}$배 가량 줄어든다. 즉, 소수의 물줄기가 넓은 면적을 독점하는 멱함수(Power Law)가 강의 네트워크를 지배하는 법칙인 것이다. '물은 낮은 곳으로 흐른다', 그리고 '물이 흐르면 땅은 파인다'는 간략한 법칙들에 근거한 컴퓨터 시뮬레이션 모델로 자연 현상을 재생해도 이 법칙은 그대로 관철된다, 〈그림 1-2〉은 컴퓨터가 그려낸 강줄기로서 자연에 존재하는 강의 모습을 그대로 재현하고 있다. 항공사들의 비행 항로 네트워크도 친구 네트워크도, 송전 네트워크, 그리고 분자간 네트워크도 이러한 멱 함수의 법칙을 따른다(바라바시, 2002, 111-154).

연결망 사회의 출현은 '좁은 세상'과 불평등이라는 특징을 지닌 네트워크가 전 지구적 차원으로 확산되며 사회의 모든 영역에 네트워크가 파고든다는 것을 의미한다. 그 결과로서 복잡계로서의 사회 현상을 예측하기가 더욱 어려워졌으며 우리가 살고 있는 세상을 스스로 통제하고 조정하기가 힘들어졌다. 일국의 경제정책이나 교육 정책도 정책 의도와는 다

---

10) $Y=AX^{-b}$의 함수에서 (b=1)의 경우 대체로 80/20 규칙이 성립한다. 이 함수는 로그 선형 방정식으로 표현하면 (logY=logA-blogX)이 된다. 지프법칙에 대해서는 http://linkage.rockefeller.edu/wli/zipf/ 참조.

그림 1-2 컴퓨터 시뮬레이션으로 재생한 강줄기 네트워크

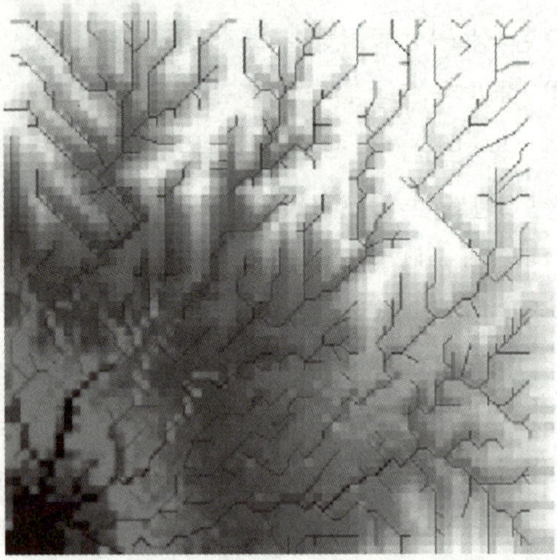

른 방향으로 진행되기 일쑤이며, 불확실성의 증가로 '위험사회'가 심화되어 가고 있다. 복잡계에서의 돌발 사고나 재앙은 인간이 만든 커다란 실수에 의한 것이라기보다는 자연스런 과정의 결과로 나타나기 시작한 것이다(Perrow, 1999). 금융위기나 첨단과학 시설물들도 복잡계의 성격 때문에 통제하기가 점차로 불가능해져 간다. '가진 자가 더 갖는다'라는 네트워크의 수확 체증의 효과에 의한 경제 불평등의 진행 방향은 모든 사회과학도가 예의주시해야 하는 경계 대상이 되었다.

결론적으로 네트워크 사회의 출현은 분산화와 권력이동이라는 긍정적인 측면이 분명 존재하지만, 경계해야 하는 새로운 사회현상을 만들어내기 시작했다. 바야흐로 모든 사회과학은 복잡성과 혼돈 현상에 주목하는 네트워크의 과학으로 변신해야 하는 시대적 전환 국면을 맞고 있는 것이다.

1.4 책의 구성

세계화와 정보화에 의해서 사회의 각 영역에 연결망이 확산되어가자 사회 연결망 이론과 연결망 분석 방법론이 사회과학의 중요한 학문 영역으로 자리잡아가고 있다. 이 책은 사회 연결망 이론이 무엇이며, 연결망 이론의 핵심 개념이 어떤 적합성을 갖고 있는지, 또한 연결망 분석을 통해 새롭게 얻은 사회학적 지식이 무엇인지를 정리해 보려는 목적으로 쓰여졌다.

나는 먼저 제2장에서 사회 연결망 이론의 특징이 무엇이며, 이 이론이 사회학에 기여할 수 있는 바를 방법론적, 과학철학적 접근을 통해 논하려고 한다. 개별적인 속성(attributes)을 중심으로 발전한 경험 사회과학 이론은 이미 포화상태에 도달했다고 볼 수 있다. 이제 연결망 이론은 속성에서 관계성으로 관심을 전환하며 미개척 영역을 활짝 열어 놓았다. 연구자가 어느 영역에서 연구를 하든지, 관계성에 관심을 갖게 되면, 기존의 연구들과는 확연하게 구별되는 새로운 연구결과를 얻을 수 있게 된 것이다. 2장은 사회 연결망 이론이 기존의 사회학 이론과 어떤 점에서 차이가 나며, 사회학 이론에 어떻게 기여할 수 있는지를 부각시키려고 노력한다. 규범에 따라 행동한다는 '과잉 사회화'된(사회학적) 인간관이나, 자신의 이익을 극대화하기 위해서는 무슨 짓이든 할 수 있다는 '과소 사회화'된(경제학적) 인간관을 멀리하고, 사회 연결망 이론은 '관계적' 인간관이라는 새로운 인간의 모습을 상정한다. 기존의 관계망을 떠나면 '도시의 공기가 자유롭게 하듯이' 사람들은 관습적 행위로부터 쉽게 일탈한다. 그러나 관계망에 서로 깊이 뿌리내린 가족을 대상으로는 사기를 치지 않는다. 거래를 할 경우도 장기적으로 맺고 있는 관계에서는 사기행위가 생겨나기 어렵다. 덧붙여서 이 장에서 나는 사회 연결망 이론이 전통적 사회학 이론에 가장 크게 기여할 수 있는 영역인 거시와 미시를 연결시키는 개념적, 방법론적 틀을 제공하며, 또 시간의 관계성이라는 새로운 영역을 개척하는데 도움을 주는 것이라는 점을 강조한다.

3장은 사회 연결망 분석이 사회 구조를 분석하는 데 어떤 방법과 도구를 제공하는지를 탐색하는 장이다. 나는 구조를 분석하는 것이 사회학의 주된 임무이며, 현대 사회학은 여러 종류의 구조주의라는 이름 아래, 그 임무를 수행해 왔다고 믿는다. 3장은 사회 연결망 분석이 제공하는 개념과 분석 틀이 이들 구조주의자들이 분석하려고 했던 현상들을 엄밀한 계량화와 척도를 사용하여 가시화하고 측정할 수 있음을 보여준다. 비록 연결망 분석 기법이 구조주의와는 별개로 발전해 온 것이지만, 구조주의의 핵심적인 질문들에 대한 구체적인 분석기법을 제공할 수 있다고 나는 생각한다.

1장부터 3장까지가 다소 과학철학적이고 이론적인 장이라면, 4장부터는 경험적인 현상에 대해 분석한 연구들을 소개하고 비판하고 세련화한다. 먼저 나는 일상생활에서 사람들이 맺는 관계망이 어떻게 구조화 되었는지에 대한 논의로 시작한다. 한 사람이 알고 지내는 사람들은 평균 몇 명이나 될까? 그 많은 사람들 중에서 배우자나 친구로 택하는 경우 어떤 종류의 동질성이 작용하며, 결혼 관계망의 구조적 특징은 무엇인가. 이와 같은 질문에 대한 서구에서의 연구와 우리나라에서의 연구를 소개한다. 한국사회에서 혈연이나 학연, 지연 등의 연줄은 왜 그토록 큰 힘을 발휘하는 것인지에 대한 논의에서 시작하여 과연 이러한 연줄의 힘이 연결망 사회에서도 그대로 지속 혹은 강화될 것인지를 전망한다.

5장은 경제사회학의 새로운 발전과 더불어 발전한 핵심적인 개념인 사회적 자본에 대한 이론적인 고찰을 담고 있다. 자본주의 사회에서 물적 자본의 중요성은 언급할 필요조차 없다. 경제학자들은 물적 자본 이외에 인적 자본(human capital)이 중요하다는 사실을 밝혀 냈다.[11] 한 사람이 갖

---

11) 인적 자본 개념은 슐츠(Schultz, 1961)에 의하면 "인간에게 체화된 기술, 지식의 축적"으로 정의된다. 인적 자본은 학교 교육과 작업현장에서 획득되는 기술, 지식, 정보 등을 통해 생산성을 높이기 때문에 하나의 자본으로 간주될 수 있으며, 그것이 인간 행위자에 내재한다는 의미에서 인적 자본으로 지칭된다. 이 개념은 자본가만 배타적으로 소유할 수 있는 고전적인 '자본' 개념을 수정했다는 측면에서 그 의의가 있다.

고 있는 교육수준, 지식이나 숙련뿐만 아니라, 개인의 용모 등이 생산성과 관계가 있다는 점을 이론화한 것이다. 글을 깨우치지 못한 노동자가 교육을 많이 받은 노동자보다 생산성이 낮으며, 용모가 빼어난 종업원을 둔 술집에 손님이 꼬인다. 사회학자들은 인적 자본에 더하여 사회적 자본이라는 개념을 제안하고, 이것이 생산성에 영향을 미친다는 새로운 주장을 내 놓았다. 알고 있는 사람이 많은 마당발이 생산적이며, 연결망은 상호간의 신뢰를 낳는 보육기라는 주장을 하는 것이다. 이 장은 사회적 자본이 무엇을 의미하며, 신뢰와 어떤 관계가 있으며, 이 개념을 엄밀하게 만들기 위해서 어떤 점들이 고려되어야 하는지를 논의한다.

6장은 시장이 구조화 된 사실을 간과하는 신고전경제학에 대한 도전으로서, 시장이 연결망에 의해서 구조화 되었으며, 이 연결망 구조는 경쟁 관계나 가격 형성, 신뢰 등에 밀접한 영향을 미친다는 점을 주장한다. 어느 사람이 나와 동일한 구입처에서 구입하고, 판매 대상도 나와 동일하다면 둘 사이의 경쟁은 치열할 것이다. 경쟁의 정도가 거래 연결망의 패턴에 의해서 정해지는 것이다. 개인뿐만 아니라, 기업이나 산업간의 경쟁도 마찬가지 개념으로 파악할 수 있다. 연결망은 경쟁뿐만 아니라, 경제 발전에도 영향을 미친다. 국가와 기업간의 연결망, 생산자 연결망 등은 모두 경제 생산성이나 효율성과 밀접한 관계가 있다. 또 거래 연결망은 가격변동 폭 등에도 영향을 미친다. 6장은 시장에서 연결망의 다양한 효과에 관해 논의한다.

7장은 주로 경영학이나 조직 사회학에서 축적된 경험적인 연구들을 검토하는 장으로써, 주로 기업이나 조직 사이의 연결망에서 이들의 위치가 조직성과에 어떤 영향을 미치는지를 분석한다. 한 기업이 거래하던 다른 기업을 M&A하는 것이 좋은가, 아니면 외부의 파트너로 거래를 지속하는 것이 좋은가를 결정하는 데는 무수히 많은 요인이 작용할 것이다. 그렇지만 다른 모든 조건이 같다면, 거래 당사자 사이에 어느 정도의 신뢰가 있는가가 파트너 관계의 지속에 매우 중요할 것이다. 이 장은 신뢰에 근거한 조직 간의 연결망이 활성화되면서 경제적 효율을 내고 있는 두 가지의 경우를 살펴본다. 먼저 소규모 기업들이 똘똘 뭉쳐 대기업과 같은 규모를 내면서도 각 기업들의 자율성을 유지하는 소기업 연결망을 살펴보고, 그 다음으로 벤처 기업 사이의 전략적 협동 연결망의 효과를 살펴본다.

사람들이 일자리를 구할 때 사적인 연결망이 어떤 역할을 하는지를 알아보는 것은 매우 흥미로운 일로써, 이것이 맨 마지막 장의 주제이다. 어떤 사람은 능력은 있지만 일자리를 구하지 못해서 어려움을 겪는 반면, 어떤 사람은 능력도 별로 없으면서 좋은 회사에 버젓이 취직하는 경우를 많이 보아왔다. 이 질문을 조금 더 확장하면, 기업에서 승진이 빠른 사람은 어떤 연결망을 갖고 있기 때문인가라는 문제에 도달할 수 있다. 동일한 맥락에서 여성이 남성보다 승진이 더딘 이유는 남녀차별 이외에 다른 요인, 즉 여성이 남성과 다른 종류의 연결망을 갖고 있기 때문은 아닌가에 대해서도 생각해 본다. 마지막 장인 8장은 이와 같은 질문을 포함하여 노동시장에서 사적 연결망의 효과에 대해서 논의한다. 아직 경험적인 연구가 많이 누적되지 않은 분야이지만, 매우 흥미로운 연구 결과가 쏟아져 나오고 있고, 앞으로 더욱 발전할 수 있는 분야라고 판단된다.

제 2 장 사회 연결망 이론이란 무엇인가?

제 2 장

사회 연결망 이론이란 무엇인가?

MBC 라디오 방송의 〈여성시대〉라는 프로에서 어느 청취자의 편지글이 소개되었다.

군대를 갓 제대한 이 청년은 취직을 하려고 여러 회사에 입사원서를 냈으나 번번히 실패했다고 한다. 낙심 중에 다시 용기를 내어 A 회사의 입사원서를 구해다 원서의 양식에 기입해 나가던 중 집안의 유력인사나 혹은 이 회사 간부 중에서 아는 사람의 이름을 쓰라는 칸을 발견했다. 이 칸을 빈칸으로 냈기 때문에 여러 차례 낙방했을지 모른다는 생각이 문득 들었다. 하지만 신통치 않은 집안에서 태어난 그로서는 쓸 이름이 없었다. 며칠을 고민하다가 이 청년은 A 회사 엘리베이터 앞에서 하루 종일 서성거렸다. 저녁 무렵 마침 명찰을 떼지 않고 퇴근하는 한 직원을 발견하고는 명찰에 적힌 이름을 입사원서의 빈 칸에 옮겨 적었다. "총무과장 김 아무개, 관계 사촌 형" 효과가 있었는지 서류심사를 통과했으니 면접을 하러 오라는 연락을 받았다. 근심하며 다가간 면접 장소에서 그는 한 가닥 희망이 부서지듯 면접위원으로 나온 바로 그 총무과장을 발견한다. 한참을 빤히 쳐다보다가 총무과장이 물었다. "자네 나를 아는가?" 임기응변으로 "예, 저는 과장님을 평소부터 제 형님처럼 존경하고 있었습니다." 위기를 넘긴 이 청년은 며칠 후 합격통지를 받게 된다. 출근 첫날 총무과장은 그를 조용한 곳으로 불러내 자판기 커피를 뽑아 주면서 속삭이듯 말했다. "사실은 나도 자네와 똑 같은 방법으로 이 회사에 입사했다네." 이후 둘은 친형제처럼 가까이 지내게 되었다.

위에 언급한 실화는 자본주의가 발달한 우리나라의 노동시장에서 연줄이 있어야 취직을 잘할 수 있는 현실의 단면을 보여 주고 있다. 연줄은 직장을 얻을 때 뿐만 아니라, 거래처를 구하거나, 각종 심사과정에서도 작용한다. 혈연, 지연, 학연 등의 연줄을 중요시하는 한국사회에서 사회

구조의 특징을 분석하는 일은 연결망을 연구하지 않고는 불가능할 정도이다.

연줄은 어느 사회에서나 볼 수 있는 현상이다. 그러나 우리나라 연줄의 가장 큰 특징은 연줄이 '정보 교환' 이외에 '통제권의 교환'의 매개고리로 자리잡고 있다는 것이다. 통제권의 교환의 예를 들면, 은행장 인사권을 갖고 있는 정치인과 대출 결재권을 갖고 있는 은행장이 서로 자신의 통제권을 교환하는 경우이다. '우리가 남이가'라는 말로 표현되는 연줄공동체 내에서 발생하는 통제권의 교환을 통해 연줄이 중요하다는 사실이 사회적으로 학습되었으며, 이 결과 서구에서는 산업화와 더불어 약해진 연줄이 우리 나라의 경우는 점차 강해지는 조짐마저 보이고 있다. 다른 식으로 표현하면, 우리 사회의 구조를 분석하는 데 연줄이라는 개념이 핵심적이라고 할 수 있다. 관계에 대한 중요성을 강조하기 위하여, 연줄에 대한 논의로 이 장을 시작했지만, 사회구조는 연줄로만 이루어진 것이 아니기 때문에 사회구조 분석을 위해서는 연줄을 연결이라는 개념으로 확대할 필요가 있다. 연결이 연줄보다는 더욱 보편적으로 사용될 수 있는 개념이기 때문이다. 가령 조직간의 관계나 국가간의 관계는 연줄이라는 개념으로 표현될 수 없기 때문에, 여러 대상에 적용할 수 있는 연결이라는 개념이 요구되는 것이다.

연결이 연줄보다 더 일반적 개념이라는 것을 이해하기 위하여 다음의 질문에 대해서 생각해보자. 지하철에서 물건을 파는 상인들은 왜 만원 이상짜리 물건을 파는 경우가 거의 없는가? 사람들이 사기의 위험성 때문에 비싼 물건을 사지 않기 때문이다. 이 말은 가게 주인과 손님 사이에는 '연결망'이 있지만, 뜨내기 상인과 뜨내기 고객 사이에는 다시 만날 수 있는 연결망이 보장되지 않기 때문이라는 뜻이다. 이 경우, 두 사람 사이에 연줄망이 없다라고 말하기보다는 연결망이 없다고 말하는 것이 더 적합하다. 특히 사람들 사이의 관계망이 아니라 조직 사이의, 국가 사이의 관계망을 다룰 때는 연결망이 연줄망보다 더 적합하다는 것은 금방 이해가 된다. 비인격적인 조직간에는 연줄망이 생기지 않고 연결망이 생길 뿐이다.[1)]

---

1) 연줄과 연결의 개념적 차이에 관해서는 이 책의 4장에서 자세히 논의할 것이다.

인간이 관계망 안에서 살고 있다는 평범한 사실은 병원 응급실에 실려온 환자가 동원하는 연결망을 상상해 보면 쉽게 이해할 수 있다. 병원 직원은 의식 불명의 환자의 수첩에서 한두 명을 골라 전화를 걸어 환자의 위급한 상태를 알려 준다. 처음에 연락을 받은 사람과 환자와의 관계는 무작위적으로 결정되었지만, 이 후에 연락이 퍼져가는 것은 매우 체계적일 것이다. 먼저 환자의 가족 누군가에게 연락을 하려고 노력할 것이고, 그 이후에는 가족 내의 미묘하고 복잡한 관계망을 따라 순차적으로 소식이 전해질 것이다. 응급실에 누가 먼저 달려오며, 병 간호는 누가 돌아가며 맡으며, 또 문병은 누가 오는가? 그리고 마지막 단계에 병원비를 처리하기 위해 동원되는 연결망에는 누가 있는가? 이 모든 일들이 환자를 둘러싼 연결망의 형태와 관계의 내용에 따라 처리될 것이다. 문병에 동원된 관계망만 보더라도 그 환자의 사회적 지위와 권력을 알 수 있으며, 크게는 한국 사회의 구조까지 엿볼 수 있다. 가령, 중요 일간신문사 편집국장이 사고를 당하면 어느 직업의 사람들이 문병을 오는가를 통해 한국사회의 호혜의 네트워크 구조를 알 수 있다. 누가 누구와 골프를 치며, 누가 그린 피를 지불하는지를 분석하는 것도 우리 사회의 엘리트 사이의 권력 구조를 밝히는 단순한 방법일 것이다.

사람들의 행위를 이해하기 위해 개별 인간의 속성 외에 그 사람이 맺고 있는 관계들을 살펴보는 것이 중요한 경우가 매우 많다. 또한, 한 사회의 문화적이나 거시적인 현상들도 그 사람이 맺고 있는 관계망을 통하여 이해하는 것이 보다 명확할 수 있다. 예를 들어 출신 지역에 의한 엘리트 충원과 이로 인한 지역감정의 심화는 권력자의 주변 연결망으로 설명할 수 있을 것이다.

연결망 이론은 관계적 인간관에 입각하여 인간 행위와 사회구조의 효과를 설명하려는 시도이다. '사회 연결망 분석의 특성은 일정한 사람들 사이의 특정한 연계(linkages) 전체의 특성으로 연계에 포함된 사람들의 사회적 행위를 설명하려는 시도'라는 미첼(Mitchell, 1969: 2)의 주장은 연결망 이론의 설명논리를 잘 보여 주고 있다. 각 개인의 상호 작용의 연결망은 행위를 통해 (재)생산되고 유지되며, 동시에 개인들에 의해 생겨나는 연결망의 전체 구조는 그들의 행위에 영향을 미친다. 자리매김 이론(theory of Embeddedness, Granovetter, 1985)이라고도 일컬어지는 연결망 이론은 특정한 형태의 연결망 안에 '자리 매겨져 있는' 행위자의 위치가 그들의 의식이나, 효용, 혹은 행위에 대한 보상(payoff)에 까지도 영향을 미친다는 데 초점을 맞춘다. 예를 들어 〈그림 2-1〉이 예시하는 두 개의 연결망에서 왼쪽에 속한 사람과 오른쪽에 속한 사람의 행위 특성이 다르며, 각 연결망의 중앙에 놓여 있는지 변방에 놓여 있는지, 혹은 외톨이(isolated)인지 아닌지에 따라 가치관이나 행동이 달라진다. 또 군집(cluster)에 속했는지 아닌지에 따라 의견의 차이를 보이기도 하며, 군집 사이에 연결이 없는 경우에 발생하는 갈등은 종종 더 첨예하여 해결하기에 어려움을 겪는다. 각 연결점이 사람이 아니라 조직이나 기업이라고 해도 마찬가지로, 기업의 성과나 생존은 그 기업이 맺고 있는 관계망에 의해 영향을 받는다.

관계망의 형태에 중점을 두는 것은 짐멜의 형태사회학(formal sociology)으로부터 유래한 전통이다. 짐멜은 형태(forms)와 내용(contents)을 구분하고 사회학은 사회관계 형태의 기하학(geometry of sociations)이라고 명명했다. 사회학의 탐구영역에서 관계의 내용을 의도적으로 제외하고 등한시 한 짐멜의 전통(Bearman, 1993: 48)에 관계의 내용을 어떻게 채워 넣을 것인지는 미완의 과제이다.

이 장에서는 사회 연결망 이론이 다른 사회 이론들에 비해 어떠한 점

그림 2-1 가상 연결망

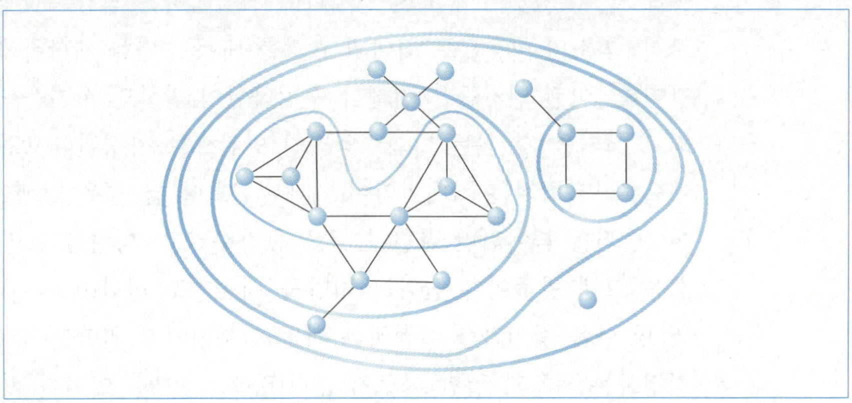

에서 우월한지를 보일 것이다. 이 책의 시각은 사회 연결망 이론이 여타의 사회과학 이론들과 배타적인 것이 아니며, 이 이론을 다른 여러 사회과학적 이론들에 적용하면 새로운 통찰력을 제공할 수 있다는 입장을 취한다. 이를 위하여, 사회 연결망 이론의 출발점인 '관계적' 인간관이 사회과학의 양대 주류를 이루고 있는 '과잉 사회화' 또는 '과소 사회화'된 인간관과 어떻게 차이가 나는지에 대하여 논의한 후, 연결망 이론이 분석의 대상으로 삼는 관계성의 분석이 일반적인 사회과학의 분석대상인 속성 분석과 비교하여 어떠한 이점이 있는지를 살펴볼 것이다. 3절에서는 사회 연결망 이론이 사회학의 오랜 논쟁적 주제인 미시와 거시의 문제를 통합적으로 설명할 수 있는 단초를 제공함을 보일 것이며, 마지막으로 4절에서는 연결망 이론이 다른 이론들에 적용될 수 있는 가능성에 대하여 검토한다.

2.1 관계적 인간관

사회과학에는 대표적인 두 개의 대립된 인간관이 있다. 고전 경제학적 인간관과 사회학적 인간관이 그것이다. 효용 극대화라는 핵심개념을 통해 알 수 있듯이 신고전 경제학에서 상정하는 인간은 합리적인 인간으로서, 최소의 비용으로 최대의 효과를 내는 수단을 계산하고 선택하는 인간이다. 이런 인간들은 언제나 수지타산이 맞으면 사기를 칠 수 있고 범죄도 저지를 수 있는 기회주의적인 인간으로 가정된다(Williamson, 1985). 예를 들면 범죄는 기대이익이 기대손실보다 클 경우 발생한다고 가정되어, 범죄를 줄이려면 잡힐 확률을 증가시키고, 형량을 늘리는 등 기대손실을 크게 만들어야 한다는 처방을 내놓기도 한다(Posner, 1998). 아이를 몇 명 낳을 것인가를 결정하는 과정도 투자가가 얼마를 투자할 것인가를 결정하는 과정과 별반 다르지 않다(Becker, 1976). 아이를 키울 때의 비용

(양육비나 교육비 등)과 아이로부터 얻을 효용을 계산하여 자식 수를 결정한다. 따라서 자식에 대한 투자비용의 부담이 그다지 크지 않은 부자들은 아이를 더 많이 낳는다고 본다. 이것이 자본가들이 중산층에 비해 아이를 더 많이 낳는 합리적인 이유라는 것이다.

이러한 경제학적 견해에 의하면 모든 것에 가격을 매길 수 있다. 인간의 양심에도 가격을 매길 수 있는데, 이 가격은 받는 뇌물의 크기에 의해서 결정된다. 즉, 청렴한 사람이라도 (극소수의 예외를 제외하면) 뇌물의 크기가 점차로 올라가면, 그리고 잡힐 확률이 높지 않으면 양심을 팔게 되는, 양심 매매가격이 형성된다는 말이다(Becker, 1976). 사회의 도덕이나 규범은 갈 곳이 없고 오직 수지타산만 맞춘다고 여겨지는, 소위 과소 사회화된 인간(under-socialized, Wrong, 1961)이 그려지는 것이다.

같은 사회과학의 분야이지만 사회학은 놀라울 정도로 신고전 경제학과는 정반대되는 규범적 인간이라는 과잉 사회화된 인간관을 내세운다. 인간은 자신이 사회로부터 부여 받은 역할을 맡는 '역할 수행자'이며, 사회화를 통하여 습득한 문화와 가치대로 행동한다고 여겨진다. 미국인들은 식당에서 식사 중에 큰 소리내면서 코를 푸는 행위가 용인되지만, 한국 사람들은 그렇게 못한다. 우리가 문법에 맞추어 말을 하듯이, 문화가 제공하는 '행위의 문법'에 따라 행동하기 때문이다. 역사적으로 보아도 공공장소에서 큰 소리로 방귀를 뀌는 행위가 봉건사회에서는 용인되었으나 근대화와 더불어 사라졌다(Eliade, Ritzer, 2000, 10장에서 재인용). 실수로 방귀를 뀌고 얼굴이 빨개지는 것도 문명(civility)을 획득한 다음에 생긴 행위문법의 반영이다. 엘리베이터를 탄 후 문을 등지고 뒤돌아 서서 안에 탄 사람의 눈을 빤히 쳐다보는 실험을 해 보면(Goffman, 1959), 정상적인 행위 문법이 깨졌을 때 당황하는 사람들의 모습을 관찰할 수 있을 것이다.

사람들이 사회로부터 주어진 도덕과 규범을 따라 행동한다면, 돈을 주우면 주인에게 돌려 주어야 하는 등, 정당함이나 공정함을 행위의 목표로 삼아야 한다. 그러나 현실은 그렇지 못한 경우가 허다하다. 투표에 참여하는 것이 자유민주주의를 지켜나가는 시민의 도리이지만 투표율이 매우 낮은 것이 현실이다. 즉, 신고전 경제학이나 사회학이 가정하는 어떤

그림 2-2 **열린 연결망과 닫힌 연결망**

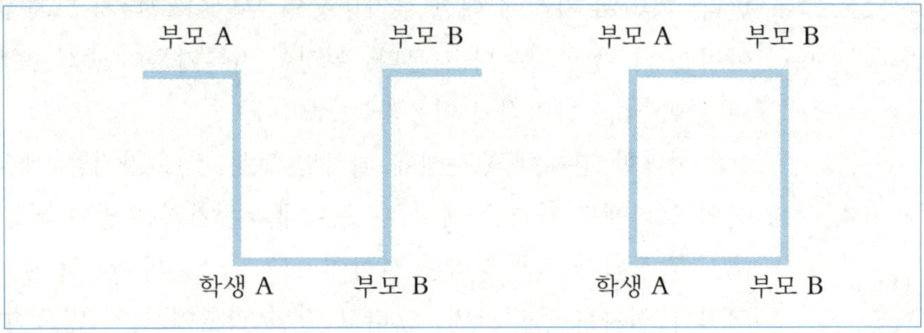

인간도 현실과의 괴리가 있으며, 정반대 방향에서 인간 행동을 설명하는 데 각기 실패하고 있다.

사회 연결망 이론은 그러한 고전적인 신고전 경제학과 사회학적 인간 관과는 다른 인간을 상정하고 있다. 즉, 연결망 위치에 따라 다르게 행위하는 인간, 자신이 놓여 있는 관계망의 형태에 따라 다른 행동을 하는 인간이라고 상정하는 것이다. 이 말의 의미를 쉽게 보여 주는 단순한 예를 들어 보자.

〈그림 2-2〉에서 선은 상호 작용의 유무를 나타낸다. 왼쪽의 경우, 학생 A와 학생 B는 친구 사이인데, 그 부모들은 서로 접촉을 하지 않는다. 오른편의 경우는 부모가 서로 알고 지낸다. 후자의 경우 연결망의 형태가 닫혀 있기 때문에 닫힌 연결망이라고 부른다. 어느 경우에 학생들이 비행 소년이 될 확률이 높겠는가? 연구 결과는 상식적으로 예측할 수 있듯이 열린 연결망의 경우가 닫힌 연결망의 경우보다 높다(Coleman, 1986). 정보 흐름을 좌우하는 단순한 모양의 차이가 청소년 비행 확률의 차이를 설명하는 것이다. 열린 연결망 속에 놓여 있는가, 닫힌 연결망에 놓여 있는가에 따라 두 학생이 서로 다른 행동을 할 수 있는 가능성을 보여 준 이 연구는 관계망이 행위를 결정하는 중요한 요인임을 보여 주는 흥미로운 결과이다.

관계망이 행위에 영향을 미치는 현상은 조직의 수준(조직 행동)에서도 관찰된다. 의사결정 구조가 위계적이고 단선적인 한 기업을 가정해 보자. 이러한 기업에서 말단 직원 수준에서 논의된 사안이 최종 결정되기 위해서는 평직원 → 팀장 → 과장 → 부장 → 사장과 같은 여러 단계의 결제 과정을 거쳐야 할 것이다. 이는 관료제 기업의 전형적인 형태로서 하나의 의사결정에 걸리는 시간이 매우 긴 비효율적인 구조이다. 그러나, 이러한 단선적인 의사결정 구조에서 평직원과 사장을 잇는 직접적인 의사소통의 통로를 만들 수 있다면, 의사결정에 걸리는 시간을 절약할 수 있고, 보다 많은 의견이 자유롭게 제기될 수 있는 기회를 만들어 내어 조직의 효율성을 증대시킬 수 있을 것이다. 조직 내 정보 흐름의 관계망의 형태를 조금만 바꾸어도 조직의 효율성이 달라질 수 있는 것이다.

인간은 자신이 놓인 관계망에 따라 행위가 달라진다는 사실을 알 수 있는 흥정 게임이라고 불리는 다른 실험을 살펴보자. 두 명씩 짝지워진 익명의 실험 참여자는 각기 다른 방에 놓여져서 실험의 내용에 대해 똑같은 설명을 듣는다. 한 명의 피실험자에게 20,000원을 지불하고 다음과 같은 지침을 전달한다.

> 당신에게 지금 20,000원이 주어졌습니다. 당신은 이 중 얼마를 자신이 갖고 나머지를 당신과 짝지워진 익명의 사람에게 얼마를 남겨 주어야 합니다. 만일 당신이 남겨 준 돈을 그 사람이 받지 않겠다고 하면, 당신은 자신이 가지려 했던 돈을 갖지 못합니다. 당신은 얼마를 남겨 주겠습니까?

다른 한 명은 상대가 남겨준 돈의 크기를 본 후, 그 돈을 받을 것인지를 결정하면 된다. 두 사람은 서로 모르는 사이이고, 실험 후에도 서로 만날 수도 없다.

독자는 얼마를 자신이 갖고 얼마를 상대에게 남겨 줄 것인가? 입장을 바꾸어서 상대가 넘겨 준 나머지 돈을 받는 입장이라면 독자는 얼마 정도의 돈이 자신의 몫으로 할당되면 받기를 거부하여, 자신이 한푼도 받지 못할지라도 상대의 과욕을 벌하겠는가? 만일 경제학적으로 합리적인 인간이라면 주는 사람의 입장에서는 자신이 갖는 몫을 최대로 늘릴 것이며, 받는 입장에서도 단 1원이라도 자신의 몫으로 돌아오면 받아야 한다. 거부하는 것보다 한푼이라도 받는 것이 한푼도 못받는 것보다는 효용이 크기 때문이다. 그러나 만일 인간이 규범적 인간이라면 공정하게 반반으

표 2-1 흥정게임 결과

		결 과	신고전 경제학 이론의 예측
나누어 주는 사람이 자신이 가지려고 한 돈의 평균		13,400	20,000
반반으로 나눈 비율(%)		25.5%	0%
받는 사람이 거부한 비율(%)		21.5%	0%
받는 사람이 거부한 경우의 평균 요구금액		17,000	20,000
받는 사람이 수용한 경우의 평균 요구금액		12,200	20,000
각 학과별 실험의 결과	심리학/심리학	심리학/경영학	경영학/심리학
반반으로 나눈 비율(%)	81%	78%	63%

자료: Frank(1987)에서 인용.

로 나눌 것이다.[2)]

실험의 결과는 경제학과 사회학의 예측이 모두 틀렸음을 보여 준다. 실험 결과 주어진 금액의 약 67% 수준인 평균 13,400원을 자신이 가지려고 했고, 반반으로 나눈 사람은 1/4 정도였다. 받는 사람이 받기를 거부해 둘 다 아무런 수익을 올리지 못한 경우도 21.5%나 되었다. 평균적으로 자신이 가지려고 한 돈이 17,000원, 즉 3,000원 정도를 파트너에게 남겨 주면 받기를 거부한 것이다. 한마디로 인간은 효용 극대화자와 규범적 행위자 사이의 가운데쯤에 위치하고 있다.

그런데 이 실험에서 익명의 파트너가 같은 과 학생이라고 알려 주면 반반으로 나눈 비율이 급증한다는 사실이 흥미롭다. 심리학과 학생들의 경우 81%나 반반으로 나눈 것이다.[3)] 이 실험의 결과는 사람들의 행위가

2) 공정한 나눔에 대한 규범은 다음의 예화를 통해 쉽게 이해할 수 있다. 어느 사람이 사과를 먹으려고 하는데 갑자기 아는 사람이 들이닥쳤다. 혼자 먹기가 미안해서 사과를 반으로 잘랐으나, 한 쪽이 더 크게 잘라졌다. 사과 주인은 자신이 큰 것을 고르기가 미안해서 상대에게 고르라고 선택권을 넘겼다. 그러자 이 친구는 자신이 큰 것을 골라 먹었다. 이 때 대부분의 사과 주인들은 규범이 깨진 것을 느낄 것이다.

3) 경영학과 학생이 심리학과 학생보다 반으로 나누는 비율이 더 낮은 것은 경제학 이론을 배운 결과라고 여겨진다. 사실 무임승차에 관한 실험을 하면 경제학과 학생들이 무임승차를 제일 많이 하는 것으로 드러난다.

과소 사회화된 인간관에서 이야기 하는 합리성에 의해서만 설명될 수 없다는 점을 알려준다. 그렇다고 과잉 사회화된 인간관이 강조하듯이 규범만으로도 설명될 수도 없는 노릇이다. 오히려 사람들의 행위 패턴을 잘 설명하기 위해서는 그들이 누구와, 어떻게 관계를 맺는지를 분석해야 한다. 다시 말해서, 사람들의 행위는 관계망의 영향을 받는다는 것이다. '관계적 인간관'(relational concept of man)은 인간이란 관계망에서 자신이 놓인 위치나 놓여 있는 연결망의 구조에 따라 달리 행동하는 존재라고 본다. 사회 연결망 이론은 이러한 인간관에 기초하고 있다.

2.2 관계성과 속성

사회 연결망을 연구하는 국제 네트워크인 INSNA(International Network for Social Network Analysis)의 홈페이지는 사회 연결망 분석을 쉽게 소개하기 위하여 다음의 글을 인용한다.[4]

> 개미들의 움직임과 접촉하는 모습을 보면 무작위적이 아니라 패턴이 있는, 사회구조를 관찰할 수 있다. 멀리 떨어져서 관찰한다면 우리는 개미처럼 보이는 마을 사람들 사이의 구조를 볼 수 있을 것이다 … 이 작은 인간 점들은 무작위적으로 서로 다가서는 것이 아니라 어떤 점들은 항상 모여 있으며, 어떤 점들은 가끔 만나며, 어떤 점들은 결코 만나지 않는다 … 아주 멀리서 관찰할 수 있다면 인간의 삶도 패턴에 불과할 것이다.

이 인용문에서 알 수 있듯이 사회 연결망 이론이 분석대상으로 하는 사회구조는 명확히 정의된 것으로서, 사회 관계성의 형태(morphology), 혹은 사회적 연결의 패턴(patterns of social linkages)이다. 가령 놀이터에서 매일 노는 어린 아이들이 끼리끼리 모여 있는 형태에 규칙성이 있다면, 여기에

---

4) http://www.heinz.cmu.edu/project/INSNA/na_inf.html

작은 사회구조가 출현한 것이다. 어린 아이들의 나이나 부모의 소득 등의 속성과 별도로 정서와 정보 그리고 자원이 흐르는 관계망(Wellman 1983: 176)이 생겨난 것이다. 이 관계망은 관념이나 규범, 도덕 등과는 독립적인 사회 실재로 작용한다(White et al. 1976: 733-34).

연결망 분석은 미시적인 구조뿐만 아니라 조직간, 계급간, 국가간 상호 작용의 형태로서의 거시적인 사회구조를 분석하는 데도 사용될 수 있다. 연결망 분석의 결과에 근거하여 발전하는 사회 연결망 이론은 관계성의 형태의 특징을 도출하는 데 그치는 것이 아니라 한걸음 더 나아가 관계성으로 체계의 특성이나 체계를 구성하는 요소의 행위를 설명하고 이론화하려고 한다(Knoke and Kuklinski, 1982: 13; Laumann, 1979: 349). 따라서 사회연결망 이론은 개인의 **개별적 속성(attribute)**에서 **개인의 관계적 속성(relational property)으로 설명의 중심을 옮긴** 이론이라고 말할 수 있다(Burt, 1986: 106). 이러한 입장을 옹호하면서 메이휴는 '사회학에서의 분석단위는 언제나 사회 연결망이지 결코 개개인이 아니다'(Mayhew, 1980: 349)라고 주장한다.

여태까지 사회과학에서의 경험적인 분석기법을 이용한 대부분의 연구는 변수라고 불리우는 개별적 속성 사이의 관계를 분석하는 방법으로 이루어져 왔다. 속성이란 사람이나 물체 또는 사건의 내재적(intrinsic) 특징을 일컫는다. 예를 들어 "소득이 많은 사람이 보수적이며 교육을 많이 받은 사람이 진보적이다" 또는 "직장에서 다른 모든 변수를 통제했을 때에도 여성의 승진 가능성이 남성보다 낮다"라는 명제에서 볼 수 있듯이 사회과학에서 대부분의 경험적 연구가 개인이 갖고 있는 개별적 속성을 인과적으로 이어주는 형태를 띠고 있다. 이러한 사회학 이론은 사회를 구성하는 사람들 사이의 관계가 전혀 고려되지 않기 때문에 원자론적(atomistic)이라고 볼 수 있다. 기존의 연구 방법론과는 매우 색다르게 발전하고 있는 사회 연결망 이론은 개별적 속성이 아닌, 관계적 속성을 분석의 대상으로 삼으면서 새로운 방법론을 제시하고 있다. 관계성에 근거한 설명 모델을 기호로 간략히 표시하면 다음과 같다.

$$W=f(V_i,\ V_j,\ R_{ij})$$

R_{ij}는 체계를 구성하는 인자들 사이의 관계적 속성이다. 설명대상인 W는 인간행위일 수도 있고, 체계의 속성일 수도 있다. W를 설명하기 위하여 구조의 구성인자들 사이의 관계를 이용하는 것이다. 속성을 무시하는 것이 아니라, 속성만으로 사회적 현상을 설명할 수 없으며(Emirbayer and Goodwin, 1994: 1414), 이 속성이 과연 관계적 속성을 통제한 후에도 설명효과가 있는지를 검증하자는 것이다(Burt, 1982: 106). 가령 소득이라는 속성이 특정한 사회적 성향과 관련이 있다고 하자. 이것이 소득 자체의 효과인지, 아니면 돈 많은 사람들이 자기들끼리만 어울리는 관계의 폐쇄성에서 오는 효과인지, 혹은 연결망이 만들어 내는 권력으로부터 생기는 효과인지를 검증해야 한다는 것이다.

대부분의 경우 개인적 속성과 관계적 속성은 상호 작용 효과를 갖는다. 예를 들어 경제력이 있는 사람들은 돈이 많기 때문에 생기는 속성도 갖고 있지만, 경제력 때문에 생기는 연결망의 효과에 의해 발생하는 특성도 갖게 된다. 후자가 '속성과 관계성의 상호 작용'에 의해서 생기는 효과이다.

집합행동을 연구하는 틸리는 이 상호 작용의 효과를 포착하기 위하여 범연(CATNET)이라는 신조어를 만들었다. 그는 집단이라는 단어를 쓰기를 거부하며, '개인들의 집합은 범주(category)와 연결망(network)으로 구성된다. 따라서 나는 집단이라는 개념 대신에 **범연**이라는 개념을 쓸 것이다'(Tilly, 1978: 63)라고 주장한다. 그에 의하면 노동자, 여성 등과 같은 범주로서 정의된 집단은 집합행동을 하는 데 쓸모가 없고, 범주를 공유한 사람들 사이에 네트워크가 형성될 때 비로소 힘을 발휘하기 시작한다고 한다. 범주를 공유한 사람들은 네트워크를 통해서 비로소 그들이 중요한 사회적 성격을 공유한 집단이라는 것을 상호 인식하게 되고, 공통의 이해를 깨닫게 된다(Tilly, 1978; Padgett and Ansell 1993: 1277-78). 또한 이 네트워크 안에서 상호 작용하면서 집단 정체성을 형성하여 자신이 속한 집단과 집합적 이해에 대해서 충성과 헌신을 약속하게 된다.

뒤에서 자세히 논의되겠지만, 사회 연결망을 분석하는 연구들은 관계망의 형태 및 관계망 내에서의 위치가 개인의 승진 가능성이나 집단 내에서의 영향력, 조직의 성패, 기업 이윤 등 다양한 현상에 영향을 미친다는 점을 밝혀 내고 있다. 이와 같은 설명 모델로 나아가기 위해서는 먼저 관계성의 형태를 파악하므로 연결망 이론과 연결망 분석은 떨어질 수 없는 동전의 양면이다.

2.3 미시-거시의 연결

사회 연결망 이론은 미시현상과 거시현상을 통합하고 연결하는 이론을 구축할 수 있는 틀을 제공한다는 점에서도 사회이론에 기여할 수 있다. 현대 사회학이론의 극단적인 미시와 극단적인 거시이론 사이에 단절적인 깊은 골이 존재해 왔다(김용학, 1996; Ritzer, 2002). 거시의 극단에는 구조주의와 기능주의 생태학 등이 있고, 미시의 극단에는 상징적 상호 작용론과 호만스 등의 교환이론이 자리잡고 있다. 사회 연결망 이론은 미시적인 현상과 거시적인 현상을 통합하는 개념과 도구를 제공한다.

거시적 현상을 미시 이론으로 설명하려는 시도를 환원(reduction)[5]이라고 한다. 자연과학의 발전은 환원의 역사였다고 볼 수 있고 그 예를 쉽게 찾아볼 수 있다. 가령 모든 물체 사이에 존재하는 만유인력, 자석이 끌어 당기는 힘, 그리고 소립자 사이의 당기는 힘(weak force)은 각각 별개의 현상으로 인식되어 왔다. 그러나 이 별개의 현상들이 모두 미시세계에 존재하는 힘에 대한 하나의 끈 이론(string theory)으로 통합되고 있다. 신체 현상이 생체 분자 현상으로 설명되고, 폭력행위가 뇌 속에 존재하는 특정

5) 보다 엄밀하게 말하면, 거시 현상에 대한 명제와 미시 현상에 대한 명제를 환원적 일치의 규칙(rules of reductive correspondence)으로 연결시키는 것을 환원이라고 한다(Nowak, 1977).

한 화학 전달물질의 상대적 양으로 설명되는 것이 환원이다.

사회과학에서 이와 같은 완벽한 환원은 불가능하지만,[6] 부분적인 환원을 시도하여 거시현상의 미시적 기초를 밝히려는 시도들이 다양한 방식으로 전개되었다. 부분 환원론은 거시적인 현상을 미시적인 단위들로 설명해 낼 수 있다고 보지 않으며, 어떤 거시적인 현상은 완벽하지는 않지만 부분적으로나 미시적인 단위를 통하여 설명할 수 있다는 입장을 취한다. 가령 자본주의의 출현을 부분적으로나마 행위자의 종교적인 신념으로 설명하려고 한 베버의 이론이 부분 환원론의 좋은 예이다. 이런 부분 환원론에도 미시적 단위 사이의 관계성이 활용된다.

발현 때문에 미시적 개인보다는 거시적인 사회적 사실을 사회학의 주된 연구대상으로 삼아야 한다는 방법론적 전체주의를 제시한 뒤르케임은 발현의 예로서 합금이 갖는 발현적 성격을 든다. 청동은 구리와 주석을 합금하면 생긴다. 하지만 구리와 주석은 물렁물렁한데, 둘을 합금한 청동은 매우 단단하다. 이로부터 "전체는 부분의 합보다 크다"는 유명한 명제가 도출된다. 이 단단함은 발현한 성질로 구리나 주석의 개별적 속성에는 존재하지 않기 때문에 발현적 현상은 구성요소로 환원할 수 없다는 것이 뒤르케임의 주장이다. 하지만 발현에 대한 그의 주장을 달리 해석하여, 청동의 강도는 구리와 주석의 상호 작용에 의해 발현되는 관계성이라고 볼 수 있다. 따라서 분석단위 사이의 상호 작용의 형태를 분석하는 방법인 연결망 분석은 발현 현상의 미시적 기초를 찾을 수 있는 방법론을 제공한다. 이 말의 뜻을 쉽게 이해할 수 있도록 하는 예를 찾아 보자.

어느 학과의 학생들 사이의 친구 관계에 대해 생각해 보자. 친구는 개인들이 비교적 자유롭게 선택할 수 있다. 개인들이 친구를 선택한 결과 학과에 친구망의 구조가 생겨난다. 어떤 개인도 이 구조가 생겨나기를 의

---

6) 물론 자연과학에서도 복잡성 이론(complexity theory)처럼 환원을 거부하는 입장이 존재한다. 개미왕국은 일개미, 병정개미, 청소개미, 여왕과 알을 보살피는 보호개미의 네 종류로 나뉜다. 그런데 개미사회는 전쟁이나 질병으로 인해 각 종류의 개미가 이루는 비율이 깨질 경우, 그 비율을 맞추도록 개미 스스로 역할을 바꾸어 네 가지 개미의 비율은 언제나 안정적으로 유지된다고 한다. 비율을 맞추도록 하는 현상은 개미 한마리 한마리 구성인자에 있을까? 아니면 개미 집단에서 발현하는 속성일까? 복잡성 이론은 발현의 과정 자체가 예측 가능하지 않고, 고도로 복잡하기 때문에 환원적 설명의 유용성을 거부한다 (Casti, 1997).

도하지는 않고, 단지 개인들은 마음에 드는 친구를 선택할 뿐이다. 그러나 개인 수준이 아닌 학과 수준에서 의도되지 않은 결과로서 친구망의 구조가 발현한다. 즉, 발현된 친구망의 구조를 미시적 친구 관계의 의도되지 않은 결과로 설명할 수 있다. 마치 사회구조를 건축물에 비유한다면, 친구를 선택하는 행위는 그 건물의 벽돌로서, 매 순간 창출되면서 구조를 (재)생산한다.

이러한 미시적인 친구의 선택은 서로 다른 구조를 만들어 낼 수 있다. 어떤 학과는 누구나 서로 친구로 연결되고, 다른 학과의 학생들은 해바라기처럼 한두 명의 수퍼스타하고만 친구 관계를 맺을 수 있다. 어떤 형태의 친구망이 생겨났는지에 따라 그 구조가 개인들에게 영향을 미친다. 누구나 친구라고 지목한 수퍼스타는 학과에서 무시할 수 없는 영향력을 갖는다. 아무에게도 친구라고 지목 받지 못한 '왕따'는 외로움과 연결망 권력이 없는 상태를 견뎌야 한다. 만일 친구망이 두 개의 단절된 블럭으로 나누어져 있다면, 이 학과에는 단절과 대립이 존재함을 알 수 있다. 남녀 사이의 친구 선택의 얽힘도 학과의 다양한 역학 관계를 반영하며 개인들의 운신의 폭을 제한한다. 이처럼 개인의 자유로운 관계맺기의 선택이 작은 사회의 구조를 만들어 내고, 동시에 그 구조가 개인들의 행위에 제약을 가한다.

두 번째 예로서 1970년대부터 현재까지의 미국 영화산업을 생각해 보면서 다음과 같은 베이컨 게임(Gladwell, 2000)을 해보자. 다시 한번 간략히 설명하자면, '베이컨 게임'은 어떤 두 배우가 같은 영화에 출연했을 때를 1단계라고 할 경우, 헐리우드의 다른 배우들이 과연 몇 단계만에 케빈 베이컨이라는 배우와 연결될 수 있는지 알아보는 것이다. 예를 들어, 서로 다른 시대를 살았던 존 웨인이 톰 크루즈와 몇 단계를 거치면 서로 연결될 것인가? 놀라운 사실은, 텔레비전 영화나 주요 영화에 출연했던 배우 64만 명을 대상으로 조사한 결과, 모든 헐리우드 배우들은 2003년 4월 시점에 평균 2.946단계를 거치면 케빈 베이컨과 연결될 수 있다는 결과를 산출해 낸 것이다(www.cs.virginid.edu/oracle).[7]

7) KAIST 물리학과의 정하웅(과학동아 2003년 4월호)는 베이컨 게임을 한국 영화배우들

베이컨 게임을 한국의 영화 산업에 다른 식으로 응용하여 지도를 그려 보자. 행렬의 행에는 1970년대 이후 우리나라에서 활약한 영화배우의 목록을, 열에는 영화 제목을 열거한 후, 열에 있는 어느 영화에 출연한 영화 배우들을 행 아래로 내려가면서 체크를 한다. 이 행렬은 (배우×영화)의 행렬로서 '공동 참여망(joint involvement)'이라고 불린다. 신성일 씨와 전지현 씨가 함께 출연한 영화의 회수(f)의 역수를(즉 $1/f$) 두 사람의 거리라고 개념화해 보자. 함께 출연을 많이 할수록 둘사이의 거리는 가깝게 된다. 같은 과정을 통해서 모든 배우들 사이의 거리를 구할 수 있으며, 이 상대적 거리를 지도로 그려 볼 수 있을 것이다. 이 거리는 배우 사이의 역할 구조를 반영한다. 다른 배우들과 가장 많이 공동으로 출연한 배우는 특화되지 않은 '일반주의자(generalist)'이고, 이 지도의 가운데 등장한다. 변방에 있는 배우들은 공동출연의 횟수가 일반주의자보다 작고 특화된 배우들이다. 서로 반대 편에 위치한 배우들은 출연하는 영화의 장르가 완전히 다른 배우들이다. 어느 배우들이 서로 가깝게 위치하여 군집을 이루는지도 밝혀 낼 수 있으며, 직접 공동 출연한 적이 없는 배우들은 몇 단계를 거쳐 서로에게 도달할 수 있는지도 계산할 수 있다.

이번에는 영화를 중심으로 분석해 보자. 두 영화에 공동으로 출현한 배우의 수를 모든 쌍의 영화에 대하여 센 후, 이 숫자의 역수를 영화 사이의 거리로 개념화해 보자. 이것은 영화 산업의 구조를 보여 준다. 출연진이 중첩될수록 특정 영화 사이의 거리는 가까워진다. 어떤 영화들이 군집을 이루고 있는지, 또는 어떤 영화들이 서로 극단에 위치하고 있는지를 알아볼 수 있다.

이상의 논의가 의미하는 바는 영화배우의 영화 출연으로 영화배우

사이의 네트워크에 적용했다. 그의 분석 대상은 2002년 말 현재의 6천4백2편의 영화와 등록된 영화배우 수는 7천9백6명이다. 그의 분석에서는 무려 4백92편이라는 가장 많은 영화에 출연한 신성일이나, 가장 많은 배우들과 공동 출연한 이석구 씨가 영화배우 네트워크의 중심에 있는 것이 아니라, 그리 잘 알려지지 않은 박용팔 씨가 중심에 있다. 조연이나 엑스트라로만 출연한 그는 평균 2.06 단계 만에 우리나라 모든 배우들과 연결된다는 것이다. 이는 미국의 모든 영화배우들이 네트워크의 중심에 있는, 반지의 제왕에서 살루만 역을 맡은 크리스토퍼 리와 평균 2.6단계 만에 연결된다는 사실과 매우 비슷한 결과라고 볼 수 있다.

사이의 구조, 그리고 영화 사이의 구조를 동시에 파악할 수 있다는 점이다. 즉, 개별 영화배우가 출연한 영화에 대한 미시적 자료로부터 영화배우 사이의 구조와 영화산업의 구조를 동시에 파악할 수 있다. 행위(미시)와 구조(거시)가 관계성에 의해 연결되어 있음을 보여 줄 수 있는 것이다. 또한, 개별 영화배우들의 관계를 통해 영화배우들이 어떻게 구조화되어 있는지, 영화들은 서로 얼마나 멀고 가까운지 등의 문제를 제기하는 것은 연결망적 관점에서만 가능한 일이다. 연결망 분석은 미시-거시를 개별적인 별개의 현상으로 파악하지 않고, 이렇게 미시와 거시의 이중성(duality)을 효과적으로 보여줄 수 있는 시각을 제시한다. 어느 한 수준에서 관찰될 수 없는 속성을 다른 수준에서 드러내어 보여 줄 수 있는 것이다.

2.4 사건의 관계성과 역사사회학

사회 연결망 이론이 기여할 수 있는 또 다른 영역은 공간의 구조화와 시간의 구조화에 대해 다루는 역사사회학 분야이다. 사회학 이론은 전통적으로 공간의 구조화에 대해서는 많은 노력을 기울여 왔으나, 시간의 구조화에는 그다지 큰 관심을 보이지 못했다. 도시 공간의 분화나 계급 구조화, 혹은 노동시장에서의 이동구조 등은 모두 공간의 구조에 관한 것이다. 시간의 구조화는 비교적 최근 들어서 발전하고 있는 영역이라고 할 수 있다.

시간의 구조화에 대해 가장 먼저 착안한 역사학자들은 자연사학파(natural history school)일 것이다. 이 학파의 이름이 말해 주듯이, 이들은 역사의 자연적인 흐름에 어떤 자연적 규칙성이 있을 것이라고 믿는다. 혁명에 이르는 과정에 규칙성이 있다고 조심스럽게 언급한 크레인 브린튼(Brinton, 1952)은 자연사학파의 대표적인 학자이다. 그는 프랑스, 러시아 등 지리적으로 시간적으로 떨어진 나라에서 발생한 혁명의 과정에서 일정한 규칙성이 드러난다고 본다.

영국, 프랑스, 미국, 러시아 네 국가에서 일어난 혁명의 첫번째 국면에서 일어나는 사건의 추이를 추려보면 다음과 같다. 혁명이 일어나기 이전, 국가 경제는 해외로의 팽창정책, 산업혁명과 같은 획기적 기술의 발전 등을 통해 팽창의 국면에 있는 상태였는데, 이 과정에서 빈부격차가 심화되고, 하층 계급의 상대적 박탈감이 고조된다. 구 지배 계급은 환경의 변화에 적응하지 못하여 불신과 몰락의 길을 걷게 된다. 지식인들 역시 지배계급에 대한 불신이 고조되어 이탈해가는 모습이 나타난다. 이러한 구조적 조건 아래 정부가 재정적 파탄에 직면하자 불만을 품은 계층을 중심으로 혁명세력의 조직인 동원이 나타난다. 이들은 왕의 퇴위를 요구하는 등, 혁명적 투쟁에 나서고, 정부는 폭력적 방법으로 혁명을 진화하려고 하지만 이를 막기에 정부는 너무나 무능하여 이들을 진압하려는 노력은 오히려 위기를 심화시키면서 실패로 돌아가고 혁명은 성공한다.

혁명이 성공한 이후의 과정에도 규칙성이 드러난다. 혁명의 결과, 권력을 획득하는 것은 비둘기파(온건파)이지만, 혁명 후 얼마 지나지 않아 매파(급진파)에 의해 폭력적 방법으로 숙청된다. 이 시기는 '공포정치'로 특징지워질 수 있는데, 보통 강력한 일인 독재자와 중앙 집권형 정부를 수반한다. 이 시기의 집권자들인 혁명론자들은 공포정치를 통해 일반인들의 신념, 가치, 그들의 관계망 등을 철저히 분쇄시키지만 이는 쉽사리 변하지 않는 것이어서 매파도 머지않아 몰락하고 다시 비둘기파가 재등장하여 혁명의 결과는 어떤 균형점에 수렴한다.

위와 같은 설명은 혁명의 과정에 이르는 '경제적 번영 → 빈부격차 및 계급간 불만 고조 → 지식인의 이탈 → 정부의 재정적 몰락 → 혁명운동 → 정부의 진압 실패 → 혁명 → 비둘기파의 득세 → 매파의 집권과 공포정치 → 비둘기파의 재등장'과 같은 일련의 사건들의 연속(sequence of events)에 규칙성이 있음을 의미하고 있다. 만일 사건들의 연속에 규칙성이 있다면, 이 규칙성을 시간의 구조화라고 개념화할 수 있다. 가령 한 사람이 태어나 정해진 나이에 학교에 들어가고, 적령기에 결혼을 하고, 직장을 얻고, 자녀를 낳는 등 일련의 생애 사건들의 시리즈는 모든 사람들의 생애에 걸쳐 시간적으로 구조화되어 있다. 또 다른 예로서 인디언들의 춤의 동작의 연속을 살펴보아도 특정한 몸짓들의 연속이 시간적으로 구조화되어 배열되어 있다. 마치 오케스트라의 악보가 구조화되어 있듯이, 어깨 짓 다음에 팔의 회전 그리고 몸의 회전 등이 시간적 간격을 갖고 순서대로 진행되는데, 이와 같은 동작의 배열은 시간적으로 구조화된 규칙성을 갖는다(Abbott, 1991).

그러나 브린튼은 이러한 혁명에 이르는 일련의 사건들이 모든 사례에서 완전히 동일한 형태로 나타나는 것은 아니라는 점에서 혁명에서 나타나는 사건들의 패턴을 '잠정적 동일성(tentative uniformity)'이라고 부르고 있다. 예를 들어, 러시아에서는 '경제적 번영'이라는 조건이 존재하지 않고, 미국에서는 '매파의 집권 및 공포정치'라는 단계가 존재하지 않았다. 연결망 분석은 이렇게 다양한 형태로 나타나는 패턴들 간의 유사성을 측정할 수 있는 유용한 방법을 제공한다. 예를 들면, 혁명 과정에서 나타나는 사건들을 알파벳으로 기호화하여 표현한다면, 나라 1에서의 혁명에 이르는 과정은 A→B→C→D→E였고, 나라 2는 A→C→E, 그리고 나라 3은 A→B→D→E, 나라 4는 B→C→E 였다고 가정해 볼 수 있을 것이다. 이 때, 이러한 사건의 시간적 순서(sequence)들 사이의 관계를 분석해 본다면, 혁명에서 가장 일반적으로 나타나는 패턴이 무엇이고, 어떤 사회와 어떤 사회가 서로 유사한 혁명의 패턴을 보이는지 등의 문제를 알아볼 수 있을 것이다. 즉, 사건순서 사이의 관계를 분석함으로써 가장 공통적인 순서는 무엇이며, 가장 비전형적 순서는 무엇인지를 찾아낼 수 있는 것이다.

구조주의자 레비스트로스의 신화 분석도 사건의 시간적 구조화 분석이라고 해석할 수 있다. 그의 신화 구조 분석은 연결망 분석에서의 행렬 분석과 흡사하다. 먼저 열에 이론가가 중요하다고 정한 이분법적 대립 항을 배열한다. 즉 '날것/익힌 것,' '산것/죽은 것', '땅으로부터 나온 것/땅으로부터 나오지 않은 것,' '피를 강조하는 것/피를 강조하지 않는 것' 등을 나열하는 것이다. 둘째, 신화의 내용이 전개되면서 나타나는 단어를 순서대로 행렬(matrix)에 옮겨 적는다. 가령, '독수리가 날아 죽은 곰의 간을 파먹고…'와 같이 신화가 전개되면, 독수리=산 것, 죽은 곰=죽은 것이므로, 그 해당 열 아래에 나타난 순서인 1, 2의 숫자를 적는다. 이미 기입한 열보다 더 왼쪽 열에 해당하는 개념이 등장하면 다음 행으로 내려가면서 숫자를 적는다. 이와 같이 신화 한 개를 분석하면 행렬 한 개가 완성된다. 여러 개의 신화를 분석하여 나온 행렬들을 포개 놓고 위에서 투시하여 보면 신비하게도 모든 신화들이 거의 비슷한 배열을 보인다고 한다(Levi-Strauss, 1963). 신화의 시간적 전개가 이분법적 대립이라는 공간에 구조화된 것이다.

이와 같은 시간의 구조화를 역사적 사건의 연속에서 찾아보려는 시도들이 역사사회학에 등장하기 시작했다. 역사에 등장하는 주기와 궤적을 구분한 아민제이드(Aminzade, 1992)에 의하면, 주기는 시간의 연속 과정을 규정하는 반복적 사건을 지칭하는 개념으로 주로 변동의 순환 형태에 초점을 두는 반면, 시간의 궤적(trajectory)은 반복적이라기보다는 누적적이고 변화의 방향성을 갖는 일련의 사건을 의미한다. 주기가 비슷한 사건이나 동일한 사건의 반복적 발생 시점 사이의 간격을 의미한다면 시간의 궤적은 사건의 전형적인 연속 과정이 존재하는가를 파악하려는 것이다.

먼저 시간의 궤적을 찾는 역사사회학에 연결망 분석이 어떻게 기여할 수 있는지에 대하여 논하기로 하자. 역사사회학의 방법론에 많은 업적을 내고 있는 애보트(Abbott, 1995)는 생물학에서 발전한 DNA 사슬(sequence)을 찾아 주는 프로그램을 사회적 사건들에 적용한다. 엄청나게 방대한 A, T, C, G로 이어진 염기서열 중에서 수많은 생물체에 공통적으로 드러나는 서열이 있는지, 혹은 어떤 생물이 어떤 생물과 흡사한지를 찾는 논리를 사람들이 생애에 걸쳐 경험하는 사건들의 사슬에 적용하여 공통 궤적을 찾거나 궤적 사이의 관계를 밝히려는 것이다. 이 논리를 수학 공식을 쓰지 않고 설명하면 다음과 같다. 먼저 사건과 사건의 연속적인 전개를 사건들이 관계망으로 연결된 것으로 본다. 사건들이 관계된 방식은 사람마다 다를 것이다. 어떤 사람은 결혼을 하고 아이를 낳지만, 어떤 이들은 아이를 낳고 결혼한다. 그렇지만 대부분의 사람이 전개하는 사건에는 주된 궤적이 있다. 사건 서열 분석(event sequence analysis)의 논리는

표 2-2 경력계열의 가상자료

계 열 \ 연 도	5	10	15	20	25	30	35	40
A	1	1	2	3	4	5	6	
B	1	2	3	4	5	6	7	8
C	1	1	4	5	7	8	7	7
D	4	5	6	7	7	7	7	7
E	1	2	3	4	5			

사람들이 겪는 사건 서열 사이의 거리를 모든 쌍의 사람들에 대해서 계산하고 서열의 군집을 찾는다. 가장 밀집된 사건 서열이 대부분의 사람들이 겪는 구조화된 사건의 서열이 된다.

최적합치(optical matching)의 방법을 통해 계열 사이의 구조와 주된 계열을 찾는 방법의 논리를 간단히 알아보자.[8] 〈표 2-2〉의 가상 자료는 5명의 개인들이 직장을 구한 후 평생 동안 8개의 직위(1이 낮은 직위) 사이에서 이동한 경력을 나타낸다.

E의 계열이 짧은 이유는 이 사람의 나이가 젊거나 회사를 일찍 그만두어서이다. 5명만 있는 경우는 누구의 경력이 더 흡사한가를 눈으로도 찾아 낼 수 있다. 그러나 자료가 방대해지면 컴퓨터의 힘을 빌려야 한다. '최적합치'란 각 쌍들 사이의 거리를 계산하는 방법을 일컫는 것으로, 먼저 어떤 계열이 다른 계열과 동일해지려면 몇 번이나 새로운 숫자를 삽입하거나, 지우거나 혹은 대체해야 하는가를 계산한다. 계열 A는 맨 앞의 1

표 2-3 최적합치 비용(표준화하지 않음)

	A	B	C	D
B	3			
C	6	5		
D	8	7	5	
E	2	3	6	8

8) 이 소개는 애보트(Abbott, 1990)에서 따온 것으로, 좀더 자세한 소개는(Blair-Loy, 1999)의 부록을 참조하는 것이 좋다.

을 하나 지우고,[9] 맨 뒤에 7과 8을 삽입하면 B와 동일해진다. 마찬가지 방법으로 A는 맨 앞의 1을 지우고, 맨 뒤의 6을 지우면 E와 같아진다. 두 번의 동작으로 A가 E와 같아졌으므로, A는 세 번의 동작을 취해 같아진 B보다는 E에 가깝다고 할 수 있다. 이러한 절차를 거쳐 몇 번의 동작으로 두 계열이 같아지는지를 보여 주는 것이 〈표 2-3〉이다. 합치를 위해 필요한 동작의 최소 횟수를 비용이라고 부른다.

합치시키기 위한 동작 수는 계열의 길이에 의해서 영향을 받는다. 즉, 계열이 길수록 동작의 숫자는 확률적으로 증가한다. 이를 조정하기 위해서 둘 중에서 긴 계열의 숫자로 나누어 최적합치 비용을 표준화한다. 이렇게 계산된 계열 간의 거리를 UCINET이라는 연결망 분석 프로그램을 이용하여 집락 분석한 결과가 〈그림 2-3〉에 드러난 경력계열 간 거리의 집락 분석이다. 이 그림의 가로축은 〈표 2-2〉의 계열을, 세로축은 계열 간의 거리를 나타낸다. 이 그림을 통해서 우리는 크게 두 개의 집락을 발견할 수 있으며, 각 집락의 특성을 파악할 수 있다. 첫째 유형은 A, E, B의 것으로 낮은 직위로 입사하여 천천히 승진하여 중간 직위까지 도달한 사람들의 경력 유형이다. 이들은 0.375라는 거리에서 모두 하나의 집락으로 묶인다. 둘째 유형은 둘 사이에 유사성은 작지만(0.625라는 비교적

그림 2-3 경력계열 간 거리의 집락 분석

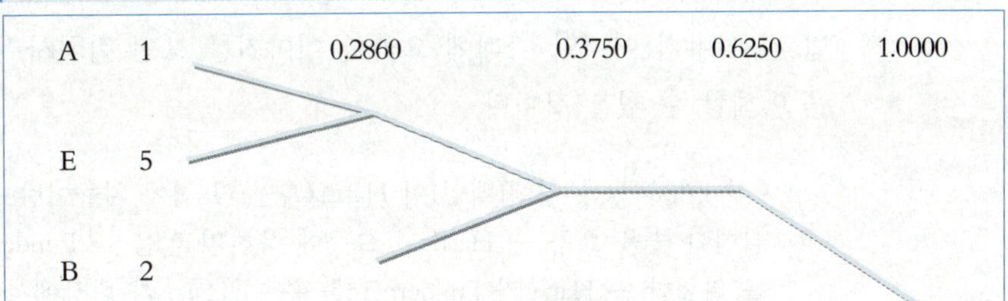

9) 한 숫자를 지우면 계열은 왼쪽으로 당겨진다. 바로 이 점이 연결망 분석의 결점 사이의 거리를 구하는 구조적 등위성 공식과 달라지는 부분이다.

큰 거리에서 C와 D는 하나의 집락으로 묶인다), 높은 직위에서 출발하거나 빨리 진급하여 상층에 까지 도달한 D와 C의 유형이다.

이러한 분석방법이 적용될 수 있는 대상은 다양하다. 헐리우드 영화의 줄거리에 공통의 전개 과정이 있는지, 사람들의 생애주기에서의 주된 유형이 무엇인지(한준, 2004), 성공한 사람들의 공통적인 생애사는 무엇인지, 기업이 기술혁신을 위해 거쳐야 하는 단계가 무엇인지, 혁명에 도달하는 사건들에 의해 생기는 단계의 공통점은 있는지, 또는 나라들의 경제발전 단계를 유형화할 수 있는지 등을 밝힐 수 있는 것이다.

애보트의 계열 접근과 비슷하지만, 역사 이야기(historical narrative) 내에 등장하는 사건들 사이의 **인과구조를 밝힌다는 점에서 색다른** 분석방법이 그리핀(Griffin, 1993)에 의해서 제안되었다. 역사에서 이야기란 사건들이 시계열적으로 연결되어 일관된 논리와 인과관계를 갖도록 재구성된 것이다(Griffin, 1993: 1098).

미국 남부에서 일어난 백인에 의한 흑인 린치사건에 이르는데 관련된 수많은 사건들을 이야기로 재구성하고, 이 안에 등장하는 사건들 사이의 구조(event structure)를 찾는 과정을 예시하기로 한다. 아래의 시간 순서로 배열된 사건의 흐름은 하나의 이야기를 구성하고 있다. 흑인 린치사건의 숨은 핵심은 백인이 흑인에 의해 살해된 다음 백인 경찰이나 보안관이 수색대가 조직된 후 폭도로 되는 과정을 알고도 눈감아 주는 데 있다. 제법 긴 이야기 이지만 아래에 요약한 이야기를 보면 린치사건의 전개과정을 이해할 수 있을 것이다.

> Funderberg 일행(백인)이 Harris(흑인)의 집에 쳐들어감 → Funderberg 일행이 술을 요구 → Harris가 요구에 응하지 않음 → Funderberg가 Harris를 위협함 → Harris가 Funderberg를 쏨 → Harris가 현장에서 도망침 → 사람들이 살인사건을 알림 → 수색대 구성 → 경찰(백인)이 살인사건을 보고받음 → 경찰이 살인현장 방문 → 마을 사람들이(백인) 경찰에게 Harris를 추적하고 있다고 확인시킴 → 경찰이 사건처리에 만족함 → 경찰이 자신의 사무실에 돌아감 → (백인)보안관이 소환됨 → 보안관이 다른 지역의 법정에 출두 중 → 보안관이 소환에 응하지 않음 → 수색대가 Harris 포위

망을 좁힘 → 흑인이 Harris의 은신처를 알려 줌 → 수색대가 Harris를 잡음 → 폭도가 Harris를 강가 댐으로 데려감 → 폭도가 Harris를 나무에 묶음 → 폭도가 Harris를 총으로 쏘아 죽임 → Harris의 친구(흑인)가 그의 은신처를 폭로한 흑인을 죽임

이 n개의 일련의 사건들로부터 $(n \times n)$ 행렬을 구하고 각 cell에 두 사건이 인과적으로 연결된 사건이면 (인과적으로 반드시 필요한 사건이라면) 1, 아니면 0이라고 써 넣은 후 이 사건 행렬의 구조가 무엇인지를 분석하

그림 2-4 린치사건의 구조

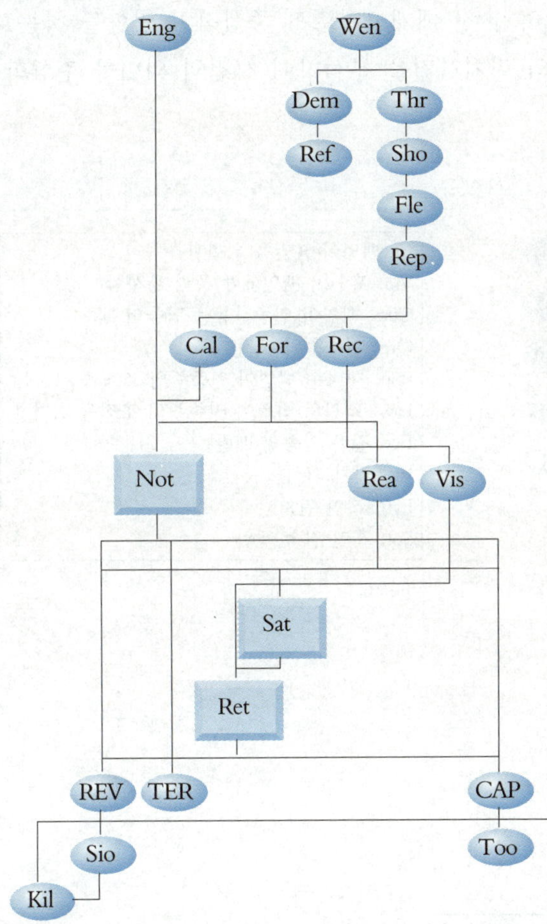

〈약자가 의미하는 사건 내용〉
Cal: 보안관이 소환됨
CAP: 수색대가 Harris를 잡음
Dem: Funderberg 일행이 술을 요구
Eng: (백인)보안관이 다른 지역 법정에 출두 중
Fle: Harris가 현장에서 도망침
For: 수색대 구성
Kil: Harris의 친구(흑인)가 그의 은신처 폭로한 흑인을 죽임
Not: 보안관이 소환에 응하지 않음
Rea: 마을사람들이(백인) 경찰에 Harris를 추적하고 있다고 확인시킴
Rec: 경찰(백인)이 살인사건을 보고 받음
Ref: Harris가 요구에 응하지 않음
Rep: 사람들이 살인사건을 알림
Ret: 경찰이 자신의 사무실에 돌아옴
REV: 흑인이 Harris의 은신처를 알려 줌
Slo: 폭도가 Harris를 총으로 쏘아 죽임
Sat: 경찰이 사건처리에 만족함
Sho: Harris가 Funderberg를 쏨
Tie: 폭도가 Harris를 나무에 묶음
Thr: Funderberg가 Harris를 위협함
Too: 폭도가 Harris를 댐으로 데려감
TRA: 수색대가 Harris를 잡음
Vis: 경찰이 살인현장 방문
Wen: Funderberg 일행(백인)이 Harris집에 쳐들어감

는 것이라고 해석할 수 있다. 여기에서 인과성을 판단하는 것은 연구자의 주관적인 판단이다. 예를 들어 그리핀은 Harris가 술을 달라는 Funderberg의 요구에 응하지 않은 사건이 Funderberg가 Harris를 협박하는 데 반드시 필요치 않은 사건이라고 판단한다. 〈그림 2-4〉 린치사건의 구조는 ETHNO라는 프로그램[10)]이 그려 준 사건 흐름과 인과 연결망을 보여 준다.

〈그림 2-4〉는 사건의 인과적 구조를 개괄적으로 보여 줄 뿐만 아니라 어느 사건이 흐름의 중심에 있는지를 보여 준다. 가령 사건의 연결 구조를 보았을 때 보안관이 소환에 응하지 않고(Not), 경찰은(폭도로 변할) 사설 수색대가 조직된 것에 만족하고(Sat) 자신의 사무실로 돌아가는 사건(Ret)이 린치사건에 도달하기 전 매개고리로서 중심적인 역할을 하는 것을 알 수 있다. 여러 개의 린치사건을 분석하여 사건의 의미를 추상화하

그림 2-5 린치사건의 공통구조

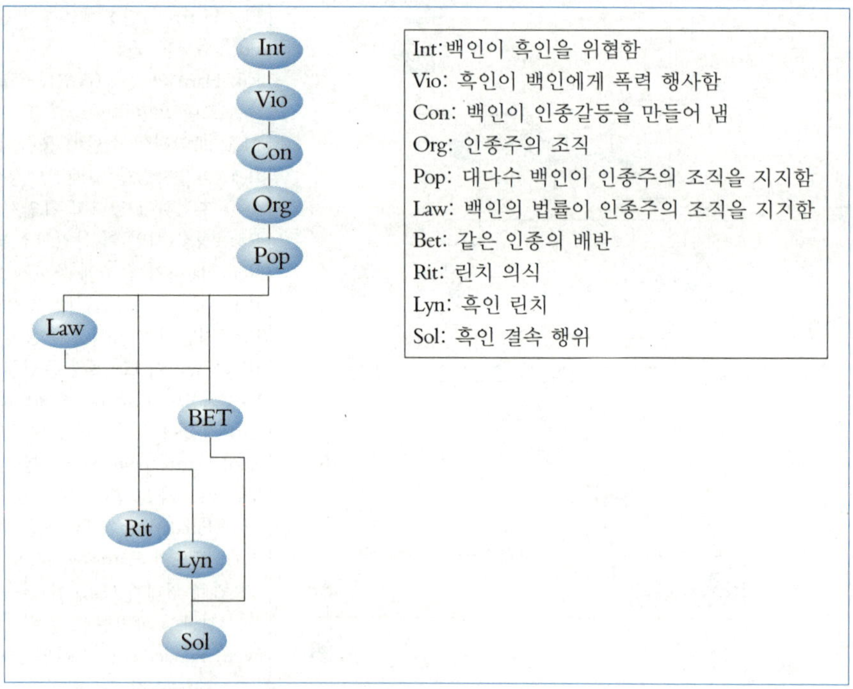

10) www.indiana.edu/~socpsy/ESA/에서 사용할 수 있다.

면 구조의 공통점을 찾아낼 수 있을 것이다. 이러한 과정을 통해서 단순화한 구조가 〈그림 2-5〉이다.

이재열(2004)은 ETHNO 프로그램을 이용하여 성수대교 붕괴사건이나 첼린저호 폭발사고 등과 같은 대형사고가 발생하는 과정에 개입하는 사건들 사이의 인과망을 분석했다. 사건 사이의 인과 고리의 존재 여부는 순전히 이론가의 판단에 따른다. 그는 사건들 간의 상호 작용에 따라 복합형과 단순형, 그리고 사건들의 평균 소요시간에 따라 증폭형과 돌발형으로 나눈 후, 복합-증폭형, 복합-돌발형, 단순-증폭형, 단

그림 2-6 대구 지하철 사고와 성수대교 붕괴사고의 인과구조 비교

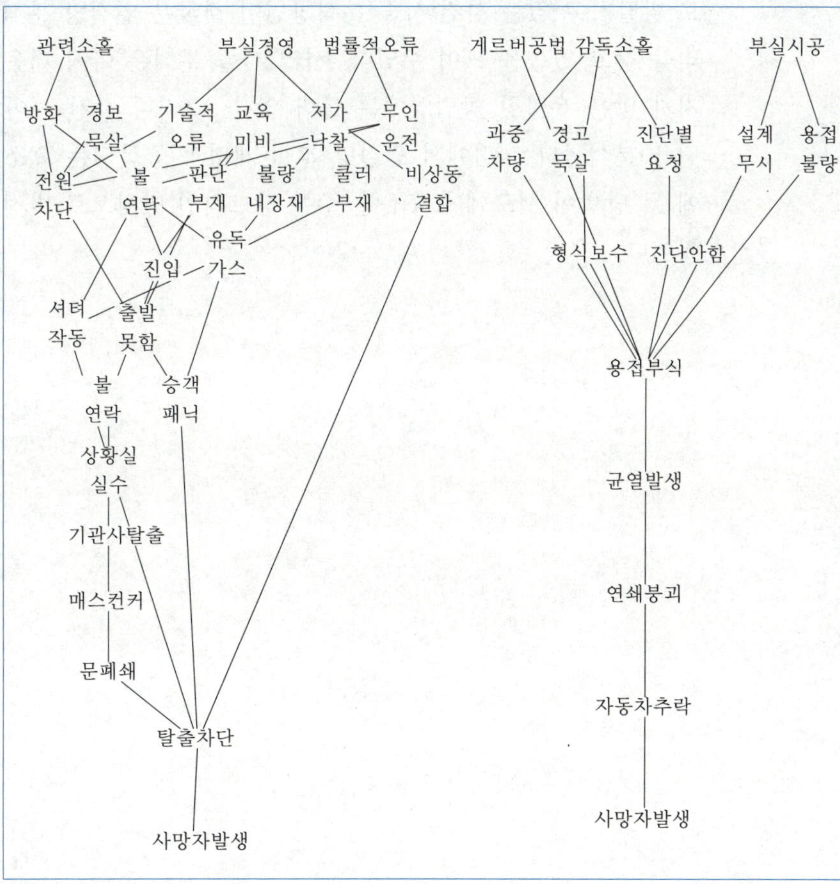

순–돌발형과같은 네 가지 유형을 구분했다. 다른 사고들과 비교한 후 이재열은 〈그림 2-6〉에 드러난 대구지하철 사고 인과구조의 특징을 복합–돌발형, 성수대교 붕괴사고를 전형적인 단순–증폭형 재난 유형으로 분류했다. 전자의 경우 사고의 선행조건의 변수들이 비교적 복잡하게 얽혀 있는 반면 후자는 비교적 인과망이 단순하다는 구조적 특징에 따른 판단이다. 이재열은 전자는 피하기 어려운 사고이고, 후자는 비교적 피할 수 있는 사고라는 주장을 덧붙인다. 이처럼 인과구조의 시각적 특징으로부터 사고유형을 분류한다든지, 사건 전개과정의 공통적 고리를 추출 할 수 있는 것이다.

이 절에서 나는 비교적 최근에 역사사회학 분야에서 새로운 방법으로 발달하고 있는 사건 사슬 분석방법이 결국은 연결망 분석과 동일한 논리를 갖고 있음을 보여 주었다. 사건 사슬 분석은 아직 더욱 발전시킬 여지가 많은 유망한 방법임에는 틀림 없다. 그러나 사건 사이의 연결의 패턴을 분석한다는 점에서 연결망 분석 개념과 공통되는 요소가 많기 때문에 두 방법이 서로에게 도움을 주는 상보적인 방향으로 발전해 나가야 할 것이다.

제 3 장 구조주의와 연결망 분석

제 3 장

구조주의와 연결망 분석

'사회구조'란 과연 무엇인가? 사회구조는 사회과학에서 가장 많이 사용되는 개념 중 하나이다. 사회구조는 매우 추상적인 개념이며, 그에 대한 정의는 학자마다 무척 달라, 많은 혼란을 초래하고 있다. 게다가 실제로 존재하는 '사회구조'에 대해 구체적으로 경험적인 연구를 하고자 할 경우 그 개념 정의는 더욱 어려워진다.

필자는 개념적 모호성을 줄이기 위해 사회과학에서 가장 많이 쓰이는 구조의 개념을 그들이 사용되는 문맥을 통해 세 가지로 구분한 적이 있다(김용학, 1996; Boudon, 1971). 구조를 개념화하는 첫번째 방식은 사회구조를 중요한 '사회적 파라미터(parameter)들의 분포'로 정의하는 것이다(Blau, 1960; 1974). '연령구조'가 대표적인 예이다. 두 번째는 '사회적 단위들 사이의 관계망의 형태'로 구조를 개념화하는 것이다(Skocpol, 1982; 1976). 관계망으로서의 구조는 결혼구조(Kinship Structure)라는 개념에 잘 드러나 있다. 끝으로 변형적 구조주의는 가시적으로 관찰할 수 없는 '깊은 구조'의 원형이 표면구조로 표출됨으로써 사회구조가 발현된다고 인식하면서, 깊은 구조에 대한 모델을 구축하려는 구조주의이다(Piaget, 1970; Levi-Strauss, 1963). 사회구조의 분석은 깊은 구조의 특징을 모델화하고, 그것이 표면구조로 표출되는 방식을 연구해야 한다는 것이 변형적 구조주의의 핵심적인 주장이다. 자본주의에서 사회주의로 이행하는 발전법칙에 대한 마르크스의 이론에서 이러한 구조주의를 발견할 수 있다.

사회 연결망 이론은 사회과학에서 발전한 이와 같은 세 가지 형태의 구조주의 이론들과는 독립적으로 도출된 것이다. 그러나 나는 기존의 구조주의 이론이 정의한 사회구조의 개념이 연결망 이론이 제공하는 분석 기법과 개념에 의해서 한층 구체화되고 또 보완될 수 있다고 줄곧 주장해 왔다.[1] 이러한 주장의 근거를 대기 위하여 이 장에서 나는 세 가지 구조주의의 특징을 도출하고, 이들 이론이 제시하는 사회구조의 개념이 연결망 이론에 의해서 포섭될 수 있음을 예를 통해서 보여 줄 것이다. 맨 끝 절은 연결망 분석이 위에서 분류한 세 가지 형태의 객관적 구조 분석뿐만 아니라 주관적인 구조, 즉 이념구조까지도 분석할 수 있는 방법을 제공할 수 있음을 예시하려고 한다. 이 장에서 나는 수학이나 연결망 분석 기법에 대한 기술적인 면을 다루지는 않으면서 분석의 함의를 서술할 것이다.

3.1 분포 구조주의와 연결망 분석

만일 화성인이 지구를 방문하여 한국 사회를 연구한다면, 그들이 처음으로 분석하는 사회구조는 외면적으로 드러나는 사회적 변수들의 분포일 것이다. 상징이나 문화와 같이 복잡한 의미세계에 접근할 필요도 없이, 화성인은 비교적 관찰하기 쉬운 연령 분포나 남녀의 비율, 또는 지역별 인구분포 등에 대해 관심을 갖고 연구할 것이다. 한걸음 더 나아가 그들은 이러한 분포의 형태가 사회에 미치는 영향을 분석할 것이다. 가령, 연령 구조에서 노령자가 많아질수록 실버 산업이 발달한다거나, 예비신부의 숫자보다 예비신랑의 숫자가 많아질수록 여성의 결혼지참금이 떨어진다는 등의 사실을 밝혀 낼 것이다. 즉, 사회적으로 중요한 변수가 어떤 형태의 분포를 이루는지를 통하여 다른 사회현상을 설명하는 것이다.

화성인들이 지구사회를 조금씩 더 이해하기 시작한다면, 지구인들은 자신의 주위에 어떤 종류의 사람들이 어떻게 분포되어 있는가에 따라 행동이 달라진다는 것을 알게 될 것이다. 해수욕장에 사람이 많을수록 쓰레기를 줍는 사람의 숫자는 오히려 줄어든다거나, 주위에 폭력적인 사람들이 많을수록 폭력적인 사람들의 폭력성은 더욱 쉽게 표출되며, 혹은 수줍

1) 이 장은 (김일철, 1999)에 실린 것을 수정 보완한 것이다.

그림 3-1 가상적 친구

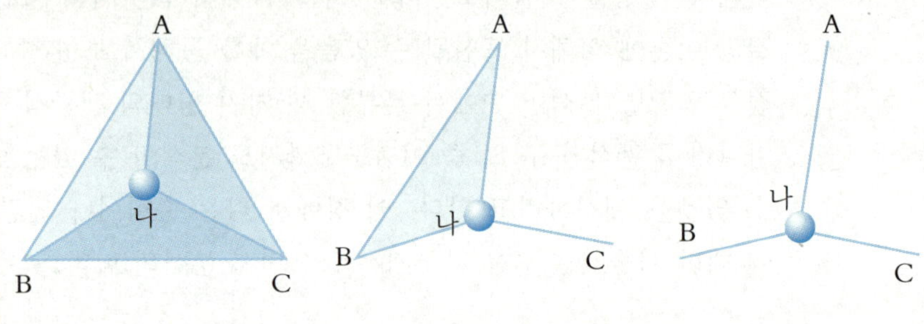

은 사람들은 수업시간에 발표할 때 청중의 숫자가 많아지면 얼굴이 더욱 붉어진다는 것을 발견할 것이다. 이렇게 분포로부터 오는 구조적인 영향력을 '구조적 효과'라고 한다(Blau, 1960; Mayhew, 1980). 나는 구조적 효과를 연구하는 구조주의를 분포 구조주의라고 부를 것이다.

사회구조를 '분포의 형태'로 파악하는 구조적 효과이론은 원래 연결망 이론과 관계없이 발전했으나, 필자는 이 분포 구조주의도 연결망 분석 기법에 의해 연구 영역이 확장되고 세련화될 수 있다고 생각한다. 한 가지 실험을 독자들과 함께 해 보자. 가장 친한 친구 세 명(A, B, C)을 머리에 떠올리고, 그들 사이의 관계가 다음의 〈그림 3-1〉에서 어느 형태에 속하는지를 판단해 보자. 그림에서 선분은 친구 관계로 맺어진 것을 의미한다.

한 사회에 (가)형이 제일 많다는 것은 친구들 사이의 결속력이 매우 강하며, 친구들을 서로 친구로 만드는 사회적 압력이 있다는 것을 의미한다. 미국과 독일에서는 (가), (나), (다)형이 각각 1/3의 분포를 보인다(Laumann and Pappi, 1973). 아직 한국에서는 어떤 분포를 보이는지에 대한 체계적인 연구가 없지만, 소규모 집단을 상대로 한 실험적 연구에 의하면 (가)형이 가장 많은 것으로 나타난다. 만일 국가간에 친구 망 형태의 분포가 다르다면, 그 사회적 원인은 무엇이며, 또 그 효과는 무엇인가? 다시 이야기하면 왜 친구들이 서로 친구가 되도록 하는 압력이 존재하는가?

여학생들의 경우 (가)형이 (나)형보다 훨씬 많은데 그 이유는 무엇인가? 이러한 질문이 사회학적으로 타당한 질문이라면, 사회적 파라미터들의 분포뿐만 아니라, 연결망 형태의 분포를 사회구조의 한 측면으로 이해하는 것도 사회의 특성을 밝히는 데 기여하는 일이다.

두 번째의 예로서, 미국 시카고 대학에서 정기적으로 실시하는 '일반사회조사(General Social Survey)'의 특별주제로 포함되었던 자아중심적 연결망(ego-centric network) 분석이라는 연구를 검토하기로 하자(이에 대한 자세한 논의는 4.3절에서 다루어진다). 지난 1년간 응답자가 자신의 개인적인 고민과 문제를 상의한 사람들 5명을 무기명으로 기록하게 하고, 이들 상담자의 사회-경제적 속성에 대한 정보를 응답자로부터 얻어 낸다. 응답자와 상담했던 사람들과의 관계, 그들의 나이, 직업, 성별, 상담한 주제 등에 관하여 응답을 구하면, 누가 누구와 관계망을 맺는지를 분석할 수 있다. 동일한 연구를 한국에서 실시하면, 두 나라 사이에 존재하는 사회구조의 특성의 차이를 밝힐 수 있다. 비교 연구 결과를 간추리면[2] 한국 남

그림 3-2 노동자와 자본가의 연결망 구조의 예시

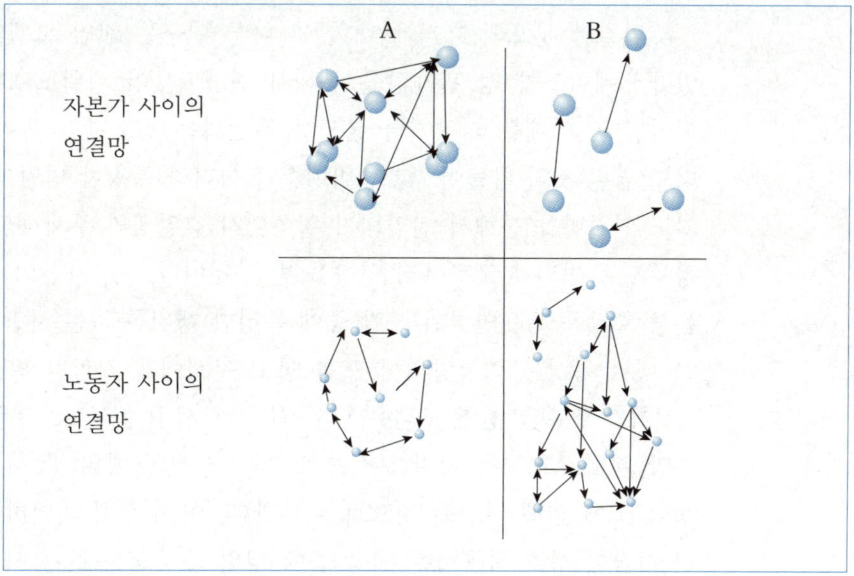

2) 분석에 사용한 자료는 서울대학교 사회발전 연구소에서 1996년에 조사한 것이다.

편들은 아내와 상의하는 비율이 미국 남편들 보다 무척 낮으며(가부장적 가족주의), 비슷한 나이의 사람과 주로 상의하며(강한 연령 동질성), 남자가 나이 어린 여자에게 상의하는 비율이 여자가 자기보다 어린 남자에게 상의하는 비율보다 월등히 낮다(남성 우월주의). 이러한 현상은 한국 사회 구조의 한 단면을 잘 드러내 보인다. 즉, 개인적이고 미시적인 관계망으로부터 거시적인 사회 구조적 속성을 밝혀 낼 수 있는 특징 때문에 연결망 분석은 미시적 관계로부터 거시적 속성을 도출하는 좋은 기법이 된다.

미시적 관계에서 거시적 구조적 특성을 도출할 수 있는 것을 보여 주기 위하여 노동자와 자본가들이 각각 서로 연결된 분포의 차이를 보여 주는 〈그림 3-2〉의 두 가상적 사회를 비교해 보자.

A 사회에서의 자본가의 연결망의 밀도에 의한 결속력은 B 사회보다 월등히 높다. 반면 B 사회에서는 노동자들 사이의 결속이 더 높다. 이 경우, 각 집단의 자원 동원 능력이나 결속력의 차이 때문에 B사회에서의 노동자들의 저항과 계급 갈등이 강하게 나타날 것이다. 계급 갈등과 같은 거시적인 차원의 사회현상도 미시적인 차원의 개인적 연결망의 결속에 의해 나타나는 것이다.

연결망 분포의 효과에 대한 또 다른 연구는 전염 모델에서 찾을 수 있다.[3] 에이즈가 성 관계망을 통해서 전염되듯이 행위도 연결망을 통해 전염된다. 담배를 피우거나 본드를 흡입하는 청소년의 행위는 친구로부터 전염된 것일 확률이 높다. 비행뿐만 아니라 특정한 의견이나 이데올로기도 연결망을 통해서 전염되기 일쑤여서 김일성의 주체사상을 신봉하는 경우도 주변의 분포로부터 영향을 받은 것이다. 즉, 자신의 친구 중에 혹은 상호작용으로 연결된 사람 중에 특정한 행위를 하는 사람이 많은 경우 그 행위 특성은 연결망의 분포를 통해 자신에게 전염될 확률이 매우 높다. 가장 단순한 전염 모델은 $Y_{t+1}=W\ Y_t$로서 W는 상호 작용의 $(n\times n)$ 연결망 행렬이고 Y는 행위 특성으로, $t+1$ 시점의 행위는 t시점의 행위 특성이 W에 의해 전염될 것으로 예측한다. 이 수식이 의미하는 바는 어느 한 사람이 상호 작용하는 대상 중에 행위 특성 Y를 갖는 사람이 많이 분

3) 이 생각은 초고를 읽은 한준 교수가 제안한 것으로 그의 제안에 감사한다.

포되어 있을수록 $(t+1)$ 시점에서 이 사람에게 그 행위 특성이 전염될 확률이 높다는 것이다. 즉 기존의 전염 또는 확산에 대한 연구는 개별 속성의 분포를 파악하여 전염경로를 유추하는 데에서 멈춰 있지만, 연결망 분석을 통해서 보다 구체적인 확산경로 및 효과를 분석할 수 있다는 장점이 있다.

단순한 예로서 자신의 성적 파트너 중 에이즈(AIDS)에 걸린 사람이 많으면 이 사람이 에이즈에 걸릴 확률이 높아지며, 이를 이용해 전체 성의 네트워크에서 에이즈의 감염경로도 추적할 수 있는 것이다

이처럼 연결망 분석은 일반적인 사회조사에서는 구하기 어려운, 관계성으로부터 연유하는 '분포로서의 구조'의 특성을 밝히고 그 효과를 분석하는 데에 매우 유용한 기법이다. 연결망 분석은 연결망에서의 특정 파라미터들의 분포를 통하여, 미시적 관계로부터 거시적 속성을 도출하거나, 구체적인 전염과 확산 경로를 분석하는 등, 분포 구조주의를 발전 보완시키고 있음을 알 수 있다. 관계성의 형태를 분석하는 연결망 분석은 사회적 변수들의 분포를 분석하는 것보다 진일보한 구조주의라고 할 수 있다. 속성의 분포에 관한 많은 연구결과의 누적에 비하면 관계성 분포에 대한 연구는 이제 시작이라고 해도 과언이 아니다. 관계성 분포의 효과에 대한 연구는 어느 연구자나 열려 있는 미개척 연구분야인 것이다.

3.2 전체 구조주의와 연결망 분석

두 번째의 구조주의는 구조를 '사회적 단위들 사이에 맺어진 관계의 형태'라고 정의한다. 피아제(Piaget, 1970)가 '전체 구조주의(global structuralism)'라고 명명한 구조는 관계성의 구조이다. 예를 들어, 프랑스 혁명이나 러시아 혁명이 발생한 당시의 사회구조를 절대 왕정이라는 국가와 계급(토지 지배계급, 소작계급 그리고 노동자 계급) 사이의 '관계의 형태'로

규정하고, 혁명은 계급과 국가 사이의 관계가 특정한 형태로 맺어져서 기존 체제가 유지해 왔던 힘의 균형이 깨질 때 발생한다는 것을 증명하려는 시도가 전체 구조주의의 전형적인 모습이다(Skocpol, 1973; 김용학, 1996: 5장). 이러한 구조 개념은 천문학에서처럼 사회구조를 별자리(constellation)의 모양으로 인식하는 것이다. 즉, 별 하나 하나의 위치에 관심이 있는 것이 아니라, 별들이 어떠한 관계로 맺어져 있으며, 그 성좌의 패턴의 사회적 결과를 연구하려는 접근법인 것이다.

이러한 전체 구조주의의 입장은 설명적(explanatory) 접근과 묘사적(descriptive) 접근으로 나눌 수 있다. 설명적 접근은 하나의 원인에 하나의 결과를 귀속시키는 것이 아니라, 요인들이 결합된 형태에 결과를 귀속시키는 것이다. 예를 들면, 성냥 개비를 성냥 곽에 그으면 불이 붙는다. 불이 붙은 결과를 설명하기 위하여 마찰열이라는 원인으로 귀속시키는 것이 아니라, 어떠한 다양한 선행조건의 결합이 불꽃으로 이어질 수 있는지를 밝히려는 것이다. 성냥에 불이 붙으려면 다양한 조건들이 결합해야 한다. 바람이 세게 불지 말아야 하고, 공기 중에 산소가 적정해야 하며, 습도도 높지 않고, 또한 성냥 황이 발화되는 온도가 높지 않아야 하는 등, 무수한 요인들이 적절하게 결합해 있어야 한다. 이처럼 변수들이 서로 맺는 특정한 관계로서 다른 결과를 설명하는 것이 성좌를 통한 설명방식이다.

설명변수들이 어떤 형태로 결합되었는가를 통해서 사회적인 결과를 설명하려는 다른 예로 역사 사회학자인 레긴(Ragin, 1987)의 연구를 꼽을 수 있으며, 필자는 이러한 연구도 전체 구조주의에 속하는 연구라고 판단한다. 먼저 가장 간략한 가상의 자료를 통해 부울 대수학(Boolian Algebra)을 사용한 그의 논리를 이해하기로 하자.

그는 혁명이 발생하기 위해서는 어떤 사회구조적인 조건들이 결합해야 하는가를 알아보려고 한다. 〈표 3-1〉에서 어떤 조건들의 결합이 $Y=1$(혁명의 발생)이라는 결과를 내는지를 분석하기 위해 먼저 독립변수들을 1과 0으로 부호화하여 특정한 조건이 존재하면 1, 그렇지 않으면 0으로 표시하도록 한다. 이렇게 표현한 것을 진리표(truth table)라고 부르는데,

표 3-1 4개의 독립변수를 갖는 진리표의 예시

조건				결과	사건
X_1	X_2	X_3	X_4	Y	
0	0	0	0	0	8
0	0	0	1	0	6
0	0	1	0	1	10
0	0	1	1	0	5
0	1	0	0	1	13
0	1	0	1	0	7
0	1	1	1	1	11
0	1	1	1	1	5

이는 각 독립변수 값의 조합을 정리한 표이다. 예를 들어, 〈표 3-1〉에는 4개의 독립변인과 '혁명이 일어났는가/아닌가' 등을 나타낸 이분법적 종속변인이 표현되어 있다. 4 개의 2분법적 독립변인이 있는 경우, 논리적으로 가능한 값들의 조합은 $2^4=16$ 가지가 된다. 만일 혁명이 이러한 4가지 변수가 특정한 형태로 조합되었을 때만 발생한다는 점을 밝혀 내면, 이는 '설명적 전체 구조주의'의 접근방식으로 볼 수 있다.[4)]

인과론에 입각하지 않은 '묘사적 전체 구조주의'는 관계망의 형태의 특징을 밝히는데 그친다. 사실 사회연결망 분석은 설명 모델로까지 나아가지 못하고 구조의 특징을 추출하고 묘사하는데 그치는 경우가 상당히 많다. 서구의 여러 나라에서 산업화가 진행되면서 세대간 또는 세대 내에 직업이동의 유형이 어떻게 다른지를 비교한 핼러(Haller et al, 1985)의 연구가 묘사적 전체 구조주의 연구의 전형적인 예라고 할 수 있다. 〈그림 3-3〉은 오스트리아와 미국에서 첫 직업과 현재 직업 사이의 움직임으로 정의된 직업 이동의 관계망 구조를 나타낸 것이다. 그림에서 약자로 표현된 노드(node)는 직업을, 화살표는 직업 이동의 방향을, 선의 굵기는 흐름의 양을 나타낸다. 이 전체적인 흐름의 유형을 사회의 구조적 특징으로 파악

4) 어떤 변수의 결합이 인과적인 결과를 내는지를 찾아내는 비교적 자세한 절차는 (김용학 · 임현진, 2000)을 참조할 것.

그림 3-3 오스트리아와 미국에서의 직업이동의 관계망[5)]

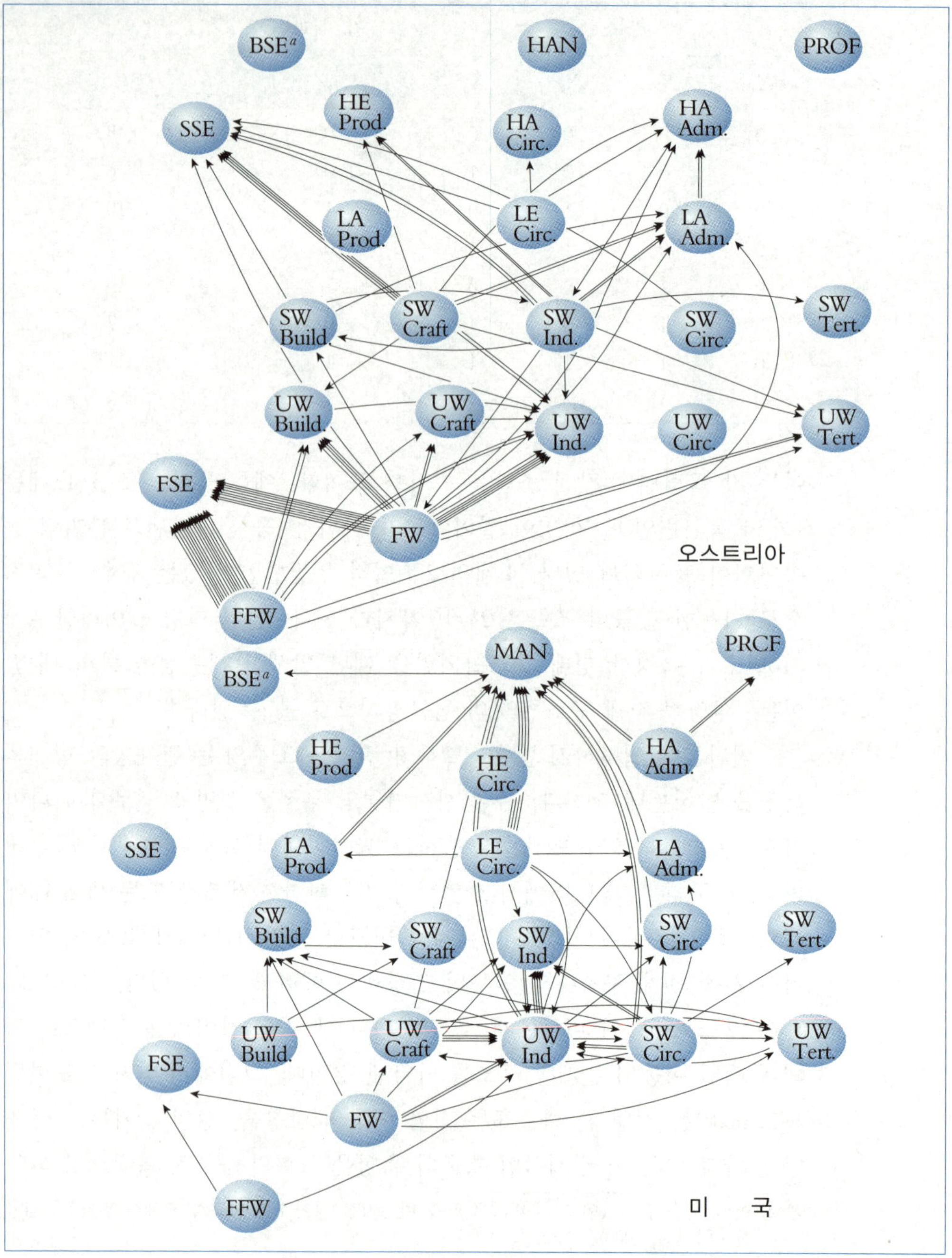

하는 것이 묘사적 전체주의이다. 그림을 보면 두 나라에서의 직업 이동 구조가 한 눈에 들어온다. 오스트리아의 경우 농장 농부로부터 출발하여 자작농으로 옮겨가는 유형이 가장 많으며, 미국에서는 각종 형태의 근로자에서 관리자로 상승 이동하는 경로가 두드러진 것을 알 수 있다. 이러한 흐름을 상수도관에 비유한다면, 왜 한 사회에서의 상수도 배관의 형태가 다른 사회와 다른가라는 사회학적 질문이 성립된다.

헬러는 '전체 구조(global structure)'를 연결망 분석기법을 사용하여 분석하지는 않았지만, 연결망 분석을 이용하면 국가간 비교가 더욱 체계적으로 수행될 수 있다.[6] 우선 세대 간 혹은 세대 내에서 일어난 유동의 형태를 연결망 분석기법을 통하여 비교 분석하는 절차를 약술하여 보자. 부모세대의 직업(혹은 응답자의 첫 직업)을 행렬의 행에, 자식세대의 직업(혹은 응답자의 현재 직업)을 열에 배치시키면, 각 (i, j) 항은 i라는 직업을 가진 부모의 자녀가 j라는 직업으로 이동한 빈도를 나타낸다. 이 빈도 중 10% 이상을 1, 그 이하를 0으로 양분하면 유동의 행렬은 연결망 기법에 의해 분석할 수 있는 인접행렬(adjacency matrix)로 치환된다. 이러한 연결망 분석이 헬러의 방법보다 우월한 이유는 헬러의 경우에는 각 직업의 위치가 임의적으로 정해진 데에 반하여 연결망 분석은 전체 구조를 반영하면서 각 직업의 위치를 결정한다는 점이다.

한 사회 내에서 남-녀 사이의 성관계도 구조적으로 조직화되어 있음을 보이려는 연구도 전체 구조주의의 입장을 반영하고 있다. 〈표 3-2〉에 제시된 행렬은 성관계를 맺는 남-녀 사이의 구조를 보여 주고 있다. 행은 남자를, 열은 여자를 나이에 따라 집단화한 것이다. 만일 33세의 남자가 25세의 여자와 성관계를 맺으면 해당 칸에 숫자를 하나 더하는 식으로 모

---

5) 약자가 무엇을 의미하는지 대표적인 것만 몇 가지 골라 열거한다. Big self-employed(BSE), Small self-employed(SSE), Managers(MAN), Professionals(PROF), Higher employees administration(HE, Adm), Higher employees, production(HE, Prod), Lower employees, administration(LE, Adm), Skilled workers, tertiary sectors(SW, Tert) Skilled workers, circulation(SW, Circ), Farm workers(FW), Farm family workers(FFW), Self-employed farmers(FSE)

6) 8장에서 한국 사회에서의 직업 간 이동의 연결망을 분석한 이경용(2003)의 연구를 간략히 소개할 것이다.

든 응답자의 성관계를 이 표에 더해 나간다. 우리나라의 성인 남자들의 성의 사회적 관계망을 그린다면 이 행렬은 어떤 분포를 그릴까? 미국에서의 연구에 의하면(Laumann et al., 1994), 〈표 3-2〉의 행렬에서 대각선(diagonal cells)에 큰 숫자가 나타나며, 대각선 아래 쪽에 그 다음으로 큰 빈도수가, 그리고 대각선 위 쪽에 가장 적은 빈도가 나타난다. 각 셀의 빈도수의 상대적 크기를 그림자의 짙은 정도로 시각화한 것으로서, 성관계는 대체로 비슷한 나이의 사람들 사이에서 맺어진다는 점을 보여 주고 있다. 나이 많은 남자들이 나이 적은 여자들과 관계를 맺는 수에 비하여 나이 많은 여자들이 나이 적은 남자들과 관계를 맺는 빈도는 훨씬 낮게 나타난다. 동일한 연구를 성 매매춘 시장이 발달하여 젊은 여성들이 상품화된 정도가 심한 한국에서 행한다면, 아마 대각선 아래 쪽에 나타나는 숫자가, 특히 첫번째 열에 나타나는 상대적 빈도가 미국에 비해 높을 것이라고 기대된다. 성을 상품화하는 여성의 나이가 적고, 이를 구매하는 남성의 연령이 높기 때문이다. 사회마다 성적 상호 작용 행렬에 배열된 형태가 다르다는 사실은 가장 은밀하며, 개인적이고 사적인 성이 사회 구조적으로 조직된다는 점을 시사한다.

비슷한 예로서, 우리나라의 초-중등학교에서 친구관계가 어떻게 맺어지는지를 분석하여, 우리 사회의 거시적인 특징을 보여 줄 수 있다. 〈그

표 3-2 성관계의 사회적 구성

남자 \ 여자	20~25세	25~30세	30~35세	35~40세	40~45세	45~50세
20~25세						
25~30세						
30~35세						
35~40세						
40~45세						
45~50세						

림 3-4〉는 서울의 어느 중학교 학급내 여학생 사이의 친구 연결망으로서 화살표는 친구를 지목한 방향을 나타낸다. 친구의 망을 보면, 여자친구들끼리 폐쇄적으로 연결된 집단(clique)을 형성하고 있음을 알 수 있다. 많은 아이들이 싫어하는 24번, 19번, 9번 학생은 자기들끼리 서로 친구관계를 형성하고 있으며 싫어하는 아이들에 대한 집중도가 매우 높아 소위 "왕따"가 존재하는 것을 확인할 수 있다.

이러한 형태의 친구망과 '싫어하는 망'이 형성되는 데는 다양한 미시적인 원인이 있을 것이다. 공부를 잘한다든가, 성격이나 취미가 비슷하든가, 얼굴이 잘 생겼다든가, 운동을 잘하는 등의 이유들이 친구로서의 인기에 영향을 주는 반면, 잘난 척 하는 아이가 싫어하는 대상이 된다. 그러나 이러한 미시적인 이유들 이외에 거시적인 사회적 힘들이 작용한다. 이를 보여주기 위하여 가상적인 작업을 해 보자. 앞에서 제시한 〈표 3-2〉에서와 비슷하게, 행과 열에 학생 부모의 소득 정도를 집단화하자. 부모의 연간 소득이 오천만 원인 어느 학생이 부모의 소득이 사천만 원인 학생을

그림 3-4 어느 여자 중학교 학급 내의 친구 연결망

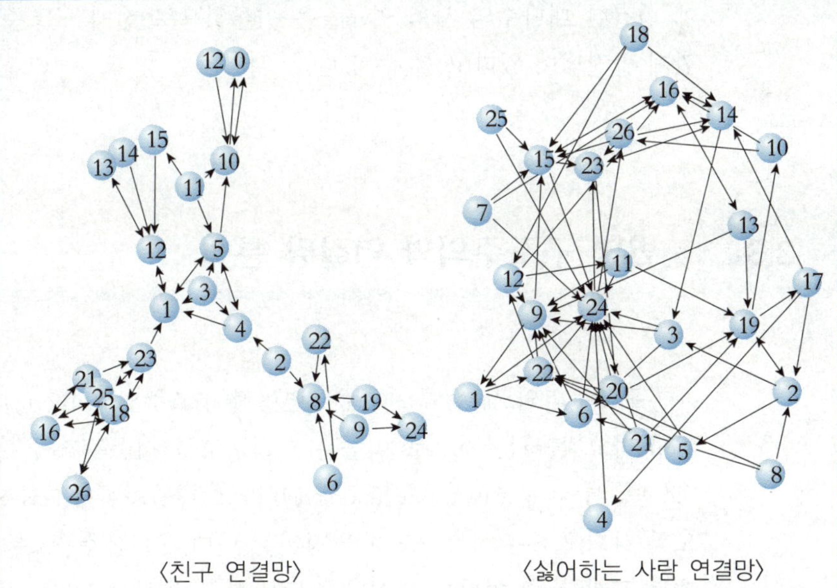

친구라고 지명하면 행렬의 해당 칸에 표시를 한다. 모든 학생들의 친구관계를 같은 방법으로 행렬에 누적적으로 기록하면, 숫자는 어떤 방식으로 배열될 것이며, 그 의미는 무엇인가? 더 체계적인 연구가 필요하지만, 소수의 학급을 탐색적으로 연구한 바에 의하면, 이 행렬에서도 대각선에 놓이는 상대적 빈도가 매우 높다. 어린 학생들 사이의 친구관계가 부모의 소득에 의해 영향을 받는다는 것을 의미하며, 이것은 우리 사회의 미시적인 친구 연결망이 계급적 속성을 반영하는 것은 아닌가라는 의구심을 갖게 한다. 이러한 해석이 지나친 것일지도 모르지만, 여기에서 강조하고 싶은 바는 미시적 연결망과 사회의 거시적 특성이 이중적인 관계로 재생산되고 있다는 점이다.

위의 예들에서 알 수 있듯이, 연결망 분석과 연결망 이론은 구조를 구성하고 있는 요인들이 구조에서 차지하는 위치를 임의로 정하고 있는 전체 구조주의의 한계를 넘어서서 각각의 요인들이 구조에서 차지하는 위치와 구조의 형태를 특징화할 수 있게 해준다. 뿐만 아니라 연결망 분석은 구조적 성좌(星座)를 이용한 인과론적인 설명을 보다 분명하고 구체적으로 부각시킬 수 있다는 장점 등을 보여 준다. 현재까지 연결망 이론에 입각한 대다수의 사회 연구들은 이론적으로 전체 구조주의와 가장 가깝게 발전되어 왔다고 볼 수 있다.

3.3 변형 구조주의와 연결망 분석

구조주의의 세 번째 흐름은 "변형적 구조주의(transformational structuralism)"라고 불리는 것으로 이들은 사회구조를 심층구조의 특징을 밝히는 '모델로서의 구조(structure as a model)'라고 개념화한다(Levi-Strauss, 1963). 모든 사회구조는 심층구조가 변형된 것인데, 이 심층구조를 이론가가 모델로 표현할 수 있다는 것이다. 가령, 한국 문화구조의 원류를 찾으려는 시도들은 현대 문화를 고대부터 있었던 심층구조의 변형으로 이해한다. 원시부터 깊은 심리(deep psychology)에 놓여 있는 뱀에 대한 혐오감으로 성경 창세기에서의 아담과 이브의 실락원을 설명한다. 마치 우리가 일상적으로 하는 말이 언어 구조가 변형(transform)되어 표현되듯이, 현대사회의 문화도 원초적 문화형태가 변형되어 표현된다고 보는 시각이다. 음식을 찬 음식과 더운 음식으로 나누고, 체질도 '태-소/음-양'의 4가지 결합의 형태로 나누는 것도 우리의 무의식에 그리고 모든 원시 문화의 기저에 놓여 있는 이분법적 대립이라는 분류체계의 변형으로 보는 것이다.

이와 같은 "변형 구조주의"적 인식론은 분류체계로서의 언어가 갖는 규정성을 강조한다. 가령, 평생을 맹인으로 지내던 사람이 수술을 받고 눈을 뜬 상황을 상상해 보자. 이 사람에게는 모든 현상이 혼돈으로 보일 것이다. 오랜 기간 동안의 고통스러운 과정을 거친 후, 이 사람은 세상의 현상을 나름대로 분류하기 시작할 것이다. 예를 들어 색, 깊이, 원근법, 얼굴 표정의 다양함 등을 체계적으로 분류한 후에야 세상을 인식할 수 있을 것이다.[7)]

우리가 그토록 다양한 얼굴 생김새에 나타나는, 개인마다 다른 표정들을 분류하고, 그 표정이 무엇을 의미하는지를 이해할 수 있는 것은 표정에 대한 모델을 갖고 있기 때문이다. 가변적인 얼굴 표정의 무한한 다양함은 이 모델의 변형에 불과할 뿐이다. 맹인이 시각적인 정보를 분류해야 인식이 가능하듯이, 우리는 언어라는 매개를 통하여 세상을 분류한 후에야 체계적인 인식이 가능해진다. 언어는 '말'이라는 가변적인 발설로 표출되고, 이 과정에서 언어의 문법이라는 깊은 구조가 표면구조로 변형된다.

비슷한 맥락에서 구조주의 마르크스주의자들은 가시적으로 드러나는 자본주의 사회의 표면 구조의 이면에는 동일한 자본주의 사회의 공통적 심층구조가 존재한다고 주장한다(Bhaskar, 1979). 따라서 자본주의의 발전 법칙은 경험적으로 존재하는 개별 자본주의 국가의 발전 법칙에 대한 것이 아니라 경험 세계를 구체화시키는 추상(깊은 구조)에 대한 법칙이라는 것이다. 개별 자본가가 아무리 자유롭게 행동한다고 하더라도 자본주

7) 이러한 과정을 잘 보여 주는 영화로 "At First Sight"라는, 실화에 근거한 영화가 있다.

의하에서는 이윤율이 경향적으로 하락하는 법칙이 있다는 마르크스의 주장이 심층구조를 상정하는 좋은 예이다. 마르크스는 자본론 서문에서 다음과 같은 말로서 행위에 대한 구조의 우월성을 강조하고 있다. "여기에서 개인들은 단지 그들의 경제적 범주의 인격화, 즉 특정한 계급관계 및 이해의 담지자인 경우에 한해서만 다루어진다(Marx, 1977)." 이 인용문은 개별 사회의 사회구조란 '자본의 논리'와 같은 구조의 법칙이 표현되어 드러난다는 뜻을 내포한다.

연결망 분석은 가시적인 형태로 드러난 표면구조들의 이면에 놓여있는 심층구조를 도출하는 데에도 사용될 수 있다. 가장 쉬운 예로서, "친구의 친구는 친구이고, 친구의 적은 적이고, 적의 적은 친구가 된다"라는 구조적 명제를 검토하여 보자. 경험 세계의 자료를 모아보면, 이와 같은 명제가 어긋나는 구체적인 사례가 발견될 것이다. 그러나 경험 세계의 이면에서 구조적인 법칙이 관철된다면, 경험적 자료는 대체로 이러한 추세를 반영할 것이다. 이것을 분석하는 방법을 연결망 분석에서는 역할구조 분석이라고 부른다.

i라는 사람이 j라는 사람을 친구로 명명하면 $F_{ij}=1$, 친구로 지목하지 않으면 $F_{ij}=0$이라고 하자. 또한 i라는 사람이 j라는 사람을 싫어한다고 지목하면 $E_{ij}=1$, 그렇지 않으면 $E_{ij}=0$이라고 하자(〈그림 3-4〉에서 친구 망을 행렬로 표시한 것이 F, 그리고 싫어하는 망의 행렬이 E이다). 만일 위에서 지적한 구조적 법칙이 관철된다면 이 법칙은 다음과 같은 선형 대수 방정식으로 표현될 수 있다.

$F*F=F+e$, (친구의 친구는 친구)
$E*E=F+e$, (적의 적은 친구)
$F*E=E+e$ (친구의 적은 적).

단, e는 구조적 법칙에 의해 설명되지 않는 오차 항

적의 적이 친구가 되는 이유, 혹은 나의 적의 적이 나의 친구가 되는 이유는 잠시만 생각해 보아도 이해가 될 것이다. 위의 수식은 다음과 같이 무한한 변형이 가능하다.

$$F*F*F=F,\ F*F*E=E,\ E*E*E*F=E$$

이러한 다양한 변형에 숨어 있는 공통 논리, 즉 심층구조의 법칙은 공식에 E가 짝수 번 들어오면 결과는 F로, E가 홀수 번 삽입되면 결과는 E로 나타난다는 점이다. 하지만 현실에서의 관계망은 상상을 초월할 정도로 복잡하게 얽혀 있다. 이처럼 복잡하게 얽혀 있는 관계망의 심층구조를 파악하는 방법 중의 하나가 연결망 분석 중 블럭(block) 모델 분석이다.

병원과 관련된 행위자들의 관계망의 예를 통해 이 블럭 모델(Knoke and Kuklinski, 1981; Lorrain and White, 1971; White et al., 1976) 분석 절차의 개요를 알아보자. 〈표 3-3〉은 병원과 관련된 중요 행위자들인 제약회사, 의사, 간호사, 환자 사이의 상호 작용의 관계망으로 1은 직접적인 상호 작용이 있음을, 0은 그런 상호 작용이 없음을 나타낸다. 〈그림 3-5〉의 왼쪽 그림은 이를 시각화한 것이다. 오른쪽 그림은 왼쪽의 복잡한 연결망에서 구조적으로 동일한 위치를 차지하고 있는 사람들을 하나의 위치(역할)로 묶어 단순화한 것이다.

표 3-3 의사, 환자, 간호사와 제약회사 사이의 상호 작용망

	s_1	s_2	d_1	d_2	n_1	n_2	p_1	p_2
S_1	0	0	1	1	0	0	0	0
S_2	0	0	1	1	0	0	0	0
D_1	0	0	0	0	1	1	1	1
D_2	0	0	0	0	1	1	1	1
N_1	0	0	0	0	0	0	1	1
N_2	0	0	0	0	0	0	1	1
P_1	0	0	0	0	0	0	1	1
P_2	0	0	0	0	0	0	0	0

복잡해 보이는 상호 작용을 단순화시킬 수 있는 이유는 같은 역할을 수행하는 행위자들이 같은 구조적 위치를 차지하여 블럭(block)을 형성하기 때문이다(Lorrain and White, 1971). 역할 집합(role set)이라고 불리는 이 블럭들은 복잡한 사회관계 망의 이면에 숨어 있는 깊은 구조를 보여 준

그림 3-5 역할 구조의 네트워크

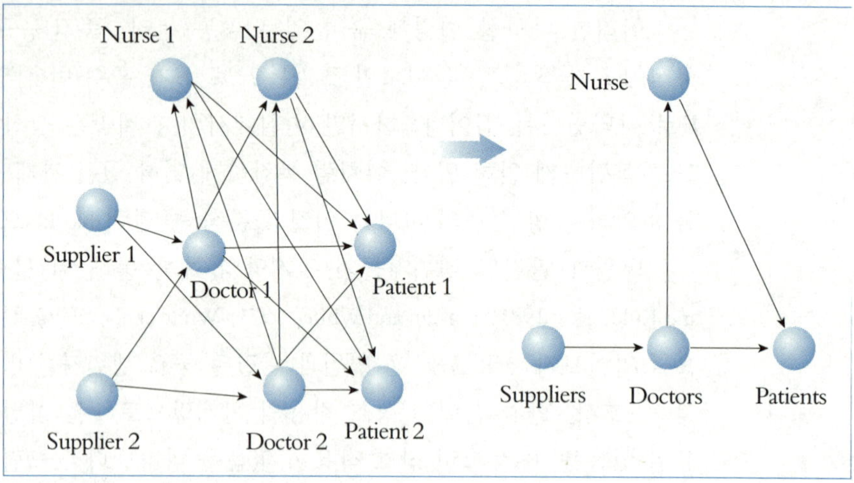

다. 어느 병원에 가서 행위자들 사이의 관계망을 조사해 보아도 이는 블럭 사이의 관계망으로 표현된 깊은 구조의 변형에 불과할 것이라는 것이 변형구조주의자들의 관점이다.

표면적으로 관찰되는 세계 여러 나라 사이의 경제적인 관계망의 이면에는 중심부-반주변부-주변부로 구성되는 하나의 세계체계의 구조가 존재한다는 세계체계론(World Systems Theory)도 변형적 구조주의의 입장을 반영하고 있다. 왜냐하면 역사상 존재했던 어떤 종류의 세계체계라도 이 체계는 중심부에서 주변부로 나뉘어 있다고 보기 때문이다. 복잡하게 얽힌 국가간 관계망에 중심부-반부변부-주변부라는 심층구조가 있는지를 확인하는 구체적인 절차는 연결망 분석기법 중 블럭 모델(block model) 분석과 중앙성 분석(Freeman, 1979)에 의해서 가능하다.

세계체계를 구성하는 다양한 국가들의 교역관계나 외교관계가 만일 중심부-반(半)주변부-주변부라는 구조적인 위치를 반영하고 있다면, 모든 나라들은 각각의 위치적 역할로 단순화시킬 수 있을 것이다(Snyder and Kick, 1979). 〈그림 3-6〉는 세계체계의 연결망을 블럭으로 분석한 슈나이더와 킥의 자료를 가공한 후 연결망 기법을 이용하여 블럭간 교역관계를 표현한 것이다. 118개국이 10개의 블럭으로 나뉘며, 미국을 중심으로 한

그림 3-6 10개 블럭 간의 교역 네트워크

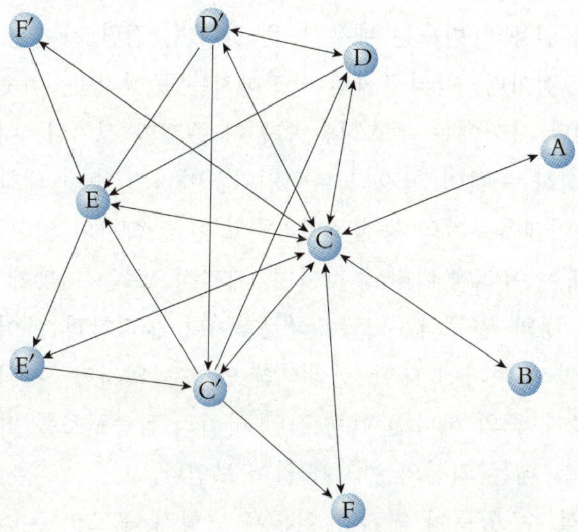

(118개국 자료를 블럭 모델로 축약)

	각 블록에 속한 대표적인 나라
A	콩고, 이디오피아, 알제리아, 예멘, 르완다, 리비아, 소말리아, 모로코 가나, 세네갈, 카메룬, 나이제리아, 중앙아프리카공화국,
B	미국, 캐나다, 영국, 네델란드, 벨기에, 그리스, 스페인, 일본, 호주, 프랑스
C	한국, 베네수엘라, 페루, 아르헨티나, 우루과이
C′	쿠바, 헝가리, 루마니아, 소련, 이란, 터키, 요르단, 이스라엘, 독일
D	필란드, 인도, 타이완, 사우디, 아라비아, 파키스탄, 미얀마, 필리핀
D′	파나마, 콜롬비아, 브라질, 볼리비아, 파라과이, 칠레
E	아이티, 멕시코, 과테말라, 온두라스, 니카라과, 코스타리카
E′	자메이카, 폴랜드, 체코, 뉴질랜드, 중국, 네팔
F	알바니아, 시리아, 쿠웨이트, 북한, 베트남, 인도네시아

C블럭이 교역 연결망의 중심에, 한국과 라틴아메리카 국가들이 반 주변부에, 그리고 아프리카와 북한, 동구권 국가들이 주변부에 위치하는 것을 보이고 있다. 이처럼 경험 현실에서는 복잡하게 얽힌 연결망의 이면에 깔려 있는 구조를 단순화시키는 방법인 블럭 모델 기법은 심층구조를 분석하는데 유용하게 사용될 수 있다.

유사한 방법을 한국의 학문구조를 밝혀 내는 데도 사용할 수 있다. 미국 대학에서는 학문의 성격에 따라 학과 교수들 사이의 상호 작용의 구조가 다르다는 점이 이미 밝혀진바 있다(Friedkin, 1978). 우리나라 역사학자들의 논문에서 누가 누구를 인용하는지의 연결망을 분석함으로써 학문구조의 특성을 밝힐 수 있을 것이다. 한국과 일본의 역사학자들의 명단을 확보한 다음, 유명 학술잡지에 실린 논문에서 i라는 학자가 j의 논문을 인용하면 i, j항을 1(비판적인 인용은 −1로 놓을 수 있다), 인용하지 않으면 0이라고 놓자. 이 행렬의 구조를 위에서와 같은 블럭 모델을 이용해서 분석하면 그 결과는 어떤 형태를 띨 것인가? 한국에 학파가 존재한다면, 한 집단 내에서 우호적인 인용의 빈도는 매우 높을 것이며, 집단 간에는 비판적인 인용이 존재할 것이다. 학파로까지 발전하지는 못했지만, 비슷한 이데올로기를 지닌 집단 사이에는 우호적인 인용이 존재할 것이다. 이러한 인용의 구조를 형성하는 것이 학자의 나이인가? 아니면 출신 대학인가? 학파인가 아니면 이데올로기의 동질성인가? 또 한국 학자와 일본 학자 사이의 인용의 형태는 어떻게 나타날 것이며, 시기적으로는 어떻게 변해가는가? 또 역사학 내의 인용의 구조는 국문학이나 물리학과는 어떤 차이가 나타나는가? 아직 여기에 대한 경험적인 연구는 없지만, 지식사회학의 중요한 연구 주제 중의 하나인 학문 집단 사이의 심층구조를 파악하는 유용한 방법이라는 데는 의심의 여지가 없어 보인다.

위의 예를 통해 볼 수 있듯이 연결망 이론은 변형적 구조의 논리를 보다 발전시켜, 사람들 사이의 관계망에서부터 세계체계에까지 이르는 복잡한 관계망에 관한 실증적인 심층구조 분석을 실행할 수 있음을 알 수 있다. 즉, 현실에서 관찰되는 매우 복잡한 관계망의 심층구조를 블럭 모델과 같은 기법을 동원하여 가장 두드러진 구조의 특징을 단순화하여 보여주는 동시에 현실에서 관찰되는 관계망이란 이러한 심층에 놓여 있는 구조적 원리가 발현하여 생성된 것이라고 인식하는 변형 구조주의에 경험적인 근거 자료를 제공할 수 있는 것이다.

3.4 연결망 분석의 확장 가능성

여기까지 논한 구조는 모두 거시적 혹은 미시적 단위 사이의 상호 작용의 관계망으로부터 도출된 구조였다. 이처럼 직접적으로 관찰 가능한 상호 작용 이외에 상징이나 이념에 구조가 있다면 이를 연결망 분석에서 다룰 수 있는가? 아직 연결망 이론이 이러한 이념구조의 특징을 도출하는데 사용된 적은 거의 없지만, 나는 이념구조의 분석도 연결망 분석이 기여할 수 있는 여지가 충분한 미개척 분야라고 생각한다.

이 절에서는 연결망 분석기법을 이용하여 이념구조를 조작적으로 양화하여 분석할 수 있는 가능성을 조심스럽게 논하기로 한다. 물론 필자는 이념구조처럼 미묘하고 복잡한 구조를 양화하여 분석하는 것 자체가 제한적일 수밖에 없다는 점을 인지하고 있지만, 적어도 가설을 세우는 단계에서는 유용한 방법일 수 있다고 생각한다.

이념과 같은 상징체계의 구조를 조작적으로 분석할 수 있는 방법은 인류학이나 언론학에서 발전하고 있는 내용분석(content analysis)에서 제공하고 있다.[8] 미국 정치인들 혹은 국민들의 이념구조가 역대 대통령의 중요 연설문에 언술로 표현되어 있다고 가정해 보자. 개혁, 시장, 국가 경쟁력, 평등, 인권, 민주주의, 테러와의 전쟁 등 중요한 상징적 개념들이 연설문에 등장할 것이다. 내용분석 프로그램에 그 사회 당대의 이념을 구성한다고 판단되는 중요한 단어들을 입력하면, 〈표 3-4〉에서와 같이 대통령 연설문에 이들 단어가 등장하는 빈도를 알 수 있다. 시기에 따른 변화도 추적할 수 있는데, 이 표는 1994년과 1995년 사이의 빈도 변화를 알려 준다. 결과를 해석하면, 미국 사회에서 개혁의 중요성은 감소했으며, 러시아나 중국과의 외교 관계는 약화되었다는 것을 알 수 있다. 여성이나 이민자에 대한 문제가 부상했으며 경제적인 이슈가 대두되었다는 것도 확인할 수 있다. 한걸음 더 나아가 어느 개념이 어느 개념과 가깝게 등장하는지(한 문장 내에 등장하는지, 혹은 한 문단 안에 같이 등장하는지)를 측정하면, 각 개념 사이의 거리를 양화할 수 있다. 가령 1980년대에는 사회주의라는 개념과 비효율 등과 같은 개념이 같이 등장했다면, 1990년대에 들어서는 자유민주주의와 시장 등의 개념이 연관되어 등장했을 것이다. 개

8) 여기서는 이러한 분석을 손쉽게 해 주는 대표적인 프로그램을 소개하기로 한다. http://maxweber.hunter.cuny.edu/socio/kuechler/341/f95/caho.html

표 3-4 내용분석 프로그램의 결과물

1994년		1995년	
Tags, Search Terms and Frequency:		Tags, Search Terms and Frequency:	
〉GRPS〈		〉GRPS〈	
women* :	1	women* :	3
Black* :	2	Black* :	0
African* :	0	African* :	0
minorit* :	1	minorit* :	2
immigra* :	0	immigra* :	4
middle class :	3	middle class :	8
〉ECON〈		〉ECON〈	
econom* :	13	econom* :	18
unemploy* :	4	unemploy* :	1
inflation :	2	inflation :	2
〉INT〈		〉INT〈	
Chin* :	1	Chin* :	0
Russia* :	7	Russia* :	2
Europe* :	5	Europe* :	1
〉ACTN〈		〉ACTN〈	
reform :	20	reform :	9
Total Sentences..................................	: 391	Total Sentences..................................	: 471
Number containing search terms	: 206	Number containing search terms	: 213
Percent containing search terms	: 52.69	Percent containing search terms	: 45.22

념 사이의 거리를 개념 지도로 표현할 수 있다면, 각 연설문의 상징체계의 구조, 즉 이념구조를 파악하고 시기적 변화도 포착할 수 있다.

텍스트를 분석하는 방법은 내용 분석(content analysis) 이외에 지도 분석(map analysis)방법이 있다(Carley 1993, 75). 내용 분석방법은 주로 관심 있는 개념이 각 텍스트에서 얼마나 자주 언급되었는가를 분석하는 것에 초점을 맞추고 있는 것이라면, 지도 분석은 관심 있는 개념이 어떤 개념과 쌍을 이루어서 텍스트에서 다루어지고 있는가, 즉 개념들 사이의 관계성을 파악하는데 초점을 맞추고 있다.

내용 분석은 많은 양의 텍스트를 가지고 양적으로 분석하는 데는 유

그림 3-7 1970~80년대 로봇에 대한 의미구조

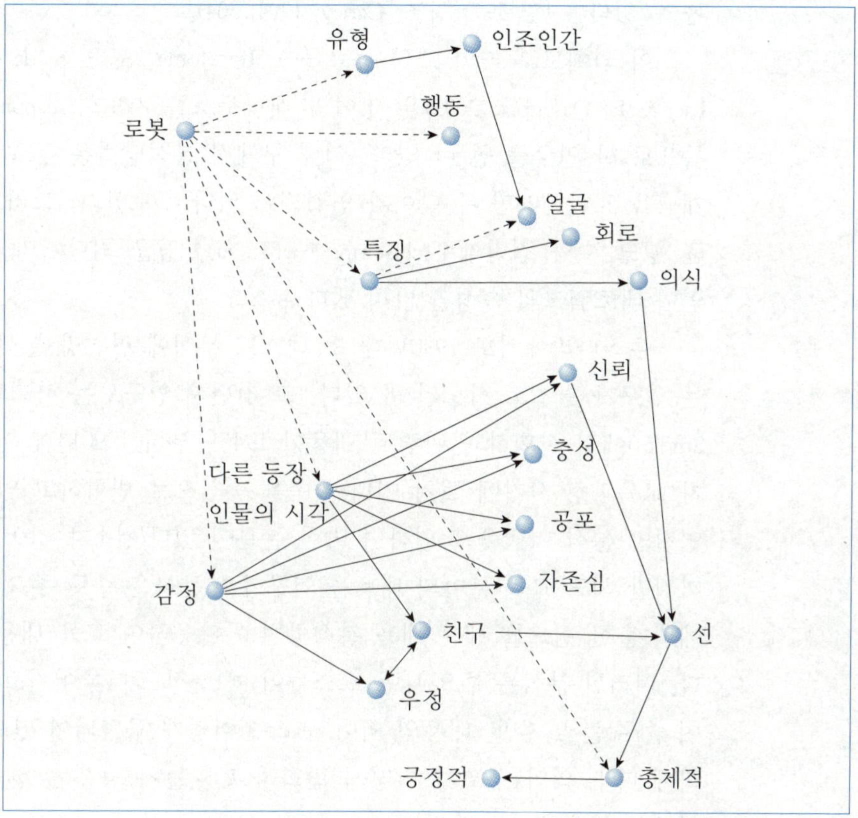

용하나, 시간이 많이 걸리고 개념 사이의 관계를 파악하기 어렵다는 한계를 가지고 있다. 반면, 지도 분석은 텍스트 안에 포함된 개념의 의미구조와 이념을 파악해 볼 수 있는 장점이 있다. 지도 분석은 개념 간의 관계에 대한 연결망 분석이라고 할 수 있다. 예를 들어, '로봇(robot)은 우리의 친구이다'라는 문장이 있다고 해 보자. 이러한 문장에 지도 분석을 적용하게 되면, 로봇이라는 개념과 친구라는 개념이 1번 '공동출현'한 것으로 개념화 된다. 로봇과 친구라는 두 개념이 노드를 형성하게 되고, 두 개념 사이에는 링크가 존재한다고 보는 것이다. 따라서 연결망 분석을 통해 공상 과학 소설 속에서 로봇은 긍정적인 개념과 같이 출현했는지, 혹은 부정적인 개념과 함께 다루어졌는지, 사회가 변화하면서 로봇과 함께 다루어진 개념에 어떠한 변화가 있는지 등 소설에 나타난 로봇의 이념 변화를 파악해 볼 수 있다(〈그림 3-7〉 참조, Carley, 1994: 304).

이 외에도 모터와 그의 동료들(A. E. Motter, A. P. S. de Moura, Y. C. Lai, & P. Dasgupta, 2002)은 영어의 개념구조를 지도화(mapping)하는 것을 목표로 한 연구를 한 바 있다. 이때 구체적 분석방법은 두 단어가 유사한 개념을 표현한다면 두 단어가 연결되어 있다고 보았다. 그리고 노드당 평균 링크 수와 집락계수(clustering coefficient), 평균 최단거리 등을 구하여 언어 네트워크의 속성을 밝혀 냈다.

우리나라에서도 1990년대 초 텍스트 분석에 연결망 분석을 적용하려는 연구가 최초로 시도된 바 있다. 그 첫번째 연구로는 사회과 교육(Social Studies)에서 사회학과 관련된 내용이 1946년부터 1990년에 이르는 1차~5차 교육과정 시기에 걸쳐 어떠한 축을 중심으로 변화하고 있는지를 사회연결망 분석 기법을 도입하여 밝힌 논문이 있다(전숙자, 1993, 2000). 이전까지만 해도 교육 분야의 내용을 연구한 논문들은 주로 주요 개념이나 주제의 출현 빈도를 세는 내용 분석방법을 활용하여 교육 내용을 분석하였다. 이러한 분석은 주요 내용 요소들이 어느 정도 다루어지고 있는가를 보여 줄 수는 있지만, 내용의 의미 구조가 어떻게 구성되어 있으며, 시대 변화에 따라 의미 구조가 어떻게 변화하고 있는지 등은 밝혀 내지 못하는 한계가 있었다.

그렇다면 구체적으로 텍스트 분석에 연결망 분석을 어떻게 적용할 수 있는지를 선행연구를 통해서 알아보자. 우선 「사회 · 문화」 교과서 내에서 각 주제나 개념이 교과서에 몇 줄 나와 있는가를 세어서 백분율로 환산한다. 각 장과 절에 분포된 개념의 비중을 기초로 개념 사이의 유클리드 거리(Euclidian Distance)를 계산한 후, 이 거리를 '다차원 척도'(Multi-Dimensional Scale)로 분석한 결과가 〈그림 3-8〉이다. 두 개념이 같은 장과 절에 동일한 비중으로 등장한다면 두 개념 사이의 거리는 0이 된다. 그림의 가로축은 왼편에서 오른편으로 갈수록 최근의 사회학 이론 및 사회학 개념들이 분포하고 있어, 사회 구조적 문제 및 한국 사회의 현실에서부터 사회 보장과 사회 정책에 대한 내용을 거쳐 사회 조직과 사회 이론 등의

그림 3-8 고등학교 사회과 교과서의 개념지도

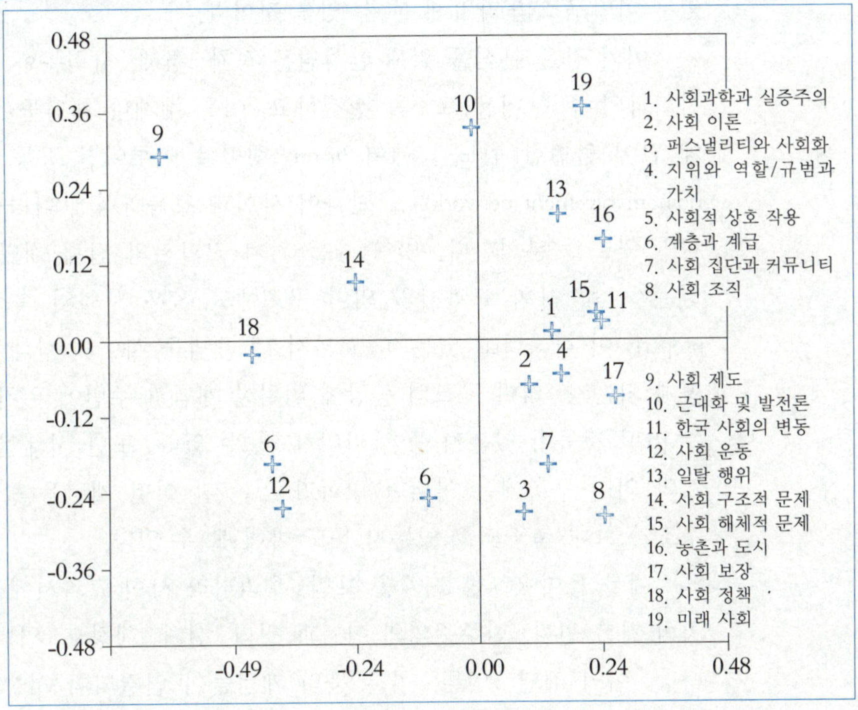

개념이 집락을 이루고 있음을 볼 수 있다. 세로 축을 보면 상단에는 사회 구조적 문제 및 사회 해체적 문제, 농촌과 도시 등이 하나의 집락을 이루고 다음은 사회 보장과 사회 정책, 일탈과 사회 조직 등이, 다음은 사회 운동과 근대화 및 발전론, 그리고 사회화, 사회 집단, 상호 작용, 사회 제도가 하나의 개념 군을 이루고 있다.

이러한 선행 연구를 토대로, 고등학교 사회과 교과서에서 다루어지고 있는 여러 가지 주요 개념이나 주제들을 설명할 때 과연 어떤 개념들을 연관시키고 있는지에 대한 연구가 이루어졌다(한성원, 2002). 예를 들어, 우리나라 사회과 교과서에서는 자본주의라는 개념을 경제 성장, 민주주의의 발전, 복지, 삶의 질 등과 같은 개념과 연결시켜 설명하고 있는지, 아니면 소외, 노동, 빈부 격차, 사회 문제 등의 개념과 연결시켜 설명하고 있는지, 시대가 변화하면서 자본주의와 연결되는 개념이 어떻게 달라지고 있는지 등을 분석해 봄으로써 우리나라 사회과 교육이 지향하고 있는 이념구조를 파악해 볼 수 있을 것이다.

이와 같은 분석을 위해 한성원은 정치, 경제, 사회문화, 법 영역별로 사회과의 주요 내용 요소를 선정하고, 이들 주제나 개념들이 한 소절 속에 같이 출현한 빈도를 세어 ($n \times n$) 행렬로 이루어진 공동 참여 연결망(joint involvement network)[9]을 만들어 사회과 교육과정에 나타난 의미의 연결망 구조를 분석한다. 몇 단계를 거쳐 교과서의 전체 개념이 연결되어 있는지, 즉 사회 교과서의 의미 구조에도 작은 사회의 속성(small world property)이 나타나고 있는지, 교과서 내 개념들 사이의 상대적 거리는 어떻게 되는지, 의미 구조의 중앙에 위치한 개념과 주변에 위치한 개념들에는 어떤 것들이 있는지 등을 파악해 볼 수 있다. 또한 시계열적으로 교과서의 의미 구조에는 어떠한 변화가 있는지, 어떤 개념을 중심으로 의미 구조가 확대/축소되고 있는지 등도 밝혀 볼 수 있다.

예를 들어 〈그림 3-9〉을 보면, 우리나라 사회 교과서에서는 민주 정치의 기본 원리, 민주주의의 이념과 원리, 선거, 행정부, 입법부, 사법부, 정당, 이익 집단, 언론, 여론 등의 개념들이 연결되어 서술되어 있음을 알 수 있다. 그런데 여기서 주목할 점은 이익 집단과 입법부 사이에는 연결 관계가 존재하지 않는다는 점이다. 즉, 우리나라 사회과 교과서에서는 이익집단과 입법부를 중심으로 한 로비 활동 등에 관한 내용이 누락되었음을 알 수 있다.

요약하면, 사회구조라는 막연하고 추상적인 구조의 개념도 그 구체적인 형태와 그 효과를 경험적으로 분석해야 할 필요가 있다는 인식이 증

9) 텍스트에 나타난 의미구조의 연결망을 분석하기 위한 데이터 행렬은 다음과 같이 구성될 수 있다.

	A	B	C	D
A	0	1	0	0
B	1	0	1	1
C	0	1	0	1
D	0	1	1	0

예를 들어, A가 사회화라는 개념이고 B가 지위와 역할이라면, A와 B가 한 문장이나 한 소절에 동시 출현한 경우에는 (1,2) 칸과 (2,1) 칸 모두에 1로 기입하여 연결망 데이터를 구성할 수 있다.

그림 3-9 우리나라 사회 교과서에 나타난 개념의 의미구조

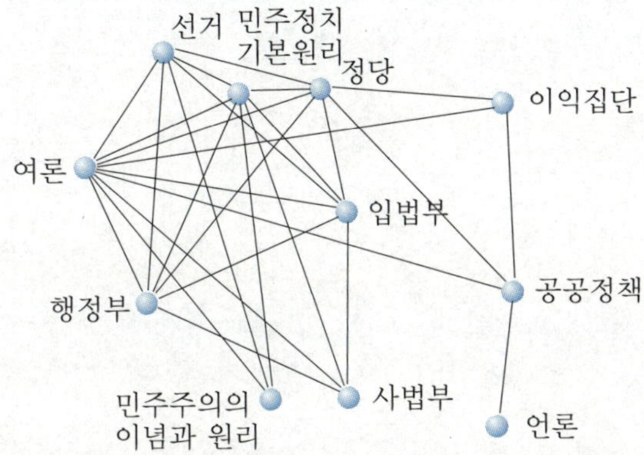

대되고 있는 가운데, 이제 연결망 분석기법은 구조의 구체성을 밝히기 위한 좋은 도구로 발전하고 있다. 위에서 필자는 연결망 이론과는 독립적으로 발전했던 구조주의의 여러 측면을 연결망 분석기법을 동원하면 어떤 결과를 도출해 낼 수 있는지를 복잡한 수학적 과정없이 이해하기 쉬운 예를 통해 보여 주려고 시도했다. 물론 본 장에서 예시되지 않은 상당히 기술적으로 복잡한 절차들도 많이 있다. 그러나 사회가 개인, 집단, 조직, 국가와 기업 사이의 상호 작용의 망으로 구성되어 있고, 이들이 사회구조의 중요한 측면을 이루며, 연결망 분석이 다양한 측면의 사회구조를 분석할 수 있을 것이라는 믿음을 독자들에게 심어 주었다면 이 장의 목적은 충분히 달성되었다고 볼 수 있다.

제 4 장 대인 관계망

제 4 장

대인 관계망

재미 의사인 이상구 박사가 텔레비전에 출연해서 채식이 건강에 얼마나 좋은지를 수 회에 걸쳐 특강을 한 적이 있었다. 이 프로그램이 방영된 이후, 방송국 앞에서 축산업자들의 격렬한 데모가 이어졌다. 소고기나 돼지고기 등의 판매가 급격하게 줄어 생계에 위협을 받게 된 데 대해 책임지라는 데모였다. 이 데모는 매스컴의 위력을 확인시켜 준 것임에는 틀림이 없지만, 급격한 소비 변화를 단지 매스컴의 힘으로만 해석하기에는 부족함이 있다. 다른 나라에서도 매스컴은 맹위를 떨치지만, 한 프로그램이 방영된 이후 특정 업자가 데모를 했다는 전례는 거의 없다. 따라서 이 현상은 매스컴의 위력만으로는 설명할 수 없는, "뜨는 현상(티핑 포인트)"으로 보아야 한다(Gladwell, 2000).

혼돈이론(Chaos theory)이 주장하듯이 아주 조그만 차이가 어떤 것이 뜨는지 못 뜨는지를 갈라 놓는다. 마치 백두산 꼭대기에 떨어진 빗방울이 압록강으로 흘러갈지, 아니면 두만강으로 흘러갈지는 아주 조그만 차이에서 비롯되는 것과 마찬가지이다. 수퍼스타의 탄생 여부도 문지방(thresh hold)을 넘는가 못 넘는가의 작은 차이에서 생겨나는 결과의 커다란 차이이다. 우연한 아주 작은 차이가 어느 가수가 수퍼스타로 뜨는지, 아니면 평범한 가수로 남게 되는지를 가른다. 인터넷 게시판에 올려진 글들 중 문지방을 넘은 글들은 빈익빈 부익부 현상에 의해 더 많은 조회 수를 이끌어 내고 링크의 링크를 통해 확산되면서 사회적으로 크게 이슈화된다. 역사상 혁명은 집합행동에 참여하는 사람들의 초기 수가 일정한 소수(critical mass)를 넘었을 경우 성공한다(Gladwell, 2000). 이런 현상들은 모두 "문지방 효과"에 의해서 생겨나는 소위 뜨는 현상들이다.

어떤 현상이 뜨기 위해서는 언제나 사람들 사이의 연결망이 뒷받침

되어야 한다. 이러한 예는 우리 주변에서 흔히 볼 수 있는데 가령, 사람들 사이에서 어떤 영화가 많이 회자되면 될수록 그 영화는 뜨기 쉬워진다. 주변 사람들이 뜨고 있는 영화를 보았다는 상황적 압력은 더 많은 사람들로 하여금 그 영화를 보도록 만들며, 그 영화에 관심이 없던 사람들까지도 대화에서 소외되지 않기 위해서 영화를 보게 된다. 경제학자들의 전문용어를 빌리자면 뜨는 현상은 '연결망 외부성'에 의해서 생기는 것이다. 연결망 외부성이란 한 재화의 가치가 그 재화를 사용하는 사람들의 직접 간접적인 네트워크에 의해 영향을 받는 현상을 일컫는다. 예를 들어 팩스의 가치는 팩스에 내재하기보다는 '얼마나 많은 다른 사람들이 팩스를 소유했는가' 즉, 팩스 연결망의 크기라는 외부조건에 따라 달라진다. 한 영화의 효용은 영화를 볼 때의 즐거움에서 오지만, 이 영화를 본 사람들과 영화에 대해 이야기 하는 데에서 오는 즐거움은 더 클 수 있다. 또한 내가 어떤 컴퓨터 문서편집기를 사용할 것인지를 선택할 경우 나는 다른 사람들이 어떤 문서편집기를 사용하는가를 고려할 수밖에 없다. 내가 작성한 문서를 다른 사람들이 쉽게 사용할 수 있고, 또 남들이 작성한 문서들을 내가 쉽게 이용하고, 프로그램의 문제를 해결하는 데 주위의 도움을 받기를 원한다면, 나는 남들이 가장 많이 사용하는 문서편집기를 사용해야 하기 때문이다.

이처럼 호환성 때문에 남들이 가장 많이 사용하는 문서편집기를 사용하게 되거나, 남들이 많이 본 영화를 보게 되는 현상은 모두 사람들 사이의 연결망에 의해서 생겨난다는 공통점을 갖고 있다. 그렇다면 연결망의 어떠한 성격이 '뜨는' 사회적 현상을 발생시키는 것일까? 여기서 우리는 한 사람이 갖고 있는 연결망의 크기는 얼마나 되고 일차적 관계망들의 연결은 어느 범위까지 확대될 수 있는지, 또한 대면적 연결망의 속성은 무엇인지 질문하게 된다. 이 장에서는 개인들이 맺고 있는 대인 관계망의 특징에 대해서 살펴본다.

4.1 좁은 세상

실험적 연구의 천재라는 평을 듣고 있는 미국인 사회심리학자 밀그램(Milgram, 1967; Travers and Milgram, 1969)은 세상이 네트워크로 연결된 '좁은 세상'이라는 것을 다음과 같은 실험으로 증명했다. 무작위로 뽑은 미국의 네브라스카와 보스톤에 사는 사람들과 네브라스카에 사는 증권업자에게 어떤 편지를 건네 주고, 보스톤 지역에 사는 증권업자 A씨에게 전달하도록 했다. 이들이 A씨를 직접 모르는 것이 당연하므로, 직업과 지역을 참고로 하여 A를 알고 있다고 여겨지는 자신의 친구[1]에게 보내라고 하였다. 그러면 이 편지를 받은 친구는 다시 A를 알고 있을 만한 자기 자신의 친구에게 보내도록 하였다. 이와 같은 과정은 이 편지가 A에게 도달할 때까지 계속되었다. 이 실험은 A를 전혀 모르는 사람으로부터 출발한 편지가 친구라는 연결망을 통해 몇 단계를 건너 A에게 전달되는가를 알아보는 실험이었다.

〈표 4-1〉은 전혀 모르는 사람에서 출발했지만 전체적으로 도착 성공

표 4-1 출발지에 따른 목적지 도착비율

	출 발 지			계
	네브라스카 무작위	네브라스카 증권	보 스 톤	
도 착	18 (24%)	24 (31%)	22 (35%)	64 (29%)
실 종	58 (76%)	54 (69%)	41 (65%)	153 (71%)
계	76 (100%)	78 (100%)	63 (100%)	217 (100%)

x^2=2.17, *df*.=2, p>3, N.S.

1) 친구를 정의하기만큼 어려운 일도 없다. 이 실험에서는 서로 간 이름(first name)으로 부를 수 있는 사람으로 정의했다(Travers and Milgram, 1969: 432).

률이 약 30%에 육박했으며 출발지에 따라 도착하는 데 성공하는 비율이 조금씩 차이가 나고 있음을 보여 주고 있다. 같은 보스톤 지역에서 무작위로 뽑힌 사람들로부터 출발한 편지가 지리적으로 멀리 떨어진 네브라스카에서 무작위로 출발한 편지보다 약 11% 정도 도착률이 높았지만, 네브라스카의 증권업자로부터 출발한 편지보다는 약간 더 높은(4%) 도착률을 보였다.

놀랍게도 제비 뽑기로 뽑힌 발신인으로부터 평균 5.2 단계를 건너면 편지가 목적지에 도달할 수 있었다는 사실을 〈그림 4-1〉에서 확인할 수 있다. 이 그림에서 두 개의 봉우리가 있는데, 왼쪽 봉우리는 네브라스카의 증권업자들로부터 직업정보에 의존해 전달된 경로이고, 오른쪽 봉우리는 사는 지역 정보를 이용해 전달된 경로로서, 직업정보에 의존할 경우 전달 단계가 더 짧아지는 것을 알 수 있다(Travers and Milgram, 1969: 432).

이 실험이 시사해 주는 숙고해 볼 만한 몇 가지 중요한 함의가 있다. 첫째, 인간관계가 매말라 간다는 산업사회에서도 서로 전혀 모르는 두 사

그림 4-1 목표인물에 도달하는 데 소요된 단계 수와 빈도

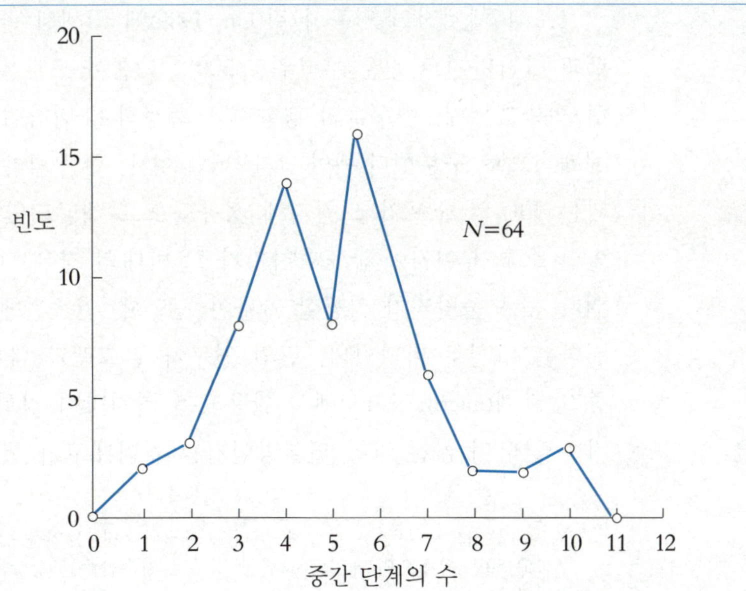

람이 아무리 멀리 떨어져 있다 하더라도 몇 단계를 건너면 친구관계로 연결되어 참으로 "좁은 세상"임을 확인한 것이다. 사실 한 사람이 100명 정도의 사람을 안다면, 중복을 무시할 경우 세 단계만 거쳐도 지수함수의 놀라움[2]에 의해서 100만 명(100*100*100)이 연결되게 된다. 그러나 좁은 세상은 이런 지수함수에 의해서만 설명되는 것이 아니라, 어떤 사람들은 지역적인 연결망을 뛰어 넘어 멀리 연결시키는 다리 역할을 하며 또 어떤 사람은 엄청나게 많은 사람을 알고 있다는 사실에 기인한다.

둘째, 흑인과 백인 사이에 단절적인 벽이 존재한다는 사실도 밝혀졌다. 즉, 어느 백인에게 보내져야 하는 편지가 임의로 뽑힌 흑인에 의해 시작될 경우는 백인에 의해 시작될 경우보다 더 많은 단계를 건너야 하거나 전달도중 분실된다는 것이다(Milgram, 1967; Berkowitz, 1982: 65-66). 개인적인 관계망이 인종간 단절 구조를 계속 재생산하며, 인종적인 단절 구조는 개인들의 연결망을 특정한 형태로 제약하고 있는 것이다. 셋째, 도착지에 모일 때 최종 전달자가 특정인으로 집중되는 경향이 있는다. 이를 통해 사람들이 갖고 있는 연결망의 크기가 모두 다름을 알 수 있다. 즉, 최종 전달자 중에 마당발이 있는 것이다.

보다 체계적인 연구가 린(Lin, 1989)에 의해서 반복 수행되었다. 밀그램과 마찬가지로 린은 무작위로 300명을 뽑아 모르는 사람에게 소포를 전하도록 했는데, 변수들의 영향력을 측정하기 위하여 그는 도착지를 보다 체계적으로 구분했다(백인 남자, 백인 여자, 흑인 남자, 흑인 여자). 실험 결과는 30%의 소포가 도착지에 성공적으로 배달되었는데, 남자로부터 출발한 소포가 여자에게 도착하기가 그 반대의 경우보다 쉬우며, 사회적 지위가 높은 출발지가 성공할 확률이 높으며, 인종간에는 도착 확률이 떨어진다는 사실로 나타났다. 린의 연구가 밀그램과 다른 점은 특히 전달의 중간 단계(intermediaries)에서 활용되는 연결망이 강한 연결망인가 아니면 자주 만나지 않는 약한 연결망인가를 알아내고자 했다는 점이다. 예측할

2) 종이를 반으로 무한정 접을 수 있다고 가정한다면, 34번을 접으면 그 높이가 달에 도달하고 50번을 접으면 태양에 도달할 정도로 지수함수는 상상을 초월하는 현상을 만들어 낸다.

수 있듯이, 모르는 사람에게로 도달하는 데는 강한 연결망보다는 약한 연결망이 필요하다. 소수의 강한 연결보다는 다수의 약한 연결의 확장성이 훨씬 크기 때문이다.

네트워크 현상을 연구하는 자연과학자들에게 커다란 영감을 주었던 밀그램이 발견한 좁은 세상에 대한 실험 연구는 필자가 아는 한 미국 이외의 다른 나라에는 여태까지 반복된 적이 없었다. 한국 사회가 연줄이 무척 중요한 사회이라면, 과연 모르는 사람에서 출발한 메시지는 몇 단계만에 특정한 목표 인물에 도달할 것인가. 필자는 '리서치 & 리서치' 회사의 대표인 노규형 박사와 함께 중앙일보와 KTF의 후원을 받아 좁은 세상 실험을 우리나라에서 반복해 보았다. 밀그램의 실험 이후 40여 년이 흘렀다는 사실은 예상치 못한 실험 설계상의 문제점을 제기했다. 이메일, MSN, 유-무선전화 등 다양한 통신 수단이 존재하는 오늘날 밀그램처럼 서로 연락을 취하는 수단을 우편으로 제한해야 하는가의 문제에 부딪쳤다. 우리는 실험 참여자의 편의를 위하여 가능한 모든 통신 수단을 허용하기로 했다. 둘째, 60년대에는 사람들이 이런 실험에 적극적으로 참여하는 편이었으나, 무척이나 바쁜 나날을 살아가는 현대 도시 사람들이 과연 얼마나 실험에 협조할 것인지가 극복해야 할 난관이었다. 예비조사(pilot study) 과정에서 사람들이 실험 참여를 거부하는 비율이 매우 높다는 것을 발견하고, 참여자가 다음 단계로 연결을 시켜주면 3만원을 지급함으로써 참여를 유도했다.

또 다른 문제는 연결된 사람들이 이 연구를 피라미드 회사의 판매 전략인 줄로 오해하고 참여를 거부한다는 점이었다. 이를 해결하기 위해서 출발자로부터 연결되는 모든 고리를 관리하는 '자료 취합원'을 두기로 했다. 예를 들어 A가 B에게 연결하고 자료 취합원에게 보고하면, 자료취합원은 다시 B에게 전화를 걸어 실험의 취지를 설명하고 연구 참여를 부탁하는 방식으로 연결 고리를 관리한 것이다. 그렇지만 많은 사람들이 채 설명을 듣기도 전에 전화를 끊거나 참여 거부의사를 강력히 밝힘으로써 단절된 고리가 많이 있었다.

실험의 구체적인 과정은 다음과 같다. 목표 인물의 성, 연령, 집주소, 직장, 직장주소, 군복무 기간 및 지역, 출신학교 등의 정보가 서울, 부산, 대구, 광주, 대전 등 5대 도시에서 성과 연령대별로 선발한 100명의 출발자에게 제공된다. 선정된 목표 인물은 C 대학 출신이고 공군학사장교 사관후보생 85기로 현재 KTF 기획팀 팀장으로 일하며 38세의 부인 K모씨와 경기도 고양시에 사는 41세의 L모 씨이다(실험 참여자에게는 모든 정보는 실명으로 제공되었다). 첫 출발자부터 거절한 경우가 8개가 되어 실제로 첫 출발자는 108명이 되었다.

108개로 시작된 연결망 링크 중 총 17개가 최종 목표인물에게 연결되어 도달률은 15.7%로서, 밀그램의 경우(성공률 29%)보다 낮은 편이었다. 이는 다른 사람에게 연결을 못해서가 아니라 바쁘거나 귀찮아서 거부한 사람들이 많기 때문에 나타난 현상으로, 한국인이 얼마나 바쁘게 사는가를 보여 준다. 실험 결과 총 173회의 단계이동(transition)이 관찰되었으며, 이 중 목표인물에 도달하는 데 성공한 단계이동은 78회, 실패한 이동은 95회로 나타났다.

그림 4-2 목표인물에 도달하는 데 소요된 단계 수와 빈도(한국)

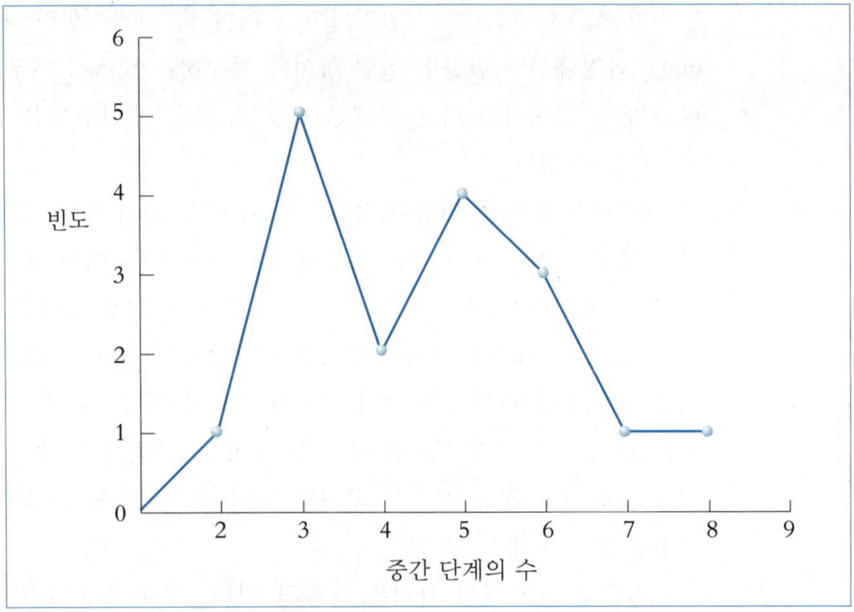

17개의 성공링크를 분석한 결과, 평균적으로 4.6단계를 거쳐 목표인물과 연결됐다. 2단계 경과 후 목표인물과 연결된 사례가 한 건, 3단계 경과 후 도달한 사례가 다섯 건, 4단계 경과 후 도달한 사례가 두 건, 5단계 경과 후 도달한 사례가 네 건, 6단계 경과 후 도달한 사례가 세 건이었으며, 7단계와 8단계를 경과한 후 도달한 사례가 각각 한 차례씩 나타났다〈그림 4-2〉. 사례 수가 다르기는 하지만, 단계 수의 분포는 한국과 미국 두 나라에서 매우 흡사한 모습을 보이고 있다. 미국 결과와 한 단계 차이가 나는 사실은 매 단계마다 연결되는 사람이 지수 함수적으로 확장된다는 점을 감안하면 한국 사람들이 알고 지내는 사람들의 수와 범위가 미국인보다 크다고 할 수 있다.

결국은 목표인물에게 연결하는 데 성공한 링크의 최초 출발자들의 특성을 살펴보면, 남자가 12명으로 70.6%, 여자가 5명으로 29.4%로 나타나, 남자에서 출발한 경우 성공률이 더 높았다. 미국에서의 실험에서 흑인에서 출발한 경우 백인에게 도달하려면 한 단계가 더 필요하거나 실패할 확률이 높았던 사실과 흡사한 발견이라고 볼 수 있다. 한편 미국에서

표 4-2 연결자와 연결받은 사람의 관계

연락 받은 사람과의 관계	빈 도	%
친 척	19	11.0
고향 친구/선후배	2	1.2
초등학교 친구/선후배	3	1.7
중학교 친구/선후배	1	0.6
고등학교 친구/선후배	7	4.0
대학 친구/선후배	52	30.1
직장동료/상사	45	26.0
업무상 관계	7	4.0
이 웃	23	13.3
군대동기/선후배	6	3.5
기 타	3	1.7
무 응 답	5	2.9
계	173	100

와 마찬가지로 연결고리의 사슬에서 마당발이 발견되었다. 즉, 미국 실험에서 목표 인물에 전달하는 매개 고리에 여러 번 등장한 인물이 있었는데, 한국에서도 독립적으로 출발한 연결고리에 목표인물과 대학 동기동창생이 두 번이나 등장한 것이다.

조사에 참여한 사람들은 목표인물을 찾기 위해 다양한 연결망을 동원하고 있는데(〈표 4-2〉), 가장 많이 사용된 관계는 대학 학연으로 52건, 이어서 직장동료/상사 45건, 이웃 23건, 친척 19건의 순서로 활용빈도가 높았다. 이웃을 활용한 비율이 비교적 높게 나타난 것은 삭막해져 가는 도시 생활임에도 불구하고 지역 공동체 안에서 사람 사이의 관계가 유지된다는 고무적인 발견이다.

조사 참여자들의 절반 정도가 주로 핸드폰(84건)을 이용해 단계이동을 했다. 그 외로 유선전화 이용, 직접 만나서 전달한 경우가 29건(16.8%)으로 나타났으며, 그 외 이메일이나 팩스, 메신저 등을 이용한 경우는 세 건 정도였다. 직접 만나는 경우가 29건(16.8%)으로 아직 면대면 접촉이 많이 사용되고 있으며, 메신저 등 새로운 통신수단이 생겨나고 있음을 알 수 있다.

단계이동을 성별로 살펴보면 남성에서 남성으로의 단계이동이 81회, 남성에서 여성으로의 단계이동이 15회, 여성에서 여성으로의 단계이동은 27회, 여성에서 남성으로의 단계이동은 32회로 나타나고 있다. 목표인물이 남성이었기 때문에 남성으로 향한 단계이동이 많은 것은 예상할 수 있었으나, 남성에서 여성으로의 이동이 15건이나 된 것은 특이한 상황이다. 15개의 사례를 일일이 확인해 본 결과 남성은 대체로 친척 혹은 직장동료 여성에게 전달하는데, 이 여성이 목표인물과 같은 대학을 나왔거나, 또는 비슷한 직종에 근무한다는 점에 착안한 것이다.

출신 지역 간의 단계 이동 분석하면 우리나라의 지역 간 연결망의 구조를 엿볼 수 있다. 〈표 4-3〉에서 알 수 있듯이 대체로 자기 지역 출신자들 사이의 연결이 대부분을 차지하지만(총 단계이동의 49%), 호남출신자들이 영남출신자로 연결하는 경우가 7건으로, 영남출신자들이 호남출신자에게 연결하는 경우(1건)보다 많았다. 사례가 충분하지 않아 확정적으

표 4-3 영호남 출신자의 연결고리

		사 례 수	연결 받은 사람(수신자)의 출신지				
			수도권	영남	호남	충청	기타
연결한 사람(송신자)의 출신지	영남	36	10	22	1	2	1
	호남	30	6	7	14	0	3

로 이야기할 수는 없으나 호남 연결망이 영남보다 개방적이라고 조심스레 해석할 수 있다. 이러한 경향은 연결이 영남출신자에게 도달하면 영남출신자 안에서 맴도는 경향이 강하다는 사실에서도 재차 확인할 수 있다. 영남출신자에 도달한 36개의 연결 중 22개(61%)가 타 지역 출신자에게로 빠져나가지 못하고 내집단 안에서 맴돌고 있다. 반면 호남출신자에게 도달한 30개의 연결 중, 14개(47%)를 제외하고는 모두 타 지역으로 연결됐다.

이러한 현상이 서울에 거주하는 호남인들의 비중이 크기 때문인지를 알아보았다. 즉, 서울에 사는 호남출신자가 서울에 사는 타 지역 사람들과 연결을 맺고 있기 때문에 호남출신 연결망의 개방성이 드러난 것인지를 확인해 보았다. 호남 출신이 영남출신자로 연결이 이루어진 총 7건 중 수도권 거주자에 의해서 일어난 횟수는 3건에 불과하고, 나머지 4건은 모두 기타 지역 거주자에 의해서 영남출신으로 연결된 것이었다.

소득을 네 개의 계층으로 나누었을 때, 같은 소득을 갖는 사람 사이의 연결이 가장 많았고, 이 경우가 전체의 39%를 차지하는 것으로 나타났다. 한편 연결된 사람이 학생인 경우 다른 종류의 직업으로 이동하면서 연결되지 못하고 다른 학생에게 연결되는 비율이 63%로 가장 높게 나타났다. 이는 학생들은 아직까지 다양한 연결망을 갖추고 있지 못하고 있기 때문인 것으로 해석된다. 사회생활은 다양한 종류의 연결을 축적하는 각축장이라는 점을 확인한 셈이다.

4.2 연결망의 크기

한 사람이 평균적으로 몇 명이나 알기에 좁은 세상이 생겨나는가? 사실 사람들에게 자신이 알고 있는 사람이 몇 명이나 되냐고 묻는다면 대답은 매우 부정확하기 마련이다. 안다는 것이 무엇을 의미하는지에 대한 모호함을 제쳐두고라도, 자신이 몇 명을 아는지를 추산해 본 사람이 거의 없기 때문이다. 지인(知人)의 크기를 측정하려는 흥미로운 다양한 방법들이 시도되었다. 가장 확실한 방법은 한 사람의 일상생활을 추적 조사하여 그 사람이 만나고 접촉하는 사람들을 기록하는 방법일 것이다. 솔라 풀(Sola Pool)은 100일 동안 한 사람의 활동을 추적했다. 날짜가 지날수록 새로운 사람이 등장하는 횟수가 줄어들기는 했지만 항상 새로운 인물이 등장하곤 했다. 줄어드는 숫자의 경향성으로부터 추론하여 이 사람이 평생 동안 만나는 사람의 총 숫자를 계산한 결과 솔라 풀은 3,500명이라는 숫자를 얻었다(Pool and Kochen, 1978).

다른 방법은 전화번호부에서 무작위로 추출한 이름 300여 명을 리스트하고 이들 중에 아는 사람이 있으면 동그라미를 치라고 한 다음 동그라미의 숫자로부터 아는 사람의 숫자를 통계적으로 추론하는 방식이다(Gladwell, 2000). 이와 같은 실험을 한 프리만과 톰슨은 도시마다 차이는 있었지만 평균 5,520명이라는 엄청나게 큰 숫자를 추론해 냈다(Freeman and Thompson, 1989). 이토록 아는 사람이 많게 나타난 이유는 영화배우나 가수 등의 연예인과 정치가 등 사회 유명인사들이 포함되었기 때문이다. 즉 나는 그를 알아도, 그는 나를 모르는 비대칭적 관계가 포함된 것이다.[3)]

연구방법에 따라 지인의 숫자는 상당히 달랐지만 대체로 3,000 내지

---

3) 한 사람이 갖고 있는 연결망의 크기는 그 사람의 직업과 직업지위에 따라 달라진다. 직업지위가 상층으로 갈수록, 경영자일수록, 혹은 교육을 많이 받을수록 그 사람이 알고 있는 사람의 숫자는 증가한다.

5,000명이라는 상상을 초월한 숫자가 도출된다. 한 사람이 평생 동안 살면서 접촉하는 사람의 누적적 숫자가 '뜨는 현상'을 만드는 데 위력을 발휘하는 것이다.

위에서 살펴본 넓은 지인의 범위를 사회조사에서 활용하는 방법으로서 '연결망 샘플' 방법이 고안되었다. 응답자가 알고 있는 사람들에 대한 정보를 응답자로부터 구하면 엄청나게 커다란 숫자의 샘플에 대한 정보를 알 수 있다는 점에 착안한 것이다. 표본 한 개를 증가시키는 데 드는 조사비용을 고려하면 연결망 샘플은 경제적이며, 큰 사례 수에 근거해서 모집단에 대한 정확한 추론을 가능하게 한다.

연결망 샘플의 방법을 처음으로 제안한 라우만과 그 동료들은 (Laumann et al, 1989; Laumann et al, 1994) 미국에서 에이즈 환자의 정확한 숫자를 추론하기 위해서 이 방법을 사용했다. 통계 공식을 멀리한다면 그 논리는 비교적 간단하다. 먼저 전국을 대상으로 한 서베이에서 에이즈에 걸렸거나 에이즈로 죽은 사람을 알고 있으면 몇 명이나 알고 있는지를 묻는다. 그런 다음 이 사람들 중에서 가장 잘 아는 사람을 선택하여 그 사람의 나이, 성별, 인종이 무엇인지를 묻고, 그 사람과의 관계를 표시하도록 한다.[4] 그 다음으로 응답자가 아는 사람 중에 살해를 당해 죽은 사람이 있는지 물은 후 그 사람의 나이, 인종, 성별, 응답자와의 관계 등에 대한 정보를 구한다. 살해되어 죽은 사람의 숫자는 미국에서 가장 정확한 통계 숫자 중의 하나이다. 응답자가 보고한 살해 당한 사람들에 대한 정보를 나이별, 성별, 인종별로 비율을 계산하여 연방 통계와 비교하면 상당히 정확하게 두 통계가 일치한다는 사실을 알 수 있다. 그러나 응답자가 보고한 에이즈 환자에 대한 정보를 통계적 추리를 이용해서 에이즈 환자의 숫자를 계산한 후 정부 통계와 비교하면, 정부 통계치와 응답자 보고에 근거해서 추론한 통계치가 일치하지 않는다는 사실을 확인할 수 있다. 특히 상층에 속하는 백인과 20~30대의 경우, 에이즈 환자의 공식 통계가 응답자들이 보고한 것보다 훨씬 낮게 나타난다. 환자 숫자에 대한 공식

4) 분석할 때는 알고 있는 사람 중에 연예인이나 정치가 등 막연히 일방적으로 알고 있는 관계를 제외하기 위하여 친척이나 이웃이나 직장 동료 등의 구체적인 관계로 제한한다.

통계가 왜곡되는 이유는 의사들이 자신의 환자가 에이즈로 판명되어도 개인 정보를 보호할 수 있다는 법에 의거해서 보건 당국에 신고하지 않기 때문이다. 이러한 개인 정보는 사회 경제적인 요인에 따라 인종별로, 연령 집단별로 차등적으로 보호되고 있기 때문에 공식 통계에는 오차가 생겨난다.

요약하면 연결망 샘플링은 또한 그 적용 범위가 넓은데, 특히 '매우 희귀한 사건'에 대한 연구에서 그 빛을 발한다. 희귀한 사건은 보통 사례 수가 엄청나게 커야 통계적으로 정확한 추론을 할 수 있다. 이에 반해 연결망 샘플 방법은 사례 수를 늘리지 않고도 응답자가 알고 있는 사람들의 네트워크를 활용해서 비교적 정확하게 모집단의 속성을 파악할 수 있다. 특히 이 방법은 답하기 곤란할 수 있는 민감한 질문을 해야 할 경우, 응답자가 자신에 대해서가 아닌 자신이 알고 있는 남에 대해 답하는 것이기 때문에 솔직한 답을 이끌어 낼 수 있다는 장점이 있다. 예를 들어, 10대 청소년에게 성경험 여부를 직접 물었을 때 응답자의 솔직한 답을 구하기는 매우 어렵다. 그러나 익명의 친구들 중에 성경험이 있는 친구가 있는지를 물으면 응답자는 솔직하게 그 친구에 대한 정보를 제공하는 것이다. 이와 같은 장점에 근거하여 연결망 샘플은 한국에서 은밀하게 행해지는 낙태 행위를 파악하거나 마약 복용자의 숫자를 추론하기 위해 혹은 정치자금을 제공하는 실태 등을 연구하는 데 활용될 수 있을 것이다.

4.3 유유상종(類類相從)

우리가 아는 사람들에는 친척, 친구들뿐 아니라 서로 인사만 하는 정도의 사람들도 포함되어 있다. 지금까지 살펴본 한 개인의 연결망을 통해서 다다를 수 있는 범위는 바로 그 개인이 갖고 있는 이런 약한 연결망에 의해 도달 가능한 것이다. 그러나 만일 아는 사람들을 매우 친한 관계, 즉 중대한 고민을 상의하는 사람 혹은 친족들로 제한한다면 지인의 범위와 크기는 상당히 줄어들게 되는데, 지속적으로 친밀한 관계를 유지하는 사람들은 소수이기 때문이다. 따라서 결혼이나 친구와 같이 가까운 관계를 맺는 사람들 사이에 어떤 공통적인 특성이 있는지에 대한 관심은 사회구조를 연구하는 사람들의 중요한 관심사이다. 대부분의 연결망에는 같은 속성을 가진 사람들이 끼리끼리 모이는 현상이 있고, 이를 연결망 이론에서는 '유유상종(homophily)'라고 부른다.

유유상종은 같은 부류에 대한 긍정적인 평가에 기인한다. 〈그림 4-3〉은 미국의 인종 간 상대에 대한 긍정적 평가의 정도를 보여 주고 있다(Burt, 2000). 백인들은 같은 백인들보다는 유색인종에 대해 매우 낮은 평가를 내리는 반면, 비 백인들끼리는 서로를 매우 긍정적으로 평가하고 있다. 이는 한국에서도 마찬가지여서 다음 절에 있는 〈그림 4-5〉에서처럼, 같은 지역 사람들끼리는 사회적인 거리가 가까워 긍정적인 평가를 내리고 있음을 알 수 있다.

왜 유유상종이 생기는지를 설명하는 이론들은 다양하다. 첫째, 사회생물학의 '내포적 적합(Inclusive Fitness)이론'이 있다. 이 이론은 비슷한 유

그림 4-3 미국의 인종 간 상대에 대한 긍정적 평가 정도

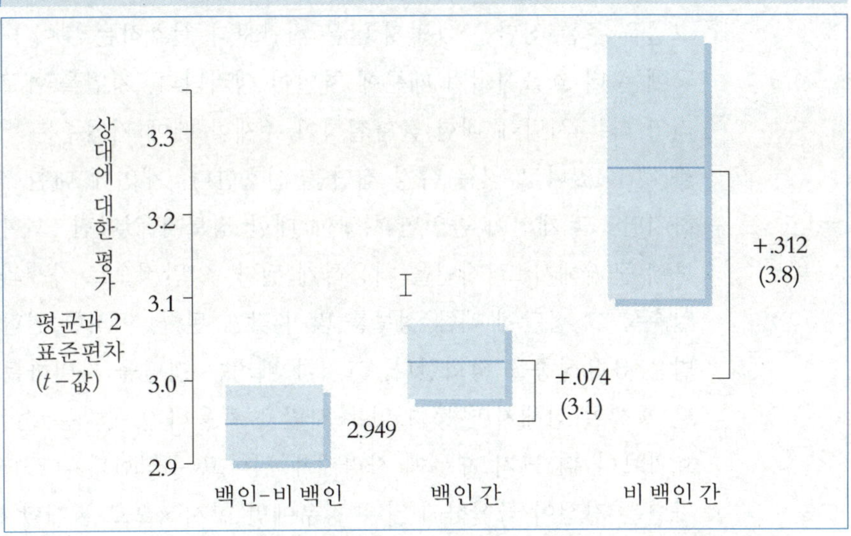

전정보 풀을 갖는 유기체를 더 많이 번식시키려는 생물 진화법칙의 강한 힘이 생물체인 인간에도 적용된다고 주장한다. 부모와 자식 사이에는 1/2의 유전정보가 중첩되어 있고, 촌수가 멀어질수록 이 중첩도는 지수 함수적으로 떨어진다. 상대에 대한 이타적 행위는 자신의 생존가능성을 낮추지만 이타적 행위의 혜택을 받은 수혜자의 유전정보, 즉 자신과 유사한 유전자가 확산되는 데 도움을 준다. 따라서 유전정보의 중첩도가 높은 사람들에게 이타적 행위를 하는 것이 자신과 비슷한 유전정보를 재생산하는 길이다. 유전정보의 중첩도가 낮은 먼 친척으로 갈수록, 혹은 이질적인 유전정보를 가진 사람으로 갈수록 상대에 대한 배려는 작아진다. 같은 인종을 타 인종보다 선호하는 것은 유전법칙인 내포적 적합 때문이며, 이러한 성향은 비슷한 사람들을 선호하는 데에까지 확대되어 유유상종이 생긴다는 것이 내포적 적합이론의 요지이다.

두 번째 이론은 차별의 효율성에 대한 경제학 이론이다(Becker, 1957). 일반적으로 동질적인 집단보다 이질적인 집단에 대한 정보가 부족하다. 교통과 통신이 발달하지 않았던 시절부터 사람들은 주변 사람들과 접촉을 많이 해 왔으며, 비교적 동질적인 주변인들에 대해서는 상대적으로 정보가 많다고 믿고 있다. 그런데 중요한 의사결정을 내릴 경우 정보가 불확실한 상황에서는 집단이 주는 시그널이 중요한 정보가 된다. 따라서 시그널을 주는 집단을 그렇지 않은 집단보다 선호하는 것이 더 안전하며 결국에는 더 효율적이기 때문에 차별이 생겨난다. 기업을 예로 들면 고용하려고 하는 사람에 대한 불확실성이 존재할 때에 기업주는 어느 정도 정보를 갖고 있다고 믿는 특정 집단을 선호한다. 개인에 대한 정보는 불확실하지만, 그 개인이 졸업한 학교에 대한 정보가 있다면 그 학교에 대한 정보에 근거해서 그 개인을 채용하게 된다. 일반적으로 자신과 가까운 집단일수록 그 집단에 대해 정보를 많이 갖게 된다. 이러한 집단에 근거한 차별은 유유상종을 강화한다. 그러나 베커는 집단을 차별하는 행위는 기업 간 경쟁이 심해지면 능력 있는 사람을 채용하지 못하는 손실이 시그널의 효과보다 더 크기 때문에 사라지게 된다고 주장한다. 다시 말해서, 집단 차별은 경쟁이 극심하지 않은 경우에만 한시적으로 존재할 뿐, 시장 경쟁이 심해지면 개인의 능력을 선별하는 데 많은 투자를 하게 된다는 것이다.

세 번째 이론은 버트의 정당성과 경쟁이론이다. 소수 집단(minority)은 다수 집단에 의해서 손해를 보기 때문에 이를 상쇄하기 위해서 자신들끼리 뭉치고 다른 집단을 차별해도 된다는 정당성을 스스로 부여하게 된다. 예를 들어, 흑인들이 소수일 때는 자기들끼리 똘똘 뭉치고 백인들을 차별해도 된다고 생각한다. 그러나 소수 집단에서 차지하는 비율이 커질수록 정당성 효과는 사라지게 된다. 정당성 효과에 덧붙여 경쟁효과도 작용한다. 서로 경쟁하게 되면 심리적으로 멀어지게 된다. 그러나 소수 집단이 차지하는 비율이 낮은 경우 자기들끼리 경쟁하기보다는 집단의 다수를 차지하는 사람들과 남들과 경쟁하기 때문에 자기들끼리 서로 다투게 될 가능성은 줄어든다. 자기 집단 구성원과 경쟁이 극심해지는 것은 전체 중 절반 정도가 같은 집단으로 이루어질 경우에 그러하다. 정당성 효과에서 경쟁 효과를 뺀 순수 유유상종 효과는 〈그림 4-4〉에서처럼 소수 집단의 경우 가장 강하며, 중간 정도에서 가장 약하고, 다수 집단에서는 약간 상승한다.[5] 이 이론은 다인종 국가에서 소수 인종의 유유상종이

그림 4-4 집단 구성비율에 따른 유유상종 효과

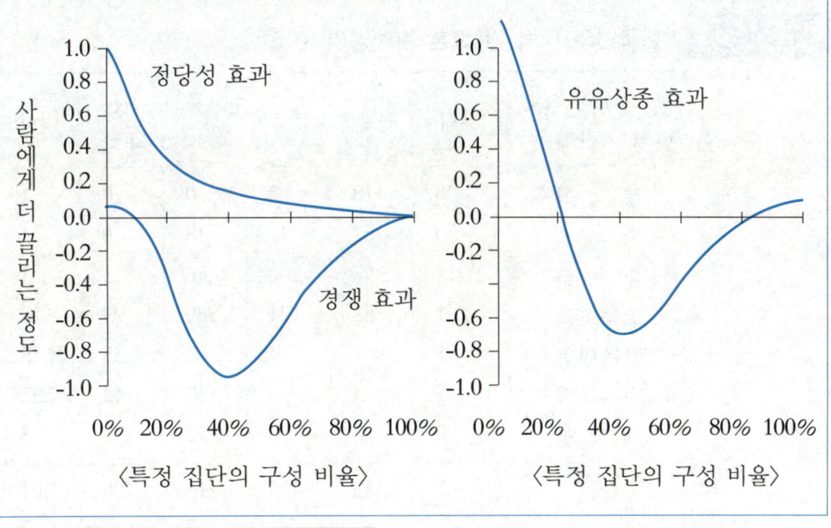

5) gsbwww.uchicago/edu/fac/ronald.burt/teaching/H5.pdf

강한 이유를 설명하는 데 유력하지만, 집단 구성비율이라는 단 하나의 변수로 유유상종을 설명한다는 한계가 있다.

이제 한국 사회에서의 유유상종 효과를 구체적으로 알아보기 위하여 먼저 어떤 사회적 배경을 가진 사람들끼리 결혼하는지, 즉 혼인관계망을 분석해 보기로 한다. 〈표 4-4〉는 전국 조사에서 구한 자료로부터 저자가 계산한 표로써 부부 사이의 학력 관계를 보여 준다. 〈표 4-4〉의 행은 남편의 학력, 열은 아내의 학력을 나타낸다. 표에서 먼저 드러나는 특성은 첫째, 여성들의 학력이 남성들보다 낮다는 것이다. 남성의 경우 대학 이상의 학력을 가진 사람의 비율이 19.5%인 데 반해서 여성의 경우 12.8%에 불과하다. 두 번째로 확연히 드러나는 결혼구조는 비슷한 수준의 학력 간에 결혼하는 경향이 있다는 점이다. 표의 대각선에 떨어진 동일 학력 사이의 결혼은 전체 결혼의 63%에 달하여 유유상종의 효과를 확인할 수 있다. 대각선을 벗어나더라도 멀리 벗어나는 경우는 극소수이고 대체로 한 단계 정도만 벗어나 있다. 예를 들어 아내가 대학 졸업자인데 남편이 중졸 이하인 경우는 전체에서 3쌍(0.1%)밖에 없다. 대각선에서 한 단계만 벗어난 결혼도 동질혼에 포함시킨다면 87.2%가 비슷한 학력끼리 결혼한

표 4-4 한국인의 학력 간 결혼 관계망의 구조

아내의 학력 / 남편의 학력	무학	국졸	중졸	고등학교	전문대학	대학	대학원	계
무 학	20	18	2	0	0	1	0	41
국 졸	30	152	41	18	0	1	0	242
중 졸	14	97	206	76	3	1	0	397
고등학교	1	52	174	889	21	28	1	1166
전문대학	1	1	4	83	35	15	0	139
대 학	1	3	7	140	42	237	7	437
대 학 원	0	0	2	12	5	18	8	45
계	67	323	436	1218	106	301	16	2467

자료: 동아시아 노동시장 자료; 연세대 사회발전 연구소 소장 자료.

다는 사실을 알 수 있다. 셋째, 대각선 아래쪽에 분포된 결혼 수와 그 위쪽에 분포된 결혼 수 사이의 비율이 달라, 전자가 후자의 세 배에 달한다. 이는 남성의 학력이 여성보다 높은 경향성을 반영하는 것이기는 하지만, 남성이 하향 결혼하는 비율이 상향 결혼하는 비율보다 3배가 높다는 발견은 그 자체로서 의미가 있다.

이와 같은 분석결과에서 사람들이 자유롭게 사랑에 빠지고 결혼을 하는 것처럼 보이지만, 그렇게 할 기회 자체가 구조화되었다는 사실을 확인할 수 있다. 그러나 사회구조가 모든 남녀가 어떻게 짝 지워져야 하는지를 완벽하게 결정하는 것은 아니며 같은 구조 아래에서도 다른 선택을 할 수 있다. 예를 들어 대각선에 떨어지는 비율이나 대각선을 벗어나서 떨어지는 비율은 구조에 의해 결정되어 고정된 것이 아니라 사람들의 선택에 의해 변동 범위를 갖는 비율인 것이다.

가깝게 지내는 사람에 대한 흥미로운 또 하나의 연구가 이재열(Yee, 2000) 교수에 의해 수행되었다. 그는 미국 시카고 대학부설 연구소인 NORC에서 정기적으로 수행하는 사회조사의 문항을 따와 한국과 미국에서의 대인 연결망을 비교했다. 이 연구는 '지난 1년간을 돌아보실 때, 중요한 문제에 대해 마음을 터놓고 상의한 분이 있습니까? 가족을 포함한 가까운 주위 사람들 중에서 중요한 순서대로 5명까지 그 이름을 적어 달라'고 한 후, 이들과의 관계, 이들의 학력, 출신지역, 성별, 직업 등에 대한 정보를 얻는다. 그리고 마지막으로 지명한 사람들 중 누가 서로 친분이 있는 관계인지를 묻는다.

이렇게 얻은 상담 연결망을 분석한 결과 이재열은 한국 사람들이 미국 사람들에 비해서 인척(배우자 포함)과 자신의 문제를 진솔하게 상의하는 비율이 낮다는 사실을 밝혀 냈다. 그리고 한국 사람들이 비슷한 나이와 비슷한 학력을 가진 사람들과, 그리고 이성간 보다는 동성간에 고민을 상의하는 비율이 훨씬 높음을 보여 주었다. 즉 한국 사람들은 미국 사람들보다 유유상종의 효과가 훨씬 강하게 드러난 것이다. 더 자세한 분석을 통하여 이재열은 어떤 특성을 가진 사람들이 인척과 상의하는 비율이 높은지를 알아본 결과, 교육이 낮을수록, 여자일수록 상담의 대상을 인척으

표 4-5 성별 · 교육별 상담 네트워크

남 \ 여	국졸 이하	국졸	중졸	고졸	전문 대졸	대졸	대학 원졸	계
국졸 이하	2	0	0	0	0	0	0	2
국 졸	0	1	1	0	0	0	0	2
중 졸	0	0	1	4	0	0	0	5
고 졸	0	4	1	17	8	9	0	39
전문 대졸	1	1	2	13	9	7	0	33
대 졸	0	1	0	12	1	37	5	56
대학원졸	0	0	0	1	0	5	3	9
계	3	7	5	47	18	58	8	146

여 \ 남	국졸 이하	국졸	중졸	고졸	전문 대졸	대졸	대학 원졸	계
국졸 이하	0	0	0	0	0	0	0	0
국 졸	1	1	1	1	0	1	0	5
중 졸	0	2	1	1	0	1	1	6
고 졸	1	2	0	34	5	9	0	51
전문대졸	0	0	0	6	9	15	1	31
대 졸	0	0	0	8	14	33	1	56
대학원졸	0	0	0	0	0	2	1	3
계	2	5	2	50	28	61	4	152

자료: 서울대 사회발전연구소.

로 삼는 비율이 증가한다. 이는 친족 이외의 사람들을 상담 대상으로 구하기 위해서는 학연을 부수적으로 만들어 내는 교육 투자가 필요하다는 것을 암시한다.

필자는 상담 네트워크의 유유상종 효과를 좀더 세밀하게 관찰하기 위하여 이재열 교수로부터 원 자료를 구해서 추가 분석을 했다. 〈표 4-5〉는 배우자, 남매, 친척 등을 제외했을 때, 그리고 동성 간의 상담을 제외하고 이성인 동창, 동향, 직장 동료 등과 상담만을 분석하여 제시한 것이다.

결혼망에서와 마찬가지로 자신의 문제를 이성과 상담을 할 경우 남자나 여자 모두 비슷한 수준으로 교육받은 사람을 선호하여 남자의 경우 48%가, 그리고 여자의 경우 52%가 교육 수준이 같은 이성과 상담한다는 것을 알 수 있다. 남녀를 비교하면 역시 남자가 교육을 덜 받은 여자를 선택하는 하향선택이, 여자의 경우는 교육을 많이 받은 남성을 선택하는 상향선택의 경향이 드러난다. 그러나 이성 간 상담을 제외한 동성 간 상담을 분석하면, 교육 동질성은 더 높아져서 각각 여성의 72%와 남성의 64%가 같은 수준의 교육을 받은 사람들과 자신의 문제를 상의하는 것으로 나타난다. 상담망에서 교육의 동질성이 미국보다 높다는 이재열 교수의 발견이 동성 간에는 더욱 강하게 나타난다는 점이 확인된 것이다.

4.4 지역 간 관계망

우리나라에서의 유유상종은 같은 지역 출신을 선호하는데서 매우 강하게 나타난다. 동향사람과 친하게 지내는 것은 쉽게 이해가 되지만, 행정구역으로 인위적으로 나누어진 같은 도 출신의 사람들과 더 친하게 지내거나 배척하는 것은 지역감정의 소치라고 볼 수 있다. 지역감정과 지역의식은 구분되어야 한다. 수원 사람이 삼성 축구 팀을 응원하며 자기 팀이 이기기를 바라는 것은 '지역의식'에 속하는 것으로서 지역감정이라고 보기 어렵다. 자기 집단에 대한 호의적인 감정인 지역의식과는 달리, 지역감정이란 '특정 지역(출신) 사람들이 다른 지역(인)에 대해 갖고 있는 부정적이고 편견적인 심리상태'라고 정의할 수 있다. 지역감정은 비합리적인 믿음일 경우가 많은데, 그 이유는 그 믿음이 올바른 증거에 기초하고 있지 않기 때문이다.

지역감정의 정도를 측정하는 방법으로는 '사회적 거리'라는 척도가 있다(Bogardus, 1933). '당신은 특정지역 출신의 사람들에게 당신의 딸을

그림 4-5 영호남 사람들에 대한 사회적 거리

* 표의 세로 축의 .1은 10%의 사람들이 특정 지역 출신과 결혼하지 않겠다는 것을 나타냄 (1990년 한국사회학회 자료).

결혼시키겠습니까?', '당신은 이 지역 사람들과 함께 동업을 하시겠습니까' 또는 '이 특정 지역 사람들을 친구로 사귀겠습니까' 등을 질문하여 특정 지역 사람에 대한 개인의 심리적 거리로부터 지역과 지역 사이의 상대적 거리를 측정할 수 있다. 우리 사회의 사회적 거리에는 매우 뚜렷한 구조가 드러난다. 이 구조는 우리나라의 지역 감정이 단순히 영-호남 사이의 대립구도로 짜여 있지 않다는 사실을 보여 준다(〈그림 4-5〉). 호남 사람들에 대한 부정적인 인식은 전국 각도에서 관찰되며, 특히 호남 사람들을 가장 싫어하는 사람들은 제주도 사람들이다. 영남 사람들이 호남 사람들을 싫어하는 정도는 다른 도에 비해 그다지 높지 않다. 그러나 영남 사람들을 싫어하는 현상은 호남에서만 관찰된다. 〈그림 4-5〉의 두 그래프를 포개 놓으면 우리나라 지역감정의 관계망의 구조가 시각적으로 확연히 드러난다.

이 조사에 의하면 호남인과 결혼을 하지 않겠다는 응답이 지역별로 30~40%에 이르고 있다. 그 동안 정치인들이 지역감정에 호소해 왔던 선거전략에 의해서 지역 편견이 확대되었다는 점은 확실한 사실이다. 따라서 지역감정이 정치적으로 동원된 임시적인 편견인지, 아니면 지역 편견에 상응하는 지역차별이 실제로 일상생활에 존재하는지를 연구해야 한다. 지역 간의 실제 결혼 관계망은 특정 지역이 실제로 배제되는지를 알아보는 자료가 될 것이다. 만일 특정 지역 사람들이 자기지역 출신자들과 결혼하는 비율이 더 크게 나타난다면 이는 그 지역이 배척당하거나 혹은 그 지역 사람들의 집단 응집력이 타 지역보다 더 강하기 때문이다.

1950년대부터 1980년대에 이르기까지 시기별로 출신도로 정의된 지역 간 결혼(CRM: Cross-regional Marriage)과 지역 내 결혼(IRM: Intra

표 4-6 시기별 IRM/CRM 비율

단위: 명(%)

	1950년대	1960년대	1970년대	1980년대	계
IRM	188(86)	305(82)	326(71)	325(67)	1144(73.7)
CRM	30(14)	62(18)	134(29)	161(33)	393(26.3)

Regional Marriage)의 비율은 〈표 4-6〉과 같다.

〈표 4-6〉에서 확인되는 것은 시간이 흐를수록 지역 내 결혼(IRM)의 비율은 감소하고 지역 간 결혼(CRM)의 비율은 증가한다는 점이다. 이것은 인구 이동이 증가함에 따라 타 지역 사람들과의 접촉이 증가하면서 발생하는 현상이다. 어느 도의 사람들이 자신의 출신도 사람들과 결혼하는 내적 지향성의 비율이 높은지를 분석하려면, 인구 이동률과 인구 구성비를 통제해야 한다. 예를 들어 전국에 A도 출신이 40명, B도 출신이 60명 살고, 자유 이동과 아무런 지역 배타성이 없다고 가정한다면 A도에서 통계적으로 기대되는 IRM 비율은 $0.4^2=0.16$, B도의 IRM 비율은 $0.6^2=0.36$이 될 것이다(남녀 비율이 동일하기 때문에 성을 고려해도 마찬가지 비율이 나온다). 즉, 구성비에 따라 IRM의 비율에 대한 통계적 기대치가 달라지는 것이다. 예를 들어 서울에 사는 사람의 대부분이 타도 출신이라면 서울 사람들이 서울 사람과 결혼하는 IRM의 비율은 통계적으로 낮게 나타날 것이 당연하다.[6)]

인구이동의 문제를 처리하는 방법은 서울에 거주하는 각 지역 출신 간 IRM과 CRM비율을 알아보는 것이다. 일단 서울에 거주하는 사람들은

표 4-7 서울 거주자의 IRM, CRM, 인구비 통제 IRM지수

단위: 명(%)

	서 울	충 청	호 남	영 남	기 타	계
IRM(%)	62(27.4)	82(37.3)	128(52.0)	40(25.3)	64(23.0)	376(33)
CRM(%)	164(72.6)	138(62.7)	118(48.0)	118(74.7)	214(77.0)	752(67)
계(구성비)	226(20.0)	220(19.5)	246(21.8)	158(14.0)	278(24.6)	1128(100)
인구비 통제 IRM지수	7.4	17.8	30.2	11.3	−1.4	

6) 인구 구성비를 통제한 IRM의 기대치를 구하는 공식을 다음과 같이 조작적으로 정의하였다. $IRM_i=((EXP_i-OBS_i)/n_i)\times 100$. 단 EXP는 i도 출신 사람이 IRM을 할 기대 빈도수인($P_i^2\times N$), OBS는 i도 사람들끼리 결혼한 빈도수, P_i는 i도 사람의 구성 비율(n_i/N).

각도 사람들과 접촉할 확률이 동일하다고 가정을 하는 것이다. 서울에 거주하는 각도 출신인의 인구비율을 통제한 IRM비율을 조사해 본 〈표 4-7〉의 결과에서는 서울 출신인과 영남 출신인이 기타를 제외하고 가장 낮은 IRM비율을 나타낸다. 즉, 서울과 영남 지역에 대한 타 지역의 거부감이 존재하지 않으며, 결혼의 경우 집단 내 응집력이 미약하다는 사실을 시사해 준다. 반면에 호남인이 가장 높은 IRM비율을 나타낸다. 이는 서울로 이동한 호남 출신인이 자기 고향사람끼리 결혼하는 비율이 다른 도에 비해서 높다는 것을 의미한다.[7] 그러나 이 결과를 놓고 다른 도 사람들이 결혼할 때 호남인을 배척한다고 단정지을 수는 없다. 왜냐하면 이 결과는 호남인의 '내(內)집단 응집력'이 강하기 때문에 생겨난 현상일 수도, 혹은 호남인들이 타도 사람을 배척하기 때문에 생겨난 현상일 수도 있기 때문이다. 하지만 분명한 점은 어느 경우이든 서울로 이동한 호남인들의 유유상종이 가장 강하다는 사실이다.

4.5 학 연

한국 사회의 3대 연줄이라 불리는 학연, 혈연, 지연 중에서도 한국사회에서 가장 큰 영향력을 미치는 것은 학연이다. 피가 진한 사회에서 혈연의 역할도 크지만, 혈연은 범위가 작기 때문에 사회적 영향력은 그다지 크다고 할 수 없다. 지연도 출신 지역의 학연을 포함한 효과이기 때문에 학연을 제외한 순수 지연의 효과는 학연보다는 작다고 할 수있다.

이 절에서 나는 한국의 상층에서 학연의 효과가 어떻게 나타나는지

7) 서울 지역 이외의 지역으로 이동한 사람들을 분석해 보아도 마찬가지 현상이 나타난다. 물론 이 결과를 두고 호남인이 자신의 출신도에서 결혼한 후 서울로 이동한 경우가 다른 지역 출신들의 경우보다 많기 때문에, 혹은 호남 출신자들의 경제적 동질성이 타 지역보다 크기 때문이라는 반론이 있을 수 있다. 물론 더 심층적인 연구를 해 보아야 할 일이지만, 유독 호남 사람들의 경우에만 이러한 현상이 두드러지게 나타날 것 같지는 않아 보인다.

를 분석한다. 좀더 구체적으로, 일류 대학에 진학할 수 있는 능력의 근소한 차이, 즉 수학능력시험 점수의 근소한 차이가 얼마나 큰 사회적인 결과의 차이를 가져오는지, 혹은 가져올 것으로 기대되는지를 분석하려고 한다. 출신 대학에 따라 연줄 활동에 차이가 있는지를 온라인 커뮤니티 활동을 통해 알아본 후, 학벌에 따라서 사회 엘리트로의 진출확률이 얼마나 불평등한지를 분석한다. 그 다음에는 연줄 활동과 관련이 있는 신문의 부음이나 인물 동정 기사에서 언급되는 대학 이름의 빈도 수를 분석하여 대학 서열과 연줄 활동 사이에 강한 관련성이 있음을 밝힌다.

사회적 자본이라는 개념[8]을 체계화하고 이를 사회과학계에 유행시킨 콜만(Coleman, 1990)이 사회적 자본이 인적 자본을 형성하는 데 어떤 역할을 담당하는가에 주목한 것은 놀라운 일이 아니다. 그는 가족 내 사회적 자본이 아이들의 지적 발달에 미치는 영향에 대한 연구에서 부모의 인적 자본은 사회적 자본에 의해 보완되지 않는다면 자녀의 교육적 성장에 공헌하지 못한다고 주장한다.

사회적 자본이 인적 자본을 생산하는 데 긍정적인 기여를 한다는 점을 주장하는 과정에서 콜만은 한국의 사례를 두 차례 인용한다. 첫째 사례는 미국 캘리포니아 교육청에서 한국 교민 학생들이 교과서를 두 권씩 사는 이유에 대해 조사한 결과, 한 권은 부모용으로 구입한다는 사실을 발견한다. 한국인 부모가 공부를 해가면서 자식을 가르친다는 것이다. 한국 교민들이 갖고 있는 부모의 역할에 대한 사회적 규범이 한국인의 인적 자본을 형성하는 데 도움을 준 사례로서 인용된 것이다. 둘째 사례는 한국의 운동권이 왜 그토록 단기간에 급진적 좌파 지식으로 무장할 수 있었는지에 관한 것인데, 운동권 사이에 발달한 연결망이 좌파 지식을 습득하고 재생산하는 데 기여했다고 콜만은 주장한다.

사회적 자본이 인적 자본을 생성한다는 주장에는 의문의 여지가 없어 보인다. 그러나 한국 사회처럼 학벌의 영향력이 막강한 사회에서, 인적 자본의 조그만 차이가, 전통적인 관행과 제도적인 틀을 통해서 사회적 자본의 창출에 얼마나 큰 차이를 내는지를 알아보는 것은 의미 있는 일이

8) 사회적 자본에 대한 자세한 논의는 5장 참조.

다. 즉 사회적 자본이 인적 자본 형성에 미치는 영향에 대한 콜만의 인과 순서를 뒤집어, 과연 인적 자본이 사회적 자본에 미치는 영향은 무엇인가에 대한 질문으로 출발한다. 가령 일류 대학에 진학할 수 있는 능력을 인적 자본의 근접변수(proxy variable)이라고 놓는다면, 이 능력의 조그만 차이가 가져오는 사회적 자본의 차이는 무엇인가가 연구 관심이다. 과연 대학입학 수능점수의 몇 점 차이가 인적 자본의 차이냐고 질문할 수 있다. 그러나 수능점수 몇 점이라도 높으면 특정 대학에 입학할 수 있는 자격을 획득하며, 이 자격을 포기하고 서열이 낮은 대학에 입학하는 경우는 극히 드물고, 또 이 자격을 획득하기 위해 초중고교 전 교육과정을 투입한다는 점에서 이를 인적 자본의 차이라고 인정해도 될 것이다. 여기서의 분석단위는 개인이 아니라 학벌이나 학연이기 때문에, 개인의 인적 자본이 아니라 서열화된 특정 학교 출신집단의 인적 자본이 된다.

저자는 대학을 졸업한 지 30년 되는 사람들이 대학별로 어떤 직위에 종사하는지를 알아보기 위하여 정치학과 동창명부를 수집해 보았다. 정치학과를 선택한 이유는 대부분의 대학이 정치학과를 오래 전에 설립하였고, 또 정치학과 출신들에 대한 사회적 인지(visibility)가 비교적 높다고 판단했기 때문이다. 결과는 명확한 경향성을 보이고 있다. 대학 서열이 낮은 대학의 정치학과 동창회 명부는 존재하지도 않고, 설혹 존재한다고 해도 명단의 현 직업란에 빈칸이 많다는 것이다. 이들은 동문의 소재파악도 제대로 해놓지 못하고 있는 것이다. 세칭 일류대학의 경우는 동창회 명부(수첩)에 수록된 인물 중에 사회적인 저명인사들이 제법 많이 섞여 있을 뿐만 아니라, 회원들의 현재 직업란과 연락처에 정보가 가득 차 있다. 대학 서열과 동창의 사회적 지위, 그리고 동창회 활동 사이의 관계가 시각적으로 명확하게 드러난 것이다. 나는 이 관계를 통계적으로 입증하기 위하여 자료를 쉽게 구할 수 있는 온라인 동창회에 주목하게 되었다.

서열화된 대학별로 첫째, 온라인 커뮤니티에서의 연줄 활동이 얼마나 차등적인지, 둘째, 사회 엘리트 진출 현황이나 사회에서의 연줄 활동이 얼마나 차등적인지를 분석하는 것이다. 현 시점에서의 입학성적에 따른 대학 서열이 과거의 사회 엘리트 배출 실적을 설명하는 것은 인과적 시간 순서에 어긋나는 것처럼 보인다. 그러나 현재의 대학서열이 과거 연줄의 실적을 반영하여 정해진다고 본다면 인과 시간성에는 커다란 문제가 없다고 판단된다. 즉, 수능 점수라는 입학성적은 과거에 축적된 대학 동창간의 연줄을 구입하는 가격으로 작동한다고 볼 수 있는 것이다.

과연 어떤 학교가 동문회 활동을 열심히 하는지를 알아보기 위해서, 대학서열을 반영하여 비슷한 규모의 대학인 S대, Y대, K대, S'대, H대, K'대, K''대, D대, D'대, H'대 등 서울소재 대학 10개를 추출한 후, 이 대학을 졸업했거나 재학중인 사람들이 학연을 구축하기 위해 얼마나 활발한 활동을 하고 있는지를 조사했다. 주요 조사대상은 10대 후반부터 30대까지 연령대가 주로 이용하고 온라인 동창/동문 사이트로 특화된 다모임(www.damoim.net)과 아이러브스쿨(www.iloveschool.co.kr), 그리고 커뮤니티 지향의 웹사이트인 프리챌(www.freechal.com)이다.

대학의 구성원의 인적 자본 근접변수를 측정하기 위하여 〈D학원〉이 제공한 2000년도, 2001년도 대학별 인문계 및 자연계 수능 점수를 합산 평균해 지수화했다. 지방 캠퍼스가 자연계로 특화된 S'대만 제외하고 지방 분교는 제외시켰다.[9] 예측한대로 대학별로 온라인 동문 활동의 차이가 뚜렷하며, 대학 서열과 연줄망 활동은 매우 높은 상관관계를 보이고 있다. 대학 서열과 온라인 동창/동문 커뮤니티 수 순위의 순위 상관계수인 '스페어만 로(Spearman's Rho)'는 .891(조사 당시 커뮤니티를 유지하기 위해서는 일정액을 내도록 유료화한 프리챌의 경우 상관계수는 .964임), 대학 서열과 회원 수 사이의 '스페어만 로'는 0.94로 매우 높게 나타났고 모두 p=0.001 수준에서 통계적으로 유의미했다. 이와 같은 뚜렷한 경향은 활동을 가장 활발히 한다고 프리챌이 평가한 200위 권에 진입한 동문회 활동만을 골라서 분석해 보아도 그대로 드러난다. 120만개의 집단 가운데 200위 권에 진입한다는 것은 매우 적극적인 활동을 하지 않으면 불가능한 일이다. 이 분석에서도 대학 서열과 활동성 사이의 상관 관계가 모두 0.91 이상이어

9) 인적 자본은 물론 개인의 특징이지만, 입학 수능점수에 의해서 생긴 대학의 서열화가 명확한 한국사회에서는 대학의 평균수능 점수를 대학 구성원들의 평균 인적 자본의 근접변수로 사용해도 큰 무리가 없을 듯 하다.

서, 서열이 높은 대학일수록 커뮤니티 활동을 활발히 하는 경향이 매우 뚜렷하다고 결론지을 수 있다.[10)]

위의 결과를 어떻게 해석할 것인지가 중요한 과제로 남는다. 만일 온라인 커뮤니티가 단지 정서적인 유대관계에 대한 욕구 때문에 생기는 것이라고 본다면, 대학별 차이를 설명할 길이 없다. 왜냐하면 정서적 욕구는 대학별로 차이가 있다고 보기 어렵기 때문이다. 대안적 가정으로, 자신이 속한 대학에 대한 프라이드가 달라서이기 때문이라고 예측해 볼 수 있다. 즉, 상위권 대학에 속하거나 졸업한 학생들이 학교에 대한 애착이 남다르다고 볼 수 있다. 이들은 동창과의 관계를 통해서 정서적인 욕구를 충족시키면서, 동시에 동창 간에 도움을 주고 받을 수 있다는 도구적인 필요성을 남들보다 강하게 느낄 것이다. 또 다른 가정은, 상위권 대학들에 많은 수가 진학하는 세칭 일류 고등학교가 존재하며, 이들이 대학 커뮤니티의 기초가 된다고 보는 것이다. 가장 활동적인 200위 권에 든 커뮤니티만 골라서 분석하면 이러한 가설이 지지된다. 즉, 서열 1위에서 5위까지의 상위권 대학의 경우 같은 고등학교 출신자들이 모여서 활동하는 비율이 서열순서대로 16%에서 4%로 일직선으로 떨어지고 있다.

왜 대학 서열과 동문 활동 사이에 뚜렷한 경향성이 존재하는지에 대해서는 더 많은 연구가 필요하지만, 수능점수 몇 점 차이에 의해서 갈라진 대학 입학 이후의 연줄망에는 큰 차이가 존재함을 확인할 수 있다. 이러한 연줄 활동의 차이는 사회적 효과에도 차이를 만들어낸다. 예를 들어 중요 일간지의 부음란에 등장하는 인물의 대학 출신을 살펴보아도 대학 서열과의 관계가 드러난다. 정도가 세월이 갈수록 점차 약해지기는 하지만, 저명한 인사가 아닌 다음에는 중요 일간지의 부음란에 사망 부고기사를 싣는 것은 신문사와 상당한 연줄을 필요로 하는 일이었다. 언론사는 수많은 부음기사 청탁 요구를 선별적으로 수용하는데, 이때 고인의 사회적 명망도, 그리고 고인이나 그 가족의 연줄이 선별 필터로 작용한다. 부

10) 대학들의 입학정원이나 역사를 통제해야 더 엄밀하게 이러한 경향성을 확증할 수 있다. 그러나 수도권 대학 입학정원은 대체로 비슷하며, 인터넷 사용 연령이 20–30대라는 점에서 대학의 역사도 그다지 중요하지 않다고 판단하기에 경향성에 큰 차이가 있지는 않을 것으로 예측된다.

음란에 등장하는 대학출신 빈도의 순서도 대학 서열과 대체로 일치하고 있다. 죽어서도 연줄의 효과가 학벌에 따라 달리 나타나고 있다고 해석할 수 있다. 신문에 보도된 인물동정 기사의 빈도를 살펴보아도 드러나는 경향성은 부음과 매우 유사하다.

사회 엘리트로 진입하는 확률도 출신 학교별로 현격한 차이를 보인다. 사실 한국 사회의 학연이나 학벌이 맹위를 떨치는 이유는 특정 학교 출신이 사회 엘리트로의 진출을 독과점하기 때문이다. 대학의 서열은 그 대학의 교육의 질이나 교육환경보다는 그 대학출신자들이 얼마나 각계에 진출했는가에 의해서도 영향을 받는다. 현황을 살펴보기 위해서 등재되기가 까다로운 연합뉴스 발행 〈연합연감(*Who is Who in Korea*)〉에 수록된 엘리트들의 학교별 분포를 알아보았다. 연감에 수록된 약 11,000명 중에서 출신 고교와 대학을 모두 알아볼 수 있는 사람들 중에서 상위 5개 고등학교와 상위 5개 대학 출신자의 분포를 보면, 대학 출신자 중 79%가 S대, 고교 중 41%가 K고등학교를 졸업한 것으로 드러났다. 엘리트 배출 실적에서의 대학서열은 현재의 대학 입학에 필요 수능점수의 서열과 그대로 일치하고 있다. 앞에서 언급했듯이, 특정 대학에 입학하기 위해 필요한 현재의 수능 점수는 과거의 연줄을 구입하는 가격이라고 해석할 수 있고, 이 가격은 주가 변동처럼 민감하지는 않지만, 연줄의 질 등을 반영하면서 장기적으로 변한다.

엘리트로 진입한 빈도 수를 출신대학과 출신 고등학교의 효과를 로그선형모델로 측정해 보면 1위 대학은 5위권 대학보다 엘리트로 진입할 확률이 138.38($e^{4.93}$)배,[11] C고를 기준으로 K고는 8.67배나 높게 나타난다. 고등학교 사이의 불평등은 대학보다는 훨씬 약한데, 이는 대부분의 효과가 대학에 의해서 흡수되기 때문이다. 예를 들어, K고 출신은 대부분 S대학에 진학하기 때문에, 대학을 통제한 K고의 효과가 작게 나타나는 것이다.

이처럼 학벌에 따른 독과점 현상이 존재하는 이유는 연줄요인과 비연줄 요인으로 나누어 볼 수 있다. 비연줄 요인부터 논의하자면, 우선 소수의 엘리트는 능력의 정규분포 오른 쪽 끝부터 충원하는데, 이러한 능력

11) 대학 서열 1위는 2위보다 12배 정도 엘리트를 배출할 확률이 높게 나타난다.

있는 사람들이 상위권 대학 출신자이기 때문에 이들이 엘리트를 독점하는 것이라고 설명할 수 있다. 예를 들어, 국가고시 합격률은 대학서열을 반영하면서 차이가 난다. 그러나 과연 고등학교 성적으로 결정되는 대학 진학이 과연 사회 엘리트로 진입할 수 있는 능력을 재는 유력한 잣대인가에 대한 의문이 생기기 때문에 이러한 설명을 설득력이 낮다. 사실 대학별 엘리트 진입 불평등은 국가고시 합격률의 차이를 훨씬 상회한다. 또한 사회적 엘리트의 선발과정이 합리적으로 능력을 측정하여 일어나는지에 대한 의구심도 생긴다. 두 번째 가설은 능력에 대한 정보비대칭의 상황에서 학벌이라는 시그널이 중요하기 때문에 시그널에 의한 엘리트 충원이라고 보는 것이다. 이는 상당 부분 설득력이 있지만, 정권교체에 따른 장·차관 영입에서 특정 고등학교 출신이 약진하는 현상을 보면 설득력이 약화된다. 세 번째 가설은 학벌로 엘리트를 충원하면 사회적으로 정당성이 부여되는 사회적 분위기가 있기 때문에 학교 사이에 불평등이 생긴다고 주장할 수 있다. 이 지적도 일리는 있지만, 엘리트 충원에서 대다수의 사람들이 배제되는데, 이들이 학벌에 의한 충원에 정당성을 부여할 것인지는 의문이다.

엘리트 충원의 불평등을 설명할 수 있는 연줄망과 관련된 요인으로는 먼저 눈덩이 굴리기 효과(Snowballing)를 지적할 수 있다. 조그만 눈덩이를 한번 굴렸을 때는 별로 커지지 않지만 굴릴수록 눈덩이가 자라는 속도는 가속된다. 엘리트 충원도 마찬가지여서 아주 미세한 학연의 효과도 굴릴수록 더욱 큰 차이를 낼 수 있다. 서로 노골적으로 끌고 당기는 연줄의 효과가 아니더라도, 단지 누가 장관 후보로 적합한가에 대한 정보의 흐름의 연줄망이나 인사추천의 연줄망에서도 눈덩이 굴리기 효과는 그대로 적용된다. 눈덩이 굴리기 효과는 지수함수적으로 불평등을 확대한다.

연줄 요인과 비 연줄 요인 중 어느 요인이 더 중요한가에 대해서는 더 많은 연구가 필요하지만, 우리 사회에서 학연에 의한 끌고 당기기는 결코 무시할 수 없는 엘리트 충원의 불평등을 낳고 있음을 부인하기 어렵다.

4.6 연줄과 연결

이 장의 마지막 절에서 나는 우리 사회에서 매우 강한 효과를 내고 있는, 특별한 형태의 유유상종인 연줄 현상에 대해서 논의할 것이다. 한국 사회가 산업화를 통한 경제발전을 하면서 연줄이 긍정적인 효과를 만들어 낸 것은 부인할 수 없는 사실이다. 동창들 사이의 계 모임이나, 은행 대출 보증 등은 모두 연줄 안에서 이루어진 것이고, 이를 통하여 사람들은 목돈을 마련하여 사업을 시작할 수 있었다. 정부가 경제발전 정책을 추진하는 경우에도 정부 부처와 재계 사이의 긴밀한 의사소통에 연줄이 작용했고, 기업이 고용을 할 경우에도 연줄을 통한 충원이 기업 내 상호 신뢰를 높여 주어 충성도를 높이고 감시의 비용을 절약할 수 있도록 했다. 에반스(1995)가 지적하듯이, 고시 출신의 고급 관료들 중의 절반이 한 대학 출신이고, 또한 이들 중 절반이 한 고등학교 출신이어서, 관료들 사이의 학연은 정책 조율이나 특정 부서를 뛰어 넘는 정책입안에 막강한 힘을 발휘했다. 동창간의 거래는 계약서조차 작성하지 않으면서 거래비용을 절감하기도 했다. 그러나 연줄은 공정성을 해친다거나, 부정부패의 온상으로 작용하는 등 그 부정적인 결과도 크다는 점을 직시해야 한다. 그렇다면 정보화 사회가 심화되는 미래에도 연줄이 과거와 마찬가지 방식으로 작동할 것인가? 나는 비록 오랜 시간이 걸릴지라도 연줄은 약화되어 갈 것이라고 예측한다. 연줄이 연결로 바뀔 것이기 때문이다. 본격적인 논의에 앞서 연줄과 연결의 개념부터 구분해 보겠다.

4.6.1 개념 구분

어느 회사의 이사가 승진을 했다고 가정하자. 빈자리를 메우기 위하여 영업부장이 승진하고, 또 부장의 빈자리를 메우기 위하여 총무과장이 승진하고, 이러한 일련의 과정은 하위직으로 계속된다. 각 부서간 혹은 직위 사이의 이동이 연결되어 이루어지면서 기회의 사슬이 생겨나는 것이다. 이러한 이동을 여러 번에 걸쳐 관찰한다면, 부서간 혹은 직위 사이의 관계는 복잡하게 얽힌 상수도 배관과 같이 나타날 것이다. 이 배관의 얽힘을 연결망이라고 볼 수 있다. 그러나 이러한 부서 간, 직위 간 연결에서 특정 지역 출신 사람들의 선별적인 승진이 나타났다면 연결망을 따라 일어나는 일련의 움직임은 연줄에 의해서 이루어진 것이다.

위의 예에서 연결은 직위 사이의, 연줄은 사람 사이의 관계를 일컫는 뜻으로 해석해도 무방하나 사람 사이에서의 관계도 연줄과 연결로 나누어야 할 경우가 있다. 필자는 연줄과 연결이 영어 개념으로는 모두 네트워크(network)이지만 두 개념을 구분하는 것이 필요하다고 생각한다. 물론, 이 두 개념을 구분하는 것은 무척 어려운 일이지만, 이념형(ideal type)으로서의 개념 구분을 시도해야만 할 경험적이고 또 도덕적인 당위성이 있다.

나는 연줄은 지연이나 학연, 혈연처럼 특수주의적이고 폐쇄적인 관계인 반면, 연결은 보편주의적 성격에 의해 맺어지는 개방적 관계라고 구분한다. 그리고 사람들이 도구적 행위를 할 때 전자를 후자보다 선호하는 관행화된 행위(social practices), 혹은 이러한 행위를 유발하는 이념 및 제도를 "연줄주의"라고 정의한다. 이 때 선호의 근거는 '관계의 범주(category)가 주는 시그널(signal)에 의해서 형성된다'는 단서가 붙는다. 연줄의 폐쇄성은 범주의 근거가 되는 집단의 경계가 명확하고, 이 경계를 벗어나서는 관계가 성립하지 않는다는 데에서 생긴다.[12)]

물론 이와 같은 추상적인 구분으로 구체적인 현상을 분류하기에는 큰 어려움이 따른다. 가령 어느 결혼식장에 온 (친척을 제외한) 하객들이 연결 관계인지, 연줄 관계인지를 구분하는 것은 불가능하다. 마찬가지로 한 사람이 일상적으로 만나는 사람들을 연줄과 연결로 구분하는 것도 불

12) 여기에서 폐쇄성과 닫힌 연결망(closed network)을 구분하는 것이 중요하다. 닫힌 연결망이란 연결망의 형태가 닫혔다는 말로서, 개방적 연결망도 닫힌 연결망일 수도 있다는 점에 주목해야 한다. 즉 방사선 연결망은 열려 있고, 수레바퀴 모양의 연결망은 닫힌 연결망인 것이다.

가능하다. 그러나 어떤 사장이 신규 직원을 채용할 때(도구적 행위), 그 사람의 능력보다는 그 사람의 출신 지역을 고려하여(지역 시그널이 선호의 근거) 채용을 한다면 그는 연줄주의적 행위를 한 것이라고 말할 수 있다(단, 여기에서 선호를 직접 관찰할 수 없기 때문에 표출된 선호(revealed preference) 가 참된 선호라고 가정한다). 특정한 집단에 대한 혐오감이나 배척을 인종주의(*racism*)라고 정의할 수 있다면 왜 특정한 집단에 대한 선호를 연줄주의라고 정의할 수 없겠는가?

내가 여기에서 시도하는 것은 맺고 있는 관계를 구분하려는 것이 아니라, 관계 맺기의 이념형적 논리를 구분하려는 것이다. 연줄주의를 위에서처럼 정의함에 따라 발생할 수 있는 개념적 혼란에 대하여 더 상세히 논의하면서 구분을 세련화시켜 보자.

첫째, 어떤 종류의 집단 시그널이 선호의 근거로 작용할 때 연줄주의라고 할 수 있는가의 문제이다. 가령 키 작은 사람이 키 작은 사람들을 선호하는 것도 연줄주의인가? 물론 이것은 연줄주의의 정의에서 배제되어야 한다. 즉, 경계가 명확하고 그 구성원들이 집단 정체성(집단의식)을 갖고, 이해를 공유하고 있는 집단으로부터의 시그널이 선호의 근거가 되어야 한다.[13)]

둘째, 선호의 근거가 감정적인가 아니면 나름대로 합리적인 믿음에 의해서 생겨난 것인가의 문제이다. 나는 연줄주의에 근거한 행위가 개인적인 차원에서는 합리적인 행위일 수 있지만, 그 부정적 외부효과가 클 경우에 2차 수준의 집단적인 차원에서는 비최적(suboptimal) 행위라고 생각한다. 여기에서 2차 수준의 집단이란 연줄집단을 둘러싸고 있는 더 큰 사회를 말한다. 가령 특정 고등학교 출신자들의 연줄주의적 행위는 그 고등학교 출신 개인과 그 집단에게는 최적 행위일 수 있으나, 전체 사회에는 비최적 행위가 될 가능성이 높다. 예를 들면, 마피아 조직 내에서의 결속력이 사회 전체에는 해가 되듯이, 연줄주의가 사회에 부정적인 외부효

13) 사르트르의 구분을 따르자면 이러한 집단은 연속집단(series group)이 아니라 용해집단(fused group)이라고 부를 수 있다. 전자의 대표적인 예는 버스타기 위해 줄 서 있는 사람들의 집단이고 후자의 예는 빈번한 상호 작용을 하는 동창생 집단이다(Callinicos, 1988, 5장 1절에서 재인용).

과(negative externality)를 갖게 되는 경우가 종종 있는 것이다. 이것은 열쇠 없이 문을 여는 기술(인적자본)이 이를 획득한 그 개인과 그의 동료집단에게는 득이 될 수 있어도 더 큰 사회에는 해가 될 수 있는 이치와 마찬가지이다. 그러나 나는 연줄주의가 긍정적인 외부효과를 가져올 수도 있다는 점을 부정하지는 않기 때문에 부정적 외부효과를 연줄주의의 내재적 특징으로 정의하지는 않는다. 예를 들어서, 상호부조의 연줄주의는 긍정적 외부효과를 갖는다. 하지만, 공공영역에서 연줄주의에 입각해서 공적 자원을 배분한다면 이는 부정적 외부효과를 갖게 될 가능성이 매우 높다. 따라서 외부효과가 어떤 효과를 갖게 되는지는 경험적인 판단의 대상이 될 뿐이다.

셋째, 연줄이 특수주의적 관계라고 했을 때, 특수주의의 범위는 어디까지인가? 가장 전형적인 특수주의적 집단은 태어나면서 생래적으로 획득하는(ascribed) 집단이다. 집단 정체성을 갖고 있는 혈연집단과 지역집단이 대표적이라고 할 수 있다. 그러나 나는 학연집단과 같이 연줄주의를 의도적으로 지향하면서 성취한 집단(achieved)도 특수주의적 집단에 포함되어야 한다고 주장한다. 모든 성취집단이 연줄집단이 아니라, 의도하지 않고 우연히 멤버십을 획득한 사람들로 구성된 성취집단은 연줄집단에서 배제할 수 있다.

넷째, 연줄주의에 포함된 집단의 구성원은 일반화된 교환(generalized exchange)의 가능성을 배제하지 말아야 한다. 일반화된 교환은 이자교환(dyadic exchange)과 대비되는 교환관계이다. A가 B에게 베푼 것을 B로부터 돌려받을 것을 기대하는 것이 이자교환의 특징이다. 그러나 일반화된 교환은 A가 B에게 베풀면서 B가 아니라 집단의 제3자로부터 혜택이 돌아올 것을 기대하고, 또 실제로 그러한 기대가 이루어지는 경우에 성립한다. 예를 들어 동창생의 부탁을 들어주는 이유는 그 동창생으로부터 직접 혜택을 돌려 받을 것을 기대하기 때문이기도 하지만, 사실은 자신이 동창집단의 의무를 수행하는 충실한 구성원이라는 것을 알리고, 그럼으로써 막연한 미래에 자신이 제3자에게 부탁할 수 있을 것이라는 기대감이 있기 때문이다.

사실 이러한 연줄과 연결의 구분은 궁극적으로 관계를 맺는 사람의 선호의 근거에 관한 심리적 동기에 의존해야 하기 때문에 외부에서 직접적으로 관찰할 수 없다. 따라서 엄밀한 의미에서 과학적인 구분이라고 할 수는 없다. 그렇지만 정치학에서 중요한 구분인 권력(power)과 권위(authority)도 결국은 추종자의 심리적 상태에 의존하여 '자발적 순응'은 권위, 그리고 '강제적 순응'은 권력으로 구분된다. 이 구분은 정치적 현상을 설명하는데 매우 유용하게 사용된다. 어려움에도 불구하고 연결과 연줄을 행위자의 관계 맺기 동기에 근거해서 구분하려는 이유는 연줄의 폐해를 지적하고 우리 사회가 나아가야 할 방향을 제시하기 위해서이다.

4.6.2 연줄주의의 미시적 동기

나는 연줄주의에 입각한 행위를 합리적 행위라고 주장한다. 이 절에서 저자는 우리 나라의 지연을 이용한 엘리트 충원 현상의 미시적이고 합리적인 동기를 밝혀보려고 한다. 정권이 바뀌면 장관이나 차관 등의 중요한 행정보직을 안배할 때 출신지역에 신경을 쓰는 듯 하지만, 결과적으로는 특정 지역편중 인사가 반복되곤 한다. 왜 엘리트 충원에 지역편중 현상이 반복되는지를 설명하기 위해서 필자는 '미시적 동기의(의도되지 않은) 거시적 결과'라는 개념(Schelling, 1978; Giddens, 1981; 1984; Boudon, 1982)을 이용하려고 한다. 즉 엘리트 충원에서의 지역격차는 아무도 의도하지 않은 정치 행위자들의 '미시적 동기의 의도하지 않은 결과'로써 나타난다고 주장하려는 것이다. 여기서 말하는 미시적 동기는 '불확실성(uncertainty)'을 통제하고 줄이려는 동기를 말한다.

불확실성이라는 개념은 조직이론에서 빈번히 사용되는 개념이지만 정교한 개념정의를 발견하기는 어렵다. 불확실성의 차원(dimension)에 대한 몇몇 논의는 있었으나[14] 대부분의 학자들이 불확실성의 종류를 나누거나 불확실성을 야기하는 구체적인 요인이 무엇인지에 대해서는 언급하지

14) 불확실성의 차원에 대한 논의는 동질성-이질성(homogeniety-heterogeniety, Dill, 1958; Thompson, 1967), 복잡성-다양성(complexity-diversity, Lawrence and Lorsch, 1967), 상호연결성-격리성(Pfeffer and Salancik, 1978) 등으로 분류될 수 있다.

않았던 것이다. 나는 조직이 당면하고 있는 불확실성을 네 가지로 분류한다. 첫째, 조직 외부로부터 조직에 대한 정당성을 확보할 수 있는가에 대한 불확실성, 둘째, 조직 내에서 가공하거나 처리하는 자원을 확보하는데 대한 입력(input) 불확실성, 셋째, 조직이 산출한 생산물의 출력(output)에 대한 불확실성, 그리고 끝으로, 조직 내부의 성원들의 통제에 대한 불확실성이 그것이다. 지연에 근거한 연줄주의는 정치조직 내부의 통제에 대한 불확실성을 해결하려는 데에서 발생한다고 나는 생각한다. 고위직 인사에서의 지역차별은 바로 '통제의 불확실성'을 줄이려는 동기에서 생겨난 것이다. 이와 연관된 논의를 토크빌, 틸리, 스카치폴의 연구에서 찾아볼 수 있다.

일찍이 고전사회학자인 토크빌은 프랑스 혁명의 결과가 자유-평등의 실현이라는 원래의 혁명 이념과는 정반대로 왜 국가가 거대한 중앙집권적 조직으로 변하게 되었는지를 질문하고 이를 연구했다(Tocqueville, 1955). 틸리(Tilly, 1975; Stinchcombe, 1959)의 표현을 빌리자면, 혁명 직후에는 누가 적이고 누가 같은 편인지도 모르고 또 여러 집단이 권력을 장악하는 극도로 불확실한 다수통치(multiple sovereignty)의 상황이 벌어진다. 토크빌은 혁명 이후에 국가가 더 중앙 집중화되고 권력기구가 괴물처럼 되어가는 이유는 이러한 통제에 대한 불확실성을 줄이는 방법으로 중앙집권적 관료제를 이용하기 때문이라고 설명한다.

토크빌의 통찰력은 굴드너(Gouldner, 1954)의 조직에 대한 사례연구에서도 전승 발전되었다. 어느 공장에 새로 부임한 공장장은 조직성원들의 지지기반이 없다. 조직의 장이 바뀌는 '지도자 승계상황(succession situation)'하에서의 통제 기반을 확보하는 방법은 명령체계와 감독을 강화하고 엄격한 관료제적 규율을 적용하는 등, 공식적 관료제화를 통해 조직원을 통제하는 것이다. 또한 새로 부임한 공장장은 관료제화와 더불어 주변의 참모들을 자신의 충복들로 '전략적 대체(strategic replacement)' 함으로써 통치 기반을 다진다. 토크빌의 질문은 혁명이론가인 스카치폴에게도 그대로 이어진다. 그녀는 프랑스, 러시아, 중국에서 혁명 이후에 공통으로 나타나는 현상은 국가권력의 공고화와 관료적 중앙집권화라고 주장한다

(Skocpol, 1979: 2부).

토크빌과 굴드너, 그리고 스카치폴로 이어지는 문제의 공통점을 현대의 조직이론으로 풀어서 쓰면, '조직의 지도자가 바뀌는 상황의 불안정한 효과(disruptive effects of succession)를 줄이려는 통제의 전략적 수단으로서 중앙집권화와 참모의 전략적 대체가 이루어진다'는 것이다.[15] 새로운 보스 주변의 참모들이 전략적으로 대치될 때 기존의 연줄에 의존하는 것이 통제의 불확실성을 감소시키기 위한 간편한 수단이 되는 것이다. 이미 문화적으로 연줄을 중요시하는 전통에서 기존의 개인 연줄에 의존한 통제기반의 확립은 조직 내부와 외부에서의 정통성이 부족한 상황에서 불확실성과 거래비용(transaction cost)을 줄이려는 합리적 선택이었던 것이다. 특히 권력자가 자신에게 충성을 약속한 사람에게 초법적인 방법으로 특혜를 제공할 수 있는 경우에 그 권력자에게 돌아가는 권력은 급격하게 증가하게 되기 때문에(Downs, 1967: 70-71), 정당성이 허약한 정권에게는 이러한 미시적 동기가 훨씬 강하게 작용한다. 따라서 우리 나라에서와 같이 매 정권마다 공통으로 나타나는 엘리트의 지역적 편중현상은 위정자의 음모에 의한 것으로 보기보다는 권력자들의 불확실성과 거래비용을 줄이려는 미시적 동기가 누적되어 나타난 '의도되지 않은 거시적 결과'이다.

4.6.3 연줄사회에서 연결사회로

수많은 근대화 이론가나 사회이론가의 예측과 달리 산업화와 자본주의 발전을 겪으면서 한국 사회의 연줄주의는 더욱 공고해졌다. 왜 한국에서는 시장과 자본주의가 보편주의적 관계를 발전시키기보다는 특수주의적 관계를 더욱 발달시켰는지(Chang, Y, 1991)를 탐색하는 것은 중요한 과제이다.

현대의 한국 사회는 연줄에 의존하는 것이 더 합리적이라는 것을 사

15) 지도자 승계의 문제(succession problem)는 국가로부터 기업조직에 이르기까지 여러 종류의 조직의 사례연구에서 검토되었으나 모두 같은 결과에 도달한다(Grusky O., 1961: 261-69; 1964: 96-98; Grusky R., 1960: 114; Helmich and Brown, 1972; Kriesberg, 1962; Meyer and Brown, 1977; Silberman, 1967; 1976; 1982; Trotsky, 1977).

회 구성원들에게 가르치고 있다. 어느 지역 출신자가 대통령이 되는가에 따라 핵심 권력자와 연결망이 통째로 바뀌는 것을 반복해서 보면서 수많은 사람들이 지연과 학연의 중요성을 학습했다. 정치 영역뿐만 아니라 대학 교수를 충원하는 데도 연줄이 작용하며, 기업에 입사원서를 낼 때 집안 유력 인사의 이름을 써 넣어야 하는 경우마저 있고, 하청업체가 대기업에 납품하기 위해서도 연줄이 동원된다. 부패 고리도 연줄망에 의해 이루어진다. 연줄이 중요하다는 것을 배워 깨닫게 됨으로써 사람들은 연줄을 관리하는 데 비용을 지출하기 시작했다. 이러한 연줄 공동체의 강화가 과연 '연결망 사회의 출현'이라는 큰 추세 앞에서 어떤 변화를 겪고, 어떤 효과를 낼 것인가? 이에 대해 나는 도덕적으로나 경험적으로 연줄주의는 약화되어야 하고, 또 장기적으로는 약화될 것으로 전망한다.

역사적으로 연줄은 자생적인 상부상조의 망으로서 발전했기 때문에 연줄에는 자원이 동원되고 배분되는 명확한 경계선이 있었다. '우리'와 '남'을 구분하고, 우리 안에서는 관용과 융통성과 신뢰와 상부상조가 있었다. 경계선을 넘어선 영역의 '그들'은 우리와 무관한 불신의 대상이었다(Fukuyama, 1995).

연줄 내의 유연성은 연줄 경계선 안에서는 긍정적이지만 일반적으로 부정적 외부효과(negative externality)를 낳아 보편적 행위 규약을 무너뜨리고 제도의 예측 가능성을 낮춘다. 연줄에 의해서 국가가 자원이나 특혜를 배분하면 제도에 대한 신뢰가 낮아진다(Hamilton, 1985). 따라서 제도 신뢰의 공백을 메울 새로운 해결책으로 연줄에 더욱 의존하게 되는 악순환이 계속되는데, 그것은 혈연과 같은 연줄로 얽힌 사람을 신뢰하는 사적 신뢰가 제도 신뢰의 공백을 메우는 기능을 수행하기 때문이다. 제도에 대한 신뢰가 낮으면 명백하게 억울한 피해자라도 수사 경찰관에 사적인 연줄을 대야 한다. 기업인들이 정치자금을 바쳤던 것도 어디로 튈지 모르는 권력을 예측 가능한 범위에 두려는 노력의 일환이다. 러시아에서 개혁 실패로 제도에 대한 신뢰가 땅에 떨어지자 마피아가 창궐하는 것도 제도신뢰의 공백에서 생기는 현상이다. 제도에 의해 보호 받지 못하는 사람들이 절대적인 신뢰를 고객에게 제공하는 마피아의 사적인 보호에 의존하려는 것이다. 이러한 연줄주의의 확산은 결국 특혜와 정실주의를 낳고, 사회의 규범과 도덕성을 파괴한다.

동아시아 경제조직과 제도의 특이성에 대한 서구의 연구들은 동아시아 시장에 존재하는 연결망에 주목한다. 이들은 두 가지로 나눌 수 있는데, 동아시아의 경제 기적을 제도화된 '연결망 자본주의의 효율'로서 설명하려는 입장과, 이러한 경직된 연결망은 결국 경쟁시장보다 효율이 낮기 때문에 시장이 성숙할수록 연결망이 약화될 것이라는 '불완전 시장이론'으로 대별된다(Biggart and Hamilton, 1992). 그러나 동아시아 경제에서의 연결망의 지속성을 주장하는 학자들도 각 나라의 내부 경제를 산업별로 분석하면, 경쟁이 강하거나 환경 변화가 빠른 소비재 산업의 경우에는 경직된 연결망이 나타나지 않는다는 것을 인정하고 있다(Dore, 1992). 즉 경직된 연결망의 효율은 경쟁이 극심하지 않은 경우에만 나타나는 것이라 할 수 있다.

그러나 시장과 유사한 연결망, 즉 연결망의 형태와 구성원이 환경 변화에 따라 바뀌는 유연한 연결망의 효율성은 불확실한 환경에서 더욱 두드러진다. 이러한 논쟁을 통해 동아시아 경제도 신속한 환경 변화에 적응하려면 지금의 경직된 연결망을 벗어나 유연한 연결망으로 대체되어야 한다는 것을 배울 수 있다.

연줄주의의 경제적 비효율성을 보여 줄 수 있는 간단한 방법이 있다. 사람들 사이의 상호 작용을 하나의 $(n \times n)$ 행렬에 표시한다고 가정해 보자. 이 행렬은 각 사람들의 속성을 집단화하여 행과 열에 배열한 것이다. 예를 들면 행과 열에 출신 고등학교를 배열했다고 치자. 만일 극심한 연줄주의 때문에 같은 부류에 속한 사람들만 신뢰하고, 거래 관계와 같은 상호작용이 이들 사이에서만 일어난다면, 상호 작용은 이 행렬의 대각선 위에서만 일어나게 된다. 대각선 항(cell)의 숫자는 n이고 대각선 밖의 숫자는 n^2-n이다. 연결망 사회가 도래한다는 말은 연결이 대각선에서 대각선 밖으로 확산된다는 뜻이다. 그리고 사회가 다원화되어 감에 따라서 n은 증가한다. 대각선 밖의 숫자가 대각선보다 $(n-1)$ 배가 많음에도 불구하고 신뢰의 한계가 대각선으로만 제한된다면 사회적인 효율성은 낮아질

수 밖에 없다. 이것이 미래 사회에서는 현재의 연줄주의가 지속될 수 없는 중요한 사회 경제적 이유이다. 따라서 대각선상의 특수주의적 연줄망은 대각선을 넘나드는 보편주의적 연결망으로 대체되어야 하는 것이다.

특수주의적 연줄망이 보편주의적 연결망에 의해서 대체되어야 하는 다른 여러 가지 이유가 있다.

첫째, 연줄망에서는 구조적 부패가 발생하기 쉽다. 서구 정치에서도 연줄망에 의해 움직이는 가신주의(家身主義, Clientalism) 아래서는 부패가 만연했었던 역사가 있다. 그러나 연줄망을 통해 일어나는 우리나라의 부패는 서구의 그것과 비교해 보았을 때 독특한 면이 있다. 서구의 부패는 쌍방적 교환 형태인 데 반하여, 우리나라의 부패는 일반화된 교환의 형태를 띤다. 즉 청탁자와 뇌물을 받는 사람이 일 대 일의 관계에 있는 것이 아니라, 모두가 연줄망에 스며 있어서 책임의 한계가 모호한 경우가 많은 것이다. 연줄망이 이렇게 구조적인 부패로 이용될 때, 사회적 비효율을 낳고 도덕성의 위기를 가져온다.

둘째, 경쟁이 심화될수록 사람들은 연줄망에 의해 독점되는 정보나 통제권에 대한 강한 반발을 보이게 되어 사회적 갈등이 심화된다. 특히 핵심적 연줄망에서 배제된 사람들은 공평성에 대한 요구를 할 것이다, 연줄망에 의존하여 교수를 채용하는 것은 이미 도덕적으로 강한 도전을 받고 있으며, 특히 대학간 경쟁은 능력위주의 충원을 촉진할 것으로 보인다.

셋째, 연줄망 사이의 조정 비용이 크면 사회적 손실이 발생한다. 폐쇄적 연줄망은 내부적으로는 거래 비용을 줄이지만, 동시에 더 큰 단위에서 사회적 조정 비용을 발생시킨다.

넷째, 연줄망은 고착되는 경향이 있지만, 연결망은 유동적이어서 환경 변화에 적응력이 높다. 얼마 전까지만 해도 거대한 재벌기업 체제는 전문경영인보다는 혈족에 의해서 움직였다. 유능한 전문경영인보다는 혈족을 더 신뢰하기 때문이다. 혈연을 넘어서서는 신뢰가 존재하지 않는 기업경영은 환경이 급변하는 경쟁 사회에서는 적합하지 않다. 후쿠야마는 바로 이점 때문에 한국 경제의 미래가 암담하다는 극단적인 비관론을 피력한다(Fukuyama, 1995).

이러한 이유들 때문에 연줄주의는 연결로 바뀌어야 하며, 장기적으로는 그러한 추세가 강화될 것이다. 그렇다면 가장 핵심적인 과제는 연줄 안에 제한된 신뢰를 어떻게 보편적인 관계로 확대하는가이다.

제 5 장 사회적 자본과 연결망

제 5 장

사회적 자본과 연결망

스팅(Sting)이라는 영화에는 다음과 같은 장면이 등장한다. 포커를 하다가 주인공(Robert Redford)은 포카드(four card)라는 행운의 패를 잡는다. 판돈을 계속 올리는 상대방을 따라 가다가, 자신이 소유한 돈이 다 떨어지게 된 그는 패를 탁자 위에 엎어 둔 채 길 건너 있는 은행에 뛰어든다. 처음 만나는 은행원에게 자신이 처한 상황을 설명한 후, 100달러만 빌려주면 판돈을 모두 따게 될 10분 후에 3000달러를 돌려 주겠다고 제안한다. 독자가 이 은행원이라면 어떤 사고 과정을 거쳐 어떤 판단을 내릴 것인가? 혹시 사기를 당하지 않을까 걱정을 하면서 말끔하게 생긴 주인공의 인상착의와 말씨, 태도 등 가능한 한 모든 사회적인 큐(cue)를 동원하여 이 사람이 믿을 만한지를 판단하려고 할 것이다. 확률 계산을 할 줄 아는 사람이라면, 기대 이익과 기대 손실을 계산 한 후에 결정을 내릴 것이다. 주인공을 약간이라도 신뢰한다면 기대 이익이 크기 때문에 위험을 무릅쓰고 투자 결정을 내릴 수도 있는 것이다.

이 영화 장면은 신뢰가 왜 사회학적으로 중요한 주제가 되는지를 보여주고 있다. 이 장면으로부터 몇 가지 사회학적 관찰을 도출할 수 있다. 첫째, 만일 주인공과 은행원 사이에 신뢰가 있다면, 둘에게 모두 이익이 되는 결과를 내게 된다. 즉 신뢰는 협동을 가능케 하고 사회적인 공공선을 만드는 핵심적 기제이다. 둘째, 처음 만나는 사람보다는 반복적인 사회적 관계에 놓여 있는 사람을 더 잘 신뢰한다. 셋째, 신뢰는 '믿는 도끼에 발등 찍힌다' 라는 속담에서 보듯이 항상 위험을 수반하며, 이 위험은 사회적으로 구성된다. 넷째, 사기를 당했을 경우, 상대를 처벌할 수 있는 제도가 제대로 작동하는지에 따라서 신뢰 수준은 영향을 받는다.

신뢰를 주는 사람이나 신뢰를 받는 사람 모두의 이익을 증진시키는 원인이 둘 사이의 관계에 있다면, 사회적 관계에서 오는 생산 요소를 모두 사회적 자본이라고 개념화하자는 논의가 활발하게 진행되고 있다. 친구를 통해서 동원할 수 있는 자원이나 신뢰 등이 사회적 자본의 특정한 요소로 취급되거나 호혜적 규범이나 연결망이 사회적 자본의 핵심으로 취급되기도 한다. 이 장에서 저자는 사회적 자본에 대한 다양한 논의를 분석한다.

사회적 자본은 구직 활동과 같은 개인적 차원의 문제에서부터 경제조직의 효율성, 한 나라의 경제 발전에 관한 논의까지, 근래에 가장 많이 쓰이는 사회학적 개념 중 하나가 되었다. 사회적 자본을 많이 소유한 사람이 직장을 쉽게 구한다거나, 조직 내에서 중요한 정보를 많이 갖고 있다는 등의 연구는 사회적 자본이 개인의 수준에서 어떠한 결과 및 성과를 가져오는가에 대한 연구이다. 그러나 좀더 거시적인 수준에서 사회적 자본을 논의하는 학자들도 있다. 동아시아의 급속한 경제발전의 원동력을 사회적 자본에서 찾고자 하는 시도들로부터 공동체 결속과 같은 문화적 현상과 연관 짓고자 하는 연구에 이르기까지, 광범위한 의미로 많은 주제에 걸쳐 있는 개념이 또한 사회적 자본이다. 이와 같은 사회적 자본에 대한 논의가 확산되는 것은 경제적인 현상에 대한 경제학적 접근과는 다른 새로운 관점을 사회학이 제공하기 때문이다. 아울러 사회적 자본이 개인적인 속성이라기보다는 관계적인 속성이라는 점에서 관심을 끌게 된 것이다.

이와 같은 관심에도 불구하고, 사회적 자본이라는 개념에 대해 반감을 갖는 경제학자들이 많다. 사회적 자본은 개인이 소유할 수 없고, 측정될 수 없기 때문에 자본으로 볼 수 없다는 입장이다(Bowles and Gintis, 2000).[1] 어떤 경제학자는 오히려 사회적 자본을 인적 자본의 일종으로 볼 것을 제안한다. 그러나 사회적 자본은 개인들에 체화된 자본이 아니라, 이들이 직접 맺는 관계 및 관계망으로부터 나타나는 자본이라는 점에서 인적 자본과는 구별되는 개념이다. 사회적 자본이 너무나도 광범위한 분야에서 개념상 편차를 드러내며 사용되고 있다는 점에서 이를 정의하거나 측정

1) 보울스와 진티스는 두레 제도와 같은 '공동체 지배(community governance)'가 사회적 자본보다 더 적합한 개념이라고 주장한다(Bowles and Gintis, 2000: 5).

하기가 쉽지 않기 때문에 인적 자본과의 차별성을 부각시키기가 어렵다.

이 장에서는 사회적 자본에 대한 기존의 연구들을 검토하여 이들이 어떠한 문맥에서 이 개념을 사용하고 있는지에 따라 접근방법들을 분리할 것이다. 특히, 여기에서는 신뢰, 연결망, 사회 규범을 사회적 자본을 구성하는 요소로 보고, 이 개념들과 사회적 자본 개념의 관련성에 대하여 살펴본다.

1 사회적 자본의 개념 정의

다시 강조하지만 사회적 자본이라는 개념은 극히 다양한 의미로 사용되고 있어서 개념들을 정리할 필요가 있다. 사회적 자본이라는 개념이 등장하기 시작한 것은 일상생활과 경제적 효율성을 추구하는 시장에서의 신뢰가 핵심적인 문제라는 점에 대한 인식이 높아지면서부터이다. 한 사회의 문화, 특히 그 사회의 신뢰 수준과 사회규범 그리고 공동체에 대한 의무 등이 경제 효율성이나 경제성장에 지대한 영향을 끼친다면, 이러한 문화적 요소들을 '사회적 자본'이라고 부르자는 제안이 사회학자들에 의해 처음 제기되었다(Coleman, 1988; Putnam, 1995; Fukuyama, 1995; 유석춘 외, 2003).

경제학자들은 중요한 생산요소로서의 자본(physical capital) 이외에 인적 자본(human capital)이라는 개념을 발전시켰다(Schultz, 1961). 근로자의 숙련 수준, 지식, 혹은 건강 같은 개인적으로 체득하여 내화한 생산요소가 인적 자본에 포함된다. 경제학은 경제 발전과 그 나라의 교육 수준과 같은 인적 자본 사이의 관계를 탐구해 왔다. 인적 자본과는 별개로 사회적 자본은 서로에게 이익이 되는 협력을 용이하게 하는 네트워크나 규범, 신뢰와 같은 사회조직화의 특성을 말하는 것이라 할 수 있다(Putnam, 1995: 67).

인적 자본에 반하여 사회적 자본은 개인 내부에 체화(體化)된 것이 아니라 개인들 사이의 관계에 존재하는 특이한 자본이다.[2] 상대방에 대한 신뢰는 나의 특성이나 상대방의 특성이 아니라, 나와 상대방 사이의 관계의 특성이다. 내가 사회적 규범을 지키는 것도 상대방의 행위에 의존한다는 점에서 관계적 행위이다. 예를 들어서 모두 쓰레기를 버리는 곳에서 혼자서만 쓰레기를 줍지 못하는 것이 일반적이며, 모두 문쪽을 바라보고 있는 엘리베이터 안에서 혼자서만 돌아서서 낯선 탑승객을 바라볼 수 없다. 사실 사회규범을 관계적으로 해석하는 것은 규범을 내면화된 것으로만 본 고전 사회학 이론에 대한 반항이다.[3] 규범이 어느 정도 내면화된 것은 사실이지만, 이것이 행위로 옮겨질 때는 행위의 상호 의존성에 의해 크게 영향을 받기 때문에 규범은 관계성에 의존한다고 볼 수 있다.

사회적 자본이라는 개념을 무척 유명하게 만든 콜만은 사회적 자본이란 행위자가 가용할 수 있는 특수한 종류의 자원이라고 본다.

> 사회적 자본은 그것의 기능으로 정의된다. 그것은 하나의 실체가 아니라 두 가지 공통적 요소를 갖고 있는 다양한 실체로 구성된다. 공통 요소란 사회구조에서 생긴다는 점, 그리고 그 구조 안에 있는 행위자나 조직의 특정한 행동을 유발한다는 점이다. 다른 자본과 마찬가지로 사회적 자본은 생산적이며 그것 없이는 가능하지 않은 특정한 결과를 이룩할 수 있도록 한다. 물적 자본과 인적 자본과 마찬가지로 사회적 자본은 완벽하게 등가교환을 할 수 있는 것이 아니다. 특정한 행위를 유발하는 데 가치가 있는 특정한 사회적 자본은 다른 행위자들에게는 아무런 사용가치가 없거나 혹은 해로울 수 조차 있다(Coleman, 1988: 98).

여기에서 콜만은 사회적 자본을 그 생산적인 기능으로 정의하고 있으며, 그 구성요소의 특징으로 사회적 자본이 개인이 소유하는 것이라기보다는, 개인이 동원할 수 있는 자원이며, 이 자원은 사회구조로부터 온다는 점을 강조한다는 점에 주목할 필요가 있다. 의자라는 개념이 특정한

2) 사회적 자본이 개인의 외부에 존재하며 공공재적 성격을 갖기 때문에 콜만은 합리적인 개인들은 사회적 자본에 과소투자하게 될 가능성이 크다고 본다(Coleman, 1988).

3) 규범을 내면화된 것으로 본 오류를 데니스 롱(Dennis Wrong, 1961)은 과잉사회화된 인간 개념(oversocialized concept of man)이라고 비판하였다.

기능을 수행하는 거의 무한하게 다양한 형태의 물체를 지칭하듯이, 사회적 자본이라는 개념도 특정한 생산적 기능을 수행하는, 사회구조로부터 오는 다양한 형태의 실체를 일컫는다고 보는 것이다(Coleman, 1988: 101). 콜만은 사회구조로부터 오는 다양한 실체는 사회규범, 신뢰, 연결망이 주된 형태라고 본다. 사회적 자본을 그 기능으로 정의하는 것은 실체 자체로가 아니라 실체의 결과로 정의하는 기능주의 사고 방식이다.

포테스(Portes, 1995)는 콜만과 달리 사회적 자본을 좀더 제한되게 정의한다[4].

> 연결망에 소속된 덕택으로 희소한 자원을 확보할 수 있게 된 개인의 능력이다 … (사회적 자본을) 획득할 수 있는 능력은 개인에게 내재하는 것이 아니라 개인이 갖고 있는 다른 사람과의 관계에 내재한다. 사회적 자본은 사회적 관계에 자리매겨짐(embeddedness)의 산물이다(Portes, 1995: 12-13).

이 정의에 의하면 콜만이 지적한 세 가지 사회적 자본의 실체 중의 하나인 연결망이 사회적 자본의 핵심 개념이 된다. 즉, 포테스는 신뢰나 규범 등을 연결망의 부수적인 것으로 봄으로써 사회적 자본의 한계를 명확하게 만드는데 성공한다. 포테스는 그레노베터와 마찬가지로 관계적 자리매겨짐과 구조적 자리매겨짐을 구분한다. 전자는 2자 관계에서 놓여 있는 것을, 후자는 더 큰 전체 연결망에 자리 매겨져 있는 것을 의미한다. 물론 후자가 전자보다 규칙 위반자나 배반자를 제재할 수 있다는 점에서 사회적 자본을 효과적으로 동원할 수 있다(1995: 14). 그는 이렇게 정의된 사회적 자본이라는 개념을 통하여 이민자들이 어떻게 이민사회에 정착하고 경제활동을 해 나가는지를 분석한다. 즉 각 나라별로 그들이 동원할 수 있는 사회적 자본의 양이 다르며, 이것이 이민 사회에의 성공적 정착 여부에 중대한 영향을 미친다고 보는 것이다.

---

4) 그러나 1993년 논문(Portes and Sensenbrenner, 1993)에서는 규범적 차원에 강조점을 주면서 사회적 자본이 정의된다. "우리는 집합체의 구성원들의 경제적 목표나 목적추구적 행위에 영향을 주는 행위에 대한 기대를 사회적 자본이라고 재정의 한다." 행위에 대한 기대는 사회적 규범의 핵심 요소이다.

포테스도 콜만과 마찬가지로 사회적 자본이 드러난 효과로 사회적 자본을 정의하는 공통점이 있다. 즉, 콜만이 사회적 자본의 기능으로 사회적 자본을 정의하듯이, 포테스도 연결망에 소속됨으로써 자원을 동원할 수 있는 능력으로 정의하지만 이 능력은 드러나기 전에는 알 수 없는 능력이라는 면에서 연결망의 효과로 정의하기는 마찬가지이다.

이와는 대조적으로 후쿠야마는 사회적 자본을 "둘 이상의 개인들 간의 협력을 촉진하는 비공식적인 규범(Fukuyama, 1999: 1)"이라고 정의한다.

> 사회 자본을 구성하는 규범들은 두 명의 친구 사이에 존재하는 호혜적 규범에서부터 기독교나 유교와 같이 복잡하고 정교하게 명시된 교리까지 매우 광범위하다. 이들 규범들은 실제적인 인간관계 속에서 구체화된다. 예를 들어, 호혜적 규범은 나와 모든 사람의 관계 속에 잠재적으로 존재하지만, 그것이 현실화되는 것은 나와 내 친구 사이의 관계 안에서이다. 이 같은 정의를 따르면 신뢰나 네트워크, 시민사회, 그밖에 사회자본과 관련된 것들은 사회자본의 결과로서 생겨나는 부수적 현상일 뿐 사회자본 자체를 구성하는 것은 아니다.

후쿠야마가 분명하게 하려는 것은 사회적 자본의 개념적 실체와 그것이 드러나는 효과 사이의 구분이다. 그는 규범이 가장 밑바탕에 있으며, 이것이 드러나는(manifest) 것이 신뢰와 네트워크 혹은 시민사회의 결사조직들이라는 것이다. 그의 주장은 설득력이 있지만, 이를 호혜적 규범이라고 부르지 않고 굳이 사회적 자본이라고 이름을 바꾸어야 하는 이유를 납득하기 어렵다. 뿐만 아니라 규범이라는 소프트웨어를 본원적인 것으로 설정함으로써 하드웨어로서의 네트워크나 결사조직 등에서 생성되는 호혜적 규범 등은 설 자리를 잃게 된다. 즉 관념론적 접근을 택함으로써 유물론(materialism)적 접근의 유용성을 잃은 것이다. 특히 그는 자신이 호혜적 규범이라고 정의한 사회적 자본이 공적 재화가 아니라 사적 재화라고 주장하는 어처구니 없는 오류를 범한다. 규범이 사적 재화라면 사적으로 내면화된 규범을 지칭하는 것인데, 그렇다면 이 규범은 상대방이 어떤 규범을 가졌는가에 관계없이 고정되어 있어야 한다. 과연 상대가 늘 배반을 하더라도 자신은 늘 호혜적인 규범을 갖고 있는 사적 재화로서의 규범이 가능한가? 내면화된 규범이 관계적인 성격을 갖는 순간, 사회적 자본은 사적 재화이기를 멈추는 것이다.

퍼트남은 시민사회에의 참여 정도로 사회적 자본을 정의하는데, 그 이유는 시민사회에 참여함으로써 협력을 가능케 하는 연결망, 규범, 신뢰와 같은 사회조직화의 특성을 획득할 수 있기 때문이다(Putnam, 1995). 예를 들어, 교회, 노동조합, 보이스카우트 등의 단체에 가입하면 이러한 단체에 소속함으로써 하게 되는 활동 외에도 좋은 이웃과 동료들을 만나 대화를 나누고 이를 통해 사회적 관계를 쌓을 수 있는 기회 등을 얻을 수 있다. 결국, 그 역시 포테스와 마찬가지로 시민사회의 자발적 결사체에 참여함으로써 시민들 사이에 축적되는 연결망, 그리고 연결망 안에서 지속적인 상호작용의 결과 발생하는 시민의식이나 규범과 신뢰를 사회적 자본이라고 보았다고 할 수 있다.

사회적 자본에 대한 가장 명확한 정의는 린(Lin)에 의해서 내려졌다. 그는 자본에 관한 경제학적인 이론의 줄기를 이어받아 사회적 자본이란 "[넓은 의미의] 시장에서의 이익을 기대하고 사회적 관계에 투자되는 것"이라고 정의했다(Lin, 2001: 19). 경제학의 자본 이론에 의하면 생산요소의 하나인 자본이 투자되면 시장에서 이윤을 창출하고, 지식이나 숙련에 투자하면 인적 자본으로 나타난다. 마찬가지로 시간과 돈과 같은 자원을 사회적 관계에 투자하면 그 결과로서 관계를 통해 획득할 수 있는 자원이 생기는데(Lin, 2001: 23), 이를 사회적 자본이라고 부르자는 것이다. 린에게서 사회적 자본이란 관계에 투자하는 것을 지칭하는지, 아니면 투자의 결과로서 관계로부터 동원할 수 있는 자원을 지칭하는 것인지는 모호하지만, 아무튼 그의 업적은 자본에 관한 마르크스 이론에서 출발하여 슐츠의 인적 자본 이론을 거쳐, 사회적 자본 이론을 '투자의 관점'에서 정립하려고 시도한 것이라고 할 수 있다.

정리하면, 사회적 자본이라는 개념을 가장 자주 사용되는 사회학적 개념의 하나로 발전시킨 콜만은 사회적 자본의 요소로서 신뢰와 연결망 그리고 사회규범을 주목하고 있고, 퍼트남도 이러한 전통을 따른다. 반면에 포테스와 후쿠야마는 이들 요소 중에서 각기 하나만 즉, 전자는 연결망만을, 후자는 규범만을 강조함으로써 사회적 자본의 다의성을 제한하려고 노력한다.

린의 경우는 규범적인 요소 등은 완전히 무시하고 사회적 관계에 대한 투자라는 관점에서 사회적 자본이론을 정립하려고 시도했다. 이러한 변이에도 불구하고 다양한 논자들을 통해서 사회적 자본 논의에서 신뢰와 연결망, 사회규범의 세 개념이 핵심적인 위치를 차지함을 알 수 있다. 따라서, 필자는 다음 절에서 이상의 세 가지 개념을 사회적 자본의 핵심요소로 파악하고 이들을 더 자세히 살펴보려고 한다.

5.2 사회적 자본의 개념요소

바다 물 속에 사는 게는 흔들리는 물의 파동을 감지하여 자신에게 닥칠 위험에 대해 경계한다. 그러나 바다 게는 모든 파동에 반응하는 것이 아니라 일정한 크기 이상의 파동에만 반응을 보인다. 아주 미세한 파동에도 경계반응을 보인다면 이는 게에게 큰 비용이 될 것이다. 경계비용과 안전수익을 계산한 진화과정의 결과로 반응해야 할 적정한 물파동의 크기가 결정된 것이다.

인간이 위험을 감지하는 방식은 게와 비슷한 점이 있다. 인간이 사회생활을 하면서 자신에게 다가오는 모든 사건을 위험요소로 파악하여 언제나 이에 대비한다면 삶을 꾸려 나갈 수조차 없다. 은행에서 은행원에게 돈을 건네 주며 입금할 때 과연 그 은행원이 나의 계좌에 돈을 넣을 것인지를 의심한다면, 우리는 은행을 이용할 수조차 없다. 은행원이 고객의 돈을 계좌에 입금시키리라는 기대가 있고, 돈을 가로챌 경우 법과 제도가 은행원을 처벌하고 피해를 보상해 줄 것이라고 믿기 때문에 우리는 처음 만나는 은행원에게 별 의심 없이 입금할 돈을 건네 줄 수 있다. 마찬가지로 이발소의 면도사가 나의 목을 베지 않을 것이라는 믿음이 없다면 우리는 처음 보는 사람이 든 칼 아래 자신의 목을 맡길 수도 없을 것이다. 이러한 믿음이 신뢰이며, 신뢰 없이 인간은 사회에서 살아갈 수조차 없다.

신뢰 없이 살 수 없지만, 항상 신뢰하면서 살 수도 없다는 점이 바로 신뢰의 파라독스이다. 바다 게가 일정한 크기 이상의 파동에 반응하듯이, 혹은 사슴이 비일상적인 소리에만 귀를 쫑긋하듯이, 인간도 특정한 상황이 닥치면 상대방이 믿을 만한 사람인지에 대하여 계산하고 관찰하며 또 감시한다. 아래 사진에서 미녀에게 한눈을 파는 면도사 때문에 일그러진 면도 받는 남자의 표정은 평상시 의심 없이 부여하는 사소한 신뢰가 특정한 상황에서 얼마나 큰 위험을 수반하는지를 재미있게 보여 주고 있다. "믿는 도끼에 발등 찍힌다"는 속담에서처럼, 아름다운 여성을 바라보고 싶은 면도사의 사적 이익 추구에 의해서 면도사에 대한 신뢰가 무너지고 있는 상황을 이 사진은 보여 주고 있다.

이처럼 신뢰는 언제나 위험을 수반한다. 그러나 상대방이 자신과 지속적인 관계를 하는, 즉 연결망에 의해 맺어진 사람이라면 신뢰가 수반하는 위험은 어느 정도 줄일 수 있다. 연결망 안에서는 정보가 흐르는 속도가 빠르고 제3자 감시로 서로 지켜보기 때문에 함부로 행동하지 못한다. 이것이 연결망 안에서 신뢰가 높아지는 근본 이유이다.

이 절은 신뢰와 사회적 자본과 연결망이라는 서로 긴밀하게 관련되어 따로 떼어 놓고 볼 수 없는 세 가지 개념에 대해서 개괄적으로 논의한

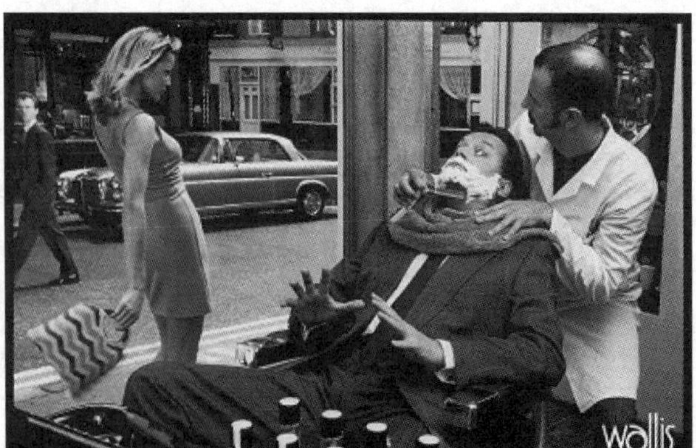

다. 두 가지 대립된 실제 사례를 분석하면서 얽혀 있는 각각의 개념을 풀어 나가보자.

〈사례 1〉은 공공 재화를 사유재산화함으로써 '집합행동의 문제(the collective action problem)를 해결한 경우이다. 즉, 에스키모인들이 공동 재산이었던 비버의 멸종이라는 공공재화의 문제(public good problem)의 심각성을 깨달았지만, 죄수의 딜레마 게임에 직면하여 집합 행동의 문제를 해결하지 못하고 있었다. 이들이 사냥터를 각자에게 분할함으로써, 즉 공유지에 사유재산 제도를 들여 옴으로써 외부 효과는 내부화되었고, 비버 포획량은 자율 조절되었다. 사유재산 제도와 사냥터가 지켜지는지를 감시하는 지배기구(monitoring governance)가 생겨났다. 작은 에스키모 마을에 시장과 국가가 생겨난 것이다.

〈사례 2〉는 〈사례 1〉과는 정반대로 기존의 사유재산을 연합하여

사 례 1

영국을 중심으로 먼저 발전한 자본주의가 전세계로 퍼져 나가면서 많은 변화를 가져왔다. 먹기 위해 농사를 짓던 제3세계의 농민들은 시장에 내다 팔 수 있는 환금 작물을 경작하기 시작했고, 이로 인해 농민의 생활은 세계 곡물시장의 가격 변동에 직접적인 영향을 받게 되었다. 자본주의의 가공할 만한 힘은 북미 에스키모 마을에까지 파급되어 그들의 삶의 방식을 바꾸기 시작했다. 에스키모 인들은 전통적으로 자신들이 필요한 만큼의 비버(beaver)를 잡아 그 고기와 가죽을 생필품으로 사용해 왔다. 그러나 자본주의의 영향으로 비버 가죽에 대한 서구 사람들의 수요가 급증함에 따라서 가격도 오르게 되었다. 그들은 비버를 더 많이 사냥하여 시장에 내다 팔기 시작하였고, 몇 년 동안 이러한 상황이 계속되자 사냥감이 점점 줄어들게 되었다. 에스키모 인들은 이대로 사냥을 계속하면 비버가 곧 멸종하여 자신들이 실생활에서 사용할 가죽조차 얻지 못하게 될지도 모른다는 위기감을 느끼기 시작했다. 그렇지만 다른 사람들이 포획량을 줄이지 않는데 자기 자신만 줄인다면 손해라고 생각한 그들은 계속 그대로 사냥을 했다. 마침내 에스키모의 지도자들은 여러 차례의 회의를 거쳐 이 문제의 해결 방안으로 각자에게 사냥 영토를 정해 주기로 결정했다. 비버가 서식지를 자주 옮겨 다니지 않기 때문에, 사냥 영토를 정해 주면 자신들의 영토에서 비버가 멸종되지 않도록 사냥을 줄일 것이라는 점에 착안한 것이다(Oberschall and Leifer, 1986).

사 례 2

1960년대 중반 일본의 토야마 항만(Toyama Bay)에는 어민 조합이 생긴 이래 지금까지 성공적으로 운영되고 있다. 여기에 가입한 어민들은 고기와 새우를 잡아 생긴 수입을 서로 나누어 갖고, 그물 수선비와 선박 운영비 등의 비용을 공동으로 부담한다. 이들은 수입만 나누는 것이 아니라, 매일 고기가 많이 잡히는 장소와 잡는 방법 등을 서로 가르쳐 준다. 교육을 더 받은 사람들은 최신 초음파 장비 등의 사용법을 다른 어민에게 가르쳐 주며, 선배 어부는 후배 어부에게 오랜 경험의 비법을 전수한다. 이처럼 수입과 비용을 공유하는 것은 어민들로 하여금, 전혀 못 잡을 위험부담은 있지만, 더 많은 고기가 잡히는 곳으로 출항할 수 있게 한다. 한마리도 못잡아도 최소한의 수입은 보장되어 있기 때문이다. 정보의 공유는 어선 사이에서 생길 수 있는 어획량의 차이를 줄이는데 기여한다. 조합은 또한 고기를 한 마리도 잡지 못했을 경우에 조차도 수입을 나누어 갖도록 하는 사회 보험 기능까지도 수행할 수 있었다(Platteau and Seki, 2002).

(pooling) 공동으로 관리하는 공동체가 생겨난 경우이다.[5] 이 어민 조합 공동체가 성공하려면 해결해야만 하는 문제가 만만치 않다. 수확량에 관계없이 수익을 공동으로 배분하면, 열심히 일하지 않는 어부가 생기지는 않을까, 공동으로 지출하는 비용을 속이거나, 어획고를 빼돌려 시장에서 몰래 팔지는 않는가, 나아가 다른 사람들보다 더 많은 어획고를 올렸는데 자신에게 돌아오는 선택적 보상을 요구하지는 않는가 등이다. 이 모든 문제는 어민 조합원들 사이의 신뢰가 없었다면, 혹은 공동체(연결망)가 없었다면, 그리고 규범을 지키지 않았다면, 전혀 해결 가능하지 않은 일이다. 어민들 사이에는 사회적 자본이 있었기에 어민 조합이 높은 생산성을 낼 수 있었던 반면, 에스키모인들은 사회적 자본을 축적하지 못하고 사유재산 제도(시장)로 문제를 해결했던 것이다.

먼저 이 두 가지 사례를 통하여 신뢰와 연결망과 규범 사이의 관계를 간단히 정리해 보자. 신뢰는 배반의 위험을 감수하고 공동의 이익을 위해 상대방이 상호 협력할 만한지에 대한 주관적인 믿음이다. 에스키모인들은 남보다 더 많은 비버를 잡고, 토야마의 어민들은 잡은 물고기를 빼돌

5) 이러한 공동체를 연결망 지배기구(network governance)라고 부르는데 이에 대한 자세한 논의는 7장에서 다룰 것이다.

림으로써 더 큰 사적인 이득을 얻을 수 있는 가능성 아래 놓여 있었다. 그러나 에스키모인들은 사유재산제 시장과 지배기구를 들여온 반면, 일본의 어민들은 협력과 자율적 조정의 공동체를 도입했다. 다른 결과가 나타난 이유는 각각이 구성하는 연결망 형태 및 촌락구조와 관련이 있다. 어민 조합처럼 그 안에 있는 사람들이 상호 작용을 빈번히 하는 경우 긴밀한 연결망이 존재하며, 그 안에 신뢰가 축적된다. 신뢰의 축적은 호혜적인 협력을 가능하게 하는 상호부조의 규범이 자리잡도록 하여 어민 조합의 경우처럼 생산성을 더욱 높이는 기능을 한다. 반면에 에스키모인들의 마을 사이에는 지리적 조건 때문에 그다지 긴밀한 연결망이 존재하지 않는다. 마르크스가 마을 상호 간의 연결망이 빈약하기 때문에 농민들에게는 사회주의 혁명 역량이 없다고 지적하면서 이들을 '푸대 속의 감자'라고 지칭한 것과 마찬가지 이유에서, 에스키모인들은 신뢰나 규범과 같은 사회적 자본을 생산해 낼 수 없었던 것이다. 이처럼 신뢰와 연결망, 사회적 규범은 서로 엇물려 있기 때문에 서로 분리하기가 거의 불가능하다.

필자는 신뢰와 규범, 그리고 연결망을 사회적 자본을 구성하는 개념 요소로 파악하지만, 사회적 자본 자체가 이들 개념 요소들이 나타내는 효과에 의해 관찰되는 것이라고 본다. 부연하면, 연결망과 규범, 그리고 신뢰의 넓은 범위 중에서 경제적 효율성을 제고하거나 경제를 성장시키는 등, 긍정적인 영향을 미치는 측면만을 사회적 자본이라고 보는 것이다. 자본이라는 단어를 사용한 이상, 모든 자본의 공통적 속성인 생산성과 연관지어야 한다는 것이 필자의 생각이다. 그러나 마피아의 사회적 자본처

그림 5-1 신뢰, 연결망, 사회적 규범의 관계

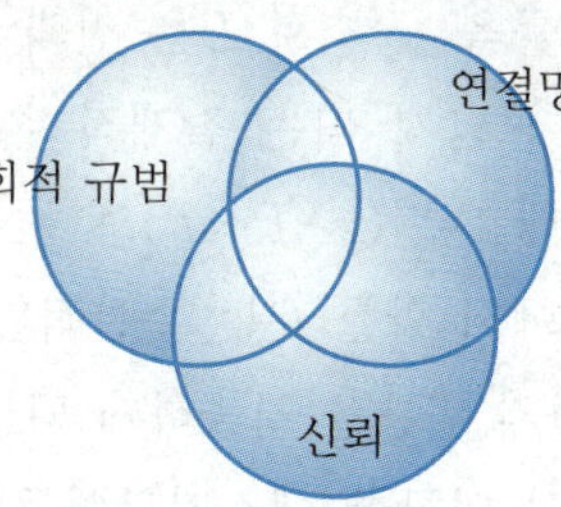

럼 한 집단 내에서 긍정적인 효과가 사회 전체에는 부정적인 영향을 미치는 경우도 있다. 이러한 경우에도 소집단 내의 긍정적 효과에 주목하여 마피아 내의 규범이나 신뢰 등도 사회적 자본의 요소라고 개념화할 수 있다. 이 세 개념의 관계는 〈그림 5-1〉과 같이 중첩된 형태에 가깝다고 볼 수 있다.

5.3 신뢰와 거래비용

신뢰에 대한 많은 논의에도 불구하고 아쉽게도 아직 합의된 명쾌한 정의는 없다. 사실 신뢰의 개념화는 매우 어려운 작업이 아닐 수 없다. "신뢰라는 개념을 신뢰할 수 있는가"라는 갬베타(Gambetta, 1988)의 질문은 이러한 어려움을 상징적으로 표현하고 있다. 그 자신은 신뢰를(Gambetta, 1988: 217) 기본적으로 확률이라고 정의한다. 즉, 다른 행위자나 행위 집단이 특정한 행동을 할 것이라고 기대하는 한 행위자의 주관적 확률이라는 것이다.

신뢰를 확률로 개념화하는 또 다른 대표적인 학자로는 콜만(Coleman, 1990)을 꼽을 수 있다. 그는 한 행위자가 다른 행위자를 신뢰할 수 있는 조건을 $P \times G > (1-P) \times L$으로 설정한다. 여기에서 P는 신뢰 받는 대상이 기대한대로 행동할 확률을, G는 신뢰 받는 대상이 기대대로 행동했을 때 신뢰하는 사람이 받게 되는 잠재적 이익을, $(1-P)$는 기대한대로 행동하지 않을 확률을, 끝으로 L은 신뢰 받는 대상이 신뢰를 져버렸을 때 신뢰하는 사람이 받게 되는 잠재적 손실이다. 콜맨에 의하면, 기대 이익($P \times G$)이 기대 손실($1-P \times L$)보다 클 때 상대방을 신뢰하게 된다고 주장한다. 여기에서 확률 P는 주관적일 수밖에 없다. P가 낮으면 감시 비용 등 여러 가지 비용을 지불하게 되는 경우가 종종 있다.

앞 절에서 언급한 에스키모인들은 다른 마을 사람들이 자신들의 사냥 영토를 침범하지 않을까를 감시하는 비용을 지불해야 한다. 마찬가지로 사적 이익을 추구하는 시장에서 거래를 할 경우 사람들은 신뢰가 없으면 혹시 사기를 당하지 않을까를 염려하여 여러 가지 보호막을 친다. 특히 금액이 큰 거래일수록 거래 상대방이 어떤 사람인지에 대하여 정보를 구하고, 구입하는 물건이 믿을 만한 것인지를 여러 경로를 통해서 검증한다. 필요한 경우에는 변호사의 도움을 받아가며 계약서를 작성하고, 일어날지도 모르는 돌발사태에 대비하여 계약서 내용을 꼼꼼히 검토한다. 납품된 물건이 견본과 일치하는지도 면밀히 조사하며, 계약 위반사항이 발생할 경우에는 상대에게 시정을 요구한다. 상대가 이에 응하지 않으면 법정 투쟁도 불사해야 할 경우도 있다. 예를 들어, 1960년대 말에 엠파이어 스테이트(Empire State) 빌딩의 매매가 성립되어 계약서를 작성하는데 200여 명의 변호사가 1년 동안 매달려 400여 페이지에 달하는 깨알 만한 글씨의 계약서를 작성했다고 한다(Macaulay, 1963). 변호사에게 지불된 비용만해도 실로 엄청난 것이었다.

한 건의 거래를 마무리 짓기 위해 지불하는 이와 같은 탐색비용, 계약비용, 감시비용, 법정비용 등을 망라하여 신(新)제도주의 경제학자들은 '거래비용'이라고 부른다. 경제 행위자는 생산비용이나 유통비용 등과는 별도로 거래비용이라는 막대한 비용을 지불하는 것이다. 그러나 거래 당사자가 정말로 신뢰할 만한 사람이라고 믿는다면 이와 같은 막대한 거래비용을 낮추거나 없앨 수도 있다. 만일 경제 제도에 대한 신뢰가 없다면 낯선 사람과의 거래는 피하게 될 것이다.

1997년 말에 불어 닥친 경제위기의 와중에서 우리 사회 신뢰에 대한 논의가 급증한 것은 당연한 현상이다. 기업이 정부 정책을 못 믿고, 은행이 기업을 믿지 못하며, 기업주는 종업원이 기업 비밀을 빼돌리지 않을까 걱정하여 감시비용을 지불하며, 외국 자본은 한국 기업의 회계를 믿지 못해 투자를 꺼린다. 당리당략을 일삼는 정치가들이 수립하는 국가정책을 믿지 못해서 발생하는 기업비용과 금융비용 등은 모두 사회적 자본이 낮아서 발생하는 비용이다. 결론적으로 경제위기는 바로 신뢰의 위기에서 발생했다는 분석이 설득력 있게 제시되었다. 만일 우리 사회에 신뢰가 없어서 발생하는 경제적 비용의 총량을 잴 수 있다면 그 크기는 과연 얼마나 될까. 어느 학자의 추계처럼 생산비용의 총합보다도 더 크지는 않을까? 정부나 기업 사이의 신뢰뿐만 아니라 일상생활에서 일반인들이 지불하는 불신의 비용이나 기초질서를 지키지 않아서 발생하는 사회적 비용까지 합한다면 신뢰가 엄청난 경제적 자산임을 부인할 수 없다.

5.4 신뢰의 유형[6]

신뢰란 얼마나 믿을 수 있는가를 수량화 한 확률인가? 아니면 개인에게 내면화 된 감정적 또는 성향적 특성인가? 신뢰란 경제학자들이 논하는 바와 같이 정보 상품으로서, 신뢰에 대한 합리적인 투자가 가능하다고 설정할 수 있는 개념인가, 아니면 신뢰란 제도적 · 구조적으로 고착된 것인가? 혹은 몇몇 사회학자들이 주장하듯이 개인적인 수준으로 환원할 수 없는 사회적 규범인가? 한마디로 요약하여, 신뢰란 개인적 특성인가, 집단적 특성인가, 아니면 관계인가? 이와 같은 신뢰를 둘러싼 다양한 질문들에 대한 학계에서의 합일된 답은 없다. 여기서는 신뢰에 대한 정의를 내리는 대신 신뢰를 이루는 중요 요소들을 찾아 내고 유형을 나누어 봄으로써 신뢰의 범위를 한정 짓도록 한다.

우선 신뢰의 첫번째 요소는 신뢰의 대상이 되는 행위자의 행동에 대한 기대이다. 기대를 할 때 불확실성(uncertainty) 또는 위험(risk)의 존재는 신뢰의 전제조건이다. 다시 말해, 모든 것이 확실하고 모든 결정에 위험부담이 없다면 애초에 신뢰라는 문제는 제기조차 되지 않았을 것이다. 둘째로, 행위에 대한 주관적 기대는 신뢰 관계가 신뢰자와 피신뢰자 모두에게 이익이 된다는 기대를 포함해야 한다. 따라서, "나는 그 사람이 나에

6) 이 절은 Kim, Y H & Sohn, J S(1998)과 김용학 · 이무원(2000)의 일부분을 수정 · 보완한 것이다.

게 해를 입힐 것을 믿는다" 또는 "나는 그를 신뢰하지만, 나는 그가 나에게 손해를 입힐 것이라는 것도 확신한다" 등의 경우는 신뢰의 범주를 벗어난다. 셋째, 상대방이 신뢰를 져 버렸을 경우에 이에 대한 제재 수단(sanction)이 있어야 한다. 이 경우 관계를 끊는 것이 가장 수동적 형태의 제재가 되며, 적극적인 제재는 배반한 사람에 대한 나쁜 소문을 퍼뜨리거나 직접적으로 손해를 입히는 행동을 취하는 것이다. 끝으로, 신뢰자와 피신뢰자의 관계는 자발적이어야 한다. 따라서, 외압에 의해 '강제된 신뢰'는 신뢰에서 제외된다.

신뢰를 유형화한 대표적인 학자로는 주커(Zucker, 1986)가 있다. 그는 신뢰를 〈표 5-1〉에서 처럼 과정의존적 신뢰, 특성의존적 신뢰, 제도의존적 신뢰로 구분한다. 과정의존적 신뢰란 지속적인 상호 작용을 통해서 축적되는 신뢰를 지칭한다. 특성의존적 신뢰란 한 개인이 속하는 집단의 귀속적 특성, 즉 집단이 주는 신호(Signal)에 의해서 형성되는 신뢰이다. 그 집단이 갖는 특성에 근거하며, '어느 학교 출신은 믿을 만하다'라는 식의 신뢰가 이에 속한다. 제도의존적 신뢰란 공식적인 제도가 제공하는 신뢰이다. 개인의 평판이나 귀속적인 특성과는 상관없이 공식적으로 제도나 조직이 특정 행위자는 신뢰할 만하다고 보증해 주는 신뢰로써, 학위나 자격증 등에 의해서부여되는 신뢰가 이에 속한다.

표 5-1 신뢰의 생산방식에 의한 유형

신뢰의 유형	근 거	근거의 예	신뢰 구축방안
과정의존적 신뢰	반복되는 교환	평판	신뢰에 대한 투자(타인에게 양도될 수 없으므로 신뢰에 대한 시장 부재)
특성의존적 신뢰	개인이나 집단의 귀속적 특성	혈연, 인종, 성	신뢰는 주어지는 것
제도의존적 신뢰	공식적인 사회제도	신뢰를 제공하거나 보증하는 제도나 조직	신뢰에 대한 투자 및 구매

자료: Zucker(1986: 60).

이러한 분류는 신뢰가 어떤 과정을 통해서 생성되는지, 즉 신뢰 생산의 원천에 초점을 맞춘 유용한 것이지만, 신뢰의 근거를 신뢰하는지에 대한 물음이 간과되고 있다. 예를 들어 제도의존적 신뢰를 마련하는 공적 제도를 신뢰하는가에 대한 고려가 없다는 단점이 있다. 전쟁과 같이 공적 제도에 대한 신뢰가 땅에 떨어지는 사회적 상황에서는 금융기관이 발행하는 수표가 종이 쪽지가 될 수 있는 것이다. 이러한 점에 착안하고, 신뢰에 대한 경제학적 접근방식과 사회학적 접근방식의 차이에 주목하여 나는 새로운 신뢰 유형을 제시하려고 한다.

5.4.1 정태적 신뢰와 동태적 신뢰

신뢰에 대해서는 뚜렷한 대립적인 시각이 존재한다. 신뢰를 확률로 보는 것과 신뢰를 사회적 규범으로 인지하는 시각의 대립이 그것이다. 전자는 주로 경제학자의 입장으로서 신뢰할 만한지를 항상 계산한다는 것이고, 후자는 합리적 선택이론을 제외한 사회학의 입장으로서 신뢰는 내면화된 사회규범의 일종이라고 본다. 둘 사이의 근본적인 차이는 사람들이 손익을 계산하여 신뢰하기를 결정하는가 여부에 달려 있다. 나는 이 두 입장이 타협할 수 있는 방법이 있다고 본다. 나는 "신뢰 확률을 고치는 빈도(frequency of probability update)"의 연속선을 설정하자고 제안한다. 이 연속선의 한쪽 극단에서 행위자들은 상대방이 어느 정도 신뢰할 만한 사람인가를 끊임 없이 감시하면서 신뢰 수준을 즉각적으로 결정하고 바꾼다. 다른 극단에서는 신뢰를 내면화하여 신뢰 확률을 계산하지도 않고 신뢰 정도를 전혀 바꾸지 않는다. 경제활동을 하면서 시장에서 계약을 맺을 경우가 앞의 경우이고, 가족 내의 구성원에 대한 신뢰가 후자에 속하게 된다. 이를 기호로써 표시해 보자.

$$T_{ijt} = f\{\Theta + T_{ij(t-1)} + (\Theta \times T_{ij(t-1)})\}$$

시점 t에서 i가 j를 신뢰하는 정도는 신뢰의 초기값(Θ)과 그 이전 시점의 j에 대한 신뢰 수준, 그리고 이러한 두 항 사이의 상호 작용에 의해 영향 받는다. 여기에서 신뢰의 초기값(Θ)은 개인적인 특성으로, i가 아무런 정보 없이 처음 만나는 사람에게 부여하는 신뢰 수준이다.[7] 어떤 사람은 상대가 누구이든지 우선 불신으로 출발하는 반면, 어떤 사람은 사람을 너무 쉽게 믿어 낭패를 당하기도 한다. 신뢰 수준은 상대방에 대한 행동을 감시함으로써 수정된다. 여기에서의 핵심은 (t) 시점과 ($t-1$) 시점 사이의 시간 간격 Δt이다. 만일 매 순간 상대에 대한 신뢰 수준을 조정한다면 이는 신뢰의 확률 계산을 끊임 없이 조정한다는 것이고, 신뢰가 내면화된 규범이라면, Δt가 매우 긴 시간인 것이다. 즉, 서로 대립적으로 보이는 신뢰에 대한 경제학과 사회학의 접근이 사실은 Δt의 차이에서 기인한다고 볼 수 있다. 저자는 Δt값이 긴 경우를 **정태적 신뢰**, 짧은 경우를 **동태적 신뢰**로 구분한다. 상대방이 신뢰할 만한 사람인지에 대해 끊임없이 정보를 수집하면서 신뢰 확률을 조정하는 경우가 경제학적 접근인 동태적 신뢰이고 한번 믿으면 이유불문하고 계속 믿는 경우가 사회학적 접근인 정태적 신뢰이다.

루만은 행위자가 위험을 의식하는가의 여부에 의해 '확신'과 '신뢰'를 구별한다. 그는 신뢰 정도를 감시에 의해 결정하지 않는 경우를 '확신(confidence)'이라고 지칭하는데(Luhmann, 1988: 97) 이를 나의 기호로 설명하면 높은 T수준과 긴 Δt가 있는 상황을 일컫는다. 예를 들어, 내가 은행 창구 직원에게 입금신청서와 함께 돈을 건네 줄 때, 나는 그 은행원이 내 돈을 횡령할 것이라고 생각하기 보다는 내 계좌에 입금시킬 것으로 기대한다. 우리가 은행에 대한 확신이 있기 때문에 은행원이 손님의 돈을 가로챌 가능성이 있음에 불구하고 대개의 경우 이런 대안적 상황을 의식하지도, 은행원에 대한 신뢰를 계산하지도 않는다. 그렇지만 공권력이 무너진(가령 전쟁이 벌어진) 상황이라면 이야기는 달라진다. 은행 손님은 은행원과 은행제도의 신뢰성을 계산하기 시작하기 때문에 동태적 신뢰에 접어든다. 대안적 상황을 의식하고 있음에도 불구하고, 즉 행위자가 위험을 인지하고 있음에도 불구하고 보내는 믿음을 루만은 '신뢰'라고 부른다.

콜만(Coleman, 1990: 99)은 행위와 결과의 시(공)간의 차이로 인해 신

7) Θ에 시간 첨자 t를 붙이지 않은 이유는 신뢰 초기값은 잘 변하지 않기 때문이다.

뢰의 문제가 발생한다고 주장한다. 즉, 행위자는 미래의 무언가를 기대하면서 현재의 행위를 선택하는데, 이 때 존재하는 시간의 차이로 인해 행위자는 미래의 이익을 위해서 지금은 손해를 감수해야 하는 경우가 발생한다. 따라서, 합리적인 행위자라면 손해를 입을 가능성, 이익을 볼 가능성, 예상되는 이익과 손해의 크기 등을 고려하여 신뢰를 할 것인지의 여부와 신뢰의 수준을 결정하게 된다. 이 경우, 신뢰는 신뢰가 없었더라면 불가능했을 일을 가능하게 한다. 이런 유형의 신뢰는 각종 투자나 매매계약 등과 같은 경제 활동의 순간 순간에서 수없이 찾아볼 수 있다.

저자는 루만이 확신이라고 부른 것도 신뢰의 한 유형으로 간주해야 한다고 주장한다. 은행원에 대한 확신이나 가족 내에서 자식에 대한 확신도 일반적인 신뢰 개념에 포함될 수 있기 때문이다. 즉, 확신이란 신뢰의 정도가 매우 높으며 신뢰의 수준을 늘 감시하여 결정하지 않는 경우라고 개념화 할 수 있는 것이다. 저자는 이와 같이 당연시 된 신뢰를 정태적 신뢰 혹은 '상태로서의 신뢰(trust as a state)'라고 분류한다(김용학 · 이무원, 2000). 이러한 유형의 신뢰는 공유하는 규범 또는 이데올로기 등에 기반하고 있으면서, 비계산적이고 정서적인 특성들을 가지고 있다.

반면에 어느 정도 신뢰할 수 있는가를 끊임없이 감시하는 경우를 동태적 신뢰 혹은 '사건으로서의 신뢰(trust as an event)'라고 부르려 한다.[8] 이 유형의 신뢰는 신뢰자의 과거 경험과 추가되는 정보에 기반하고 있다. 따라서 전자의 경우보다 더 계산적이며, 감정의 개입은 덜하다. '사건으로서의 신뢰'는 동태적이기 때문에 벌어지고 있는 상황과 경험에 민감하게 반응한다. 그러나 두 종류의 신뢰는 단절적으로 구분되는 것이 아니라, 신뢰가 어느 정도 유동적인가라는 연속선상 위에 놓여 있다.

사건으로서의 신뢰는 동태적인(dynamic), 즉 매우 유동적인 형태의 신뢰이다. 신뢰자의 신뢰 수준은 과거 경험과 피신뢰자의 사회적 평판 등에 의해 통계적으로 결정된다. 신뢰를 할 것인가 하는 결정은 이익을 볼 가능성, 잠정적인 손실액과 기대되는 이익의 크기 등에 대한 계산을 통해 이루어진다. 신뢰하는 행위 자체가 개인의 누적된 경험과 신뢰대상에 대

8) Δt가 매우 작은 상황이다.

한 사회적 평판에 근거해서 확률적으로 결정되는 '사건'이다. 신뢰를 사건으로 개념화하면 반복적 만남, 지난 만남의 기억, 그리고 집단 내의 신뢰자의 분포 등이 개안 간의 신뢰를 형성하는 데 필수요건이 된다는 점에 초점을 맞출 수 있다. 신뢰에 대한 대부분의 경제학적 접근들이 이와 같이 신뢰를 개념화한다. 일반적으로는 관계가 오래 되지 않은 사람들과의 접촉이나 위험부담이 큰 상황에서 사건으로서의 신뢰가 나타나게 된다.

반면에 '상태로서의 신뢰'는 정태적(static) 신뢰이다. 장기간의 신뢰관계를 갖게 되면, 사람들은 신뢰확률을 내면화하게 되어, 덜 계산적이 되며 신뢰도를 거의 바꾸지 않게 된다. 자식이 부모를 속여도, 부모의 자식에 대한 신뢰는 즉각적으로 떨어지지 않는 경우가 정태적 신뢰의 좋은 예이다.

5.4.2 사람에 대한 신뢰 대 제도에 대한 신뢰

"나는 그를 신뢰한다"라고 말할 때, 우리는 정확하게 무엇을 신뢰하고 있는 것일까? 신뢰 연구는 신뢰에 대한 대상을 불명확하게 하여 곧잘 혼동을 일으키기도 한다. '무엇을 신뢰하는가'의 질문은 신뢰를 개념화하는데 하나의 분류 축을 제공한다.

신뢰는 대상에 따라서 크게 '사람에 대한 신뢰'와 '제도에 대한 신뢰'로 나눌 수 있다(Giddens, 1990). '사람에 대한 신뢰'는 신뢰의 가장 기본적인 형태로서, 사적인 형태의 신뢰이다. 그리고 이는 다시 사람의 '능력에 대한 신뢰'와 '의도에 대한 신뢰'로 나눌 수 있다. 능력에 대한 신뢰는 신뢰의 대상이 될 사람이 특정 작업이나 역할을 얼마나 잘 수행할 수 있는가에 대한 믿음이다. 기업체가 신입사업을 선발할 때, 지원자의 능력에 대한 신뢰가 채용 결정에 관건이 된다.

우리가 일반적으로 "나는 너를 신뢰해"라고 말할 때는, 아마도 행위자의 의도에 대한 신뢰를 의미할 것이다. 사실 이 유형의 신뢰야말로 가장 안정적인 형태의 신뢰이다(Hawthorne, 1988). 세상은 불확실하기 때문에 상황의 변화에 따라 행위자도 변할 수밖에 없다. 이런 세상에서 신뢰할 수 있는 사람이란 상황의 변화에도 불구하고 나에게 해를 입히지 않을 뿐 아니라, 나아가 득이 될 수도 있다는 믿음을 주어야 한다. 이것은 그 사람의 의도를 믿지 않고서는 불가능하다. 그러나 불행히도 낯선 사람의 의도까지 믿을 수 있다는 것은 현실 세계에서는 사실상 불가능하기 때문에, 결국 사적인 친분이나 혈연만이 의도에 대한 신뢰를 가능하게 하는 유일한 관계로 남는 경우가 많다. 현대 도시와 같은 환경에서 매일 수백 또는 수천 명의 낯선 사람들을 만나며 살아야 하는 대부분의 사람들에게 이것은 우울한 결론이 아닐 수 없다.

물론, 사람에 대한 신뢰는 매개체의 역할도 하기 때문에 직접 알지 못하는 사람을 신뢰할 수 있게 한다. 쉽게 말해서, 내 친구를 믿기 때문에, 내 친구의 친구를 직접 모르더라도 믿을 수 있게 된다는 것이다. 그러나 이러한 연줄 형태의 사적인 신뢰는 여전히 제한적일 수밖에 없다. 이런 사적인 연결망은 우리 사회의 학연 · 지연 · 혈연의 연줄망과 같이 폐쇄적인 이익집단으로 변질될 우려가 많다. 따라서 연줄이 닿는 사람하고만 관계를 맺을 수 없는 현대 사회의 특성상 사회적으로 요구되는 형태의 신뢰란 혈연이나 친분을 넘어설 수 있는 신뢰이며, 이것이 가능할 때 사회적 협동이 가능하게 된다.

여기서 '제도에 대한 신뢰'의 필요성이 부각된다. 이 유형의 신뢰는 본질적으로 사적일 수밖에 없는 신뢰가 공적인 형태로 된 것이다. 제도에 대한 신뢰는 일상적으로 공유하고 있는 상식과 일상생활에서의 반복적인 경험과 관련이 된다. 제도는 특정 상황에서는 특정한 행동을 해야 한다는 규정성을 갖고 있기 때문에, 행위자가 그 상황을 접할 때마다 무엇을 어떻게 해야 할 지를 몰라 우왕좌왕하지 않을 수 있도록 한다. 즉, 제도는 행위자가 어떤 상황에서 어떤 행동을 해야 할지 지침을 주는 자원과 같은 속성을 갖고 있는 것이다. 따라서, 제도에 대한 신뢰가 있을 경우에는 특정 상황에서 어떤 일이 벌어질 것이라는 예측이 가능하기 때문에, 미래에 대한 불확실성과 선택에 대한 위험 부담을 줄일 수 있게 해 준다. 동시에 제도는 기대된 행동을 일탈할 경우 이에 대한 '제재'도 가하게 된다. 제재에는 '주위의 따가운 시선'으로부터 법적인 제재에 이르기까지 다양한 방법이 있을 수 있다.

제도에 대한 신뢰는 한 사회가 유지되고 발전하는데 필수적이다. 물건을 팔고 돈을 받는 단순한 행동도 제도에 대한 신뢰가 없으면 불가능하다. 받은 돈이 종이조각이 아니라고 믿는 것은 제도를 신뢰하기 때문이다. 전쟁 시에는 이렇게 당연해 보이는 신뢰조차 깨져, 돈보다는 금이 통용되는 것을 보면 일상생활에서 제도에 대한 신뢰가 얼마나 중요한지 알 수 있다. 제도에 대한 신뢰가 낮으면 예측가능성이 떨어지기 때문에 사람들은 불안해 하고 경제활동은 위축된다. 따라서 제도 신뢰의 공백을 메울 새로운 해결책이 나타난다. 이미 언급한 바 있듯이 러시아에서 개혁 실패로 제도에 대한 신뢰가 땅에 떨어지자, 마피아가 창궐하는 것도 이런 맥락에서 이유를 찾을 수 있다. 이 과정은 갬베타(Gambetta, 1988)의 이탈리아 마피아 연구에 분석되어 있다.

갬베타는 이탈리아의 시실리 지역에서의 제도에 대한 낮은 신뢰와 마피아의 번영 사이에 악순환의 고리가 있다고 본다. 믿을 수 있고 효과적인 법의 집행을 기대할 수 없는, 즉 법 제도를 믿을 수 없는 시실리의 상황에서 위법 행위나 배반 행위가 처벌을 받게 될지는 불확실하고 예측도 불가능하다. 이 경우 사람들은 약속을 지키지 않게 될 가능성이 농후하며, 따라서 사람에 대한 신뢰도 떨어진다. 결국 사람들은 잘 아는 사람들만을 신뢰하게 되어 가족주의가 발달하게 된다. 신뢰의 반경에 들어있지 않은 사람들과 거래 할 경우에는 마피아에 보험을 든다. 만일 상대방이 배신한다면 마피아가 무자비한 처벌을 하게 되므로 상대방이 배반하지 않을 것이라는 믿음이 생기게 되는 것이다. 간략히 말해서 공적 제도에 의해 보호 받지 못하는 사람들이 절대적인 신뢰를 고객에게 제공하는 마피아에 의존하게 되며, 마찬가지로 제도에 대한 낮은 신뢰는 사적인 연줄망을 발달시킨다. 수사기관에 대한 제도적 신뢰가 낮으면 수사관에게 연줄을 대어야 하며, 그 결과 혈연과 같은 연줄로 얽힌 사람을 신뢰하는 사적 신뢰가 제도 신뢰의 공백을 메우는 것이다.

정리하면, 제도는 특정한 행위를 가능하게도 하고(enabling) 동시에 제약(constraining)도 하기 때문에(Giddens, 1984: 25), 제도에 대한 신뢰는 벌어지고 있는 상황을 예측 가능하고 안정적으로 대처할 수 있게 해 준다. 따라서, 제도에 대한 신뢰는 서로의 의도를 모르는 행위자들간 상호간에도 신뢰가 가능하게 해 준다. 따라서, '제도에 대한 신뢰'와 '행위자에 대한 신뢰'는 서로 역동적으로 연결되어 있다. 제도에 대한 높은 신뢰는 행위자에 대한 신뢰를 높여, 연줄망 안에 있지 않은 행위자들에 대한 신뢰도 가능하게 한다.

제도에 대한 신뢰는 특정 행위자에게 직접 신뢰를 부여하기도 한다. 자격증, 학위, 인증, 시험제도, 신용등급 등은 제도가 직접 사람에 대해 신뢰를 부여한 대표적인 사례들이다. 예컨대 회사에서 신입사원을 채용할 때, 비록 지원자가 회사 직원과 사적인 관계가 없더라 하더라도 학위나 자격증 등은 이 지원자의 능력을 신뢰할 수 있게 하는 근거가 된다.

이상에서 논의한 신뢰에 대한 두 가지 축을 교차하면 네 가지 신뢰의 유형이 나누어진다. 〈표 5-2〉는 유형들에 따른 현실 사례들을 정리한 것이다.

혁명과 같은 정치-사회적 위기나 국가 파산과 같은 경제 위기의 상황에서는 제도에 대한 신뢰가 B에서 D로 변한다. 위기의 충격으로 제도에 대한 신뢰가 '계산적인 신뢰'로 바뀌는 것은 제도에 대한 극도의 불확

표 5-2 신뢰유형 및 예

	사람에 대한 신뢰	제도에 대한 신뢰
상태로서의 신뢰 (정서적)	**정태적 사적 신뢰:** 마피아 집단 내의 신뢰, 혈연(학연 · 지연)에 대한 신뢰 A	**정태적 공적 신뢰:** 추상적 제도(화폐, 과학 등)에 대한 신뢰 B
사건으로서의 신뢰 (계산적)	**동태적 사적 신뢰** 계약자에 대한 신뢰 C	**동태적 공적 신뢰** 개혁정책에 대한 신뢰, 투자 대상국의 경제 제도에 대한 신뢰 D

실성에서 기인한다. 군대가 자국민을 향해서 총부리를 겨누고, 믿었던 은행이 붕괴하여 원금조차 찾을 수 없고, 국가 정책의 효과가 예측 불가능하게 되는 상황이 바로 이러한 전환을 재촉한다. 제도에 대한 신뢰가 정태에서 동태의 상황으로 바뀜에 따라, 사람에 대한 신뢰도 '정서적 신뢰'에서 '계산적 신뢰'로 바뀌게 된다. 평상시 믿고 지내던 친구가 혁명군에 쫓기고 있으니 숨겨달라고 하거나, 경제 위기의 상황에서 돈을 꾸어달라면 평상시와 달리 다시 한번 그의 신뢰수준을 계산하게 된다. 사적 신뢰를 지지해 줄 공적 신뢰가 없기 때문이다. 즉, B→D로의 변화는 행위자 차원에서 A→C로 신뢰 부여 방식을 바꾸도록 한다. 물론 동태적 신뢰가 반드시 낮은 신뢰를 의미하는 것은 아니지만, 일반적으로는 불확실성이 높은 위기의 상황에서의 계산적 신뢰는 신뢰수준을 낮추는 경향이 있다.

5.5 사회적 자본이 사용되는 문맥

사회적 자본에 대한 두 개의 홈페이지를 소개하면 이 개념이 경제학이나 경영학에서 어떻게 활용되는지 분석 수준의 두 극단을 알 수 있다. 하나는 미국 시카고 대학의 경영학과 교수로 있던 웨인 베이커가 설립한 회사의 홈페이지[9]이고, 다른 하나는 주로 경제학자들이 주도권을 잡고 있는 세계은행(World Bank)의 홈페이지이다.[10] 앞의 회사는 사람이나 회사가 맺는 인간관계나 조직 관계를 분석하여 어떻게 하면 더 효율적이고 생산적인 관계 맺기를 할 수 있는지를 컨설팅하는 회사이다. 연결망에서 생기는 사회적 자본의 축적을 도우려는 회사로서 회사 광고 내용도 사회적 자본을 소개하는 것으로 채워져 있다. 이는 개인 수준의 사회적 자본을 활용하는 전형적인 예이다. 한편 세계은행에서 설립한 홈페이지는 한 나라

9) http://www.humaxnetworks.com/

10) http://www.worldbank.org/poverty/scapital/

의 경제 발전이나 빈곤 퇴치를 위해서 사회적 자본이 얼마나 필요한가를 역설하는 내용으로 꾸며져 있다. 뿐만 아니라, 한 나라의 범죄율을 낮추거나 교육 수준을 높이고, 심지어는 공공 위생을 증진시키는 데도 사회적 자본이 필요함을 여러 학자들의 연구 결과를 첨부하여 설명하고 있다. 이것은 국가라는 거시적 수준에서 형성된 사회적 자본을 활용하는 예를 보여준다. 이 두 가지 예를 통해, 컨설팅 회사로부터 세계 기구에 이르기까지 사회적 자본이 다양하게 활용되고 있음을 알 수 있다.

사회적 자본은 이토록 다양한 의미로 사용되고 있다. 나는 이처럼 하나의 개념을 정의하는 것이 어려울 경우 유용한 방법은 그 개념을 연역적으로 정의할 것이 아니라 개념이 나타나는 문맥을 통하여 그 개념이 어떻게 사용되었는지를 파악하는 귀납적(inductive) 구별화 작업이라고 생각한다. 즉 그 개념이 지칭하는 속성(intensional attributes)의 공통분모로부터 귀납적으로 정의하려고 한다면, 그 개념은 너무 일반화되어서 텅 빈 개념이

표 5-3 사회적 자본이 사용되는 문맥

개념요소 / 축적되는 곳	신 뢰	연결망(연결도)	사회규범
개 인	① 개인의 평균적 신뢰 성향(퍼트남)	④ 연결을 통해 개인이 동원할 수 있는 자원(관계적 자리매김)	⑦ 내면화된 행위문법
관계적 구조	② 대상에 따라 다른 수준의 신뢰를 부여하고 호혜성에 대한 기대도 다름	⑤ 연결망 공동체가 동원할 수 있는 자원(구조적 자리매김)	⑧ 연결망 규약(convention)
사회-문화	③ 배반에 대한 사회적 기억, 평균적 개인 신뢰성향의 총합	⑥ 결사조직 멤버십(퍼트남)	⑨ 호혜성과 제재의 규범

될 수 있다. 따라서 사회적 자본이라는 개념이 사용되는 문맥을 검토하여 개념적 다양성을 정리할 필요가 있다. 필자가 그 개념이 등장하는 문맥의 다양성을 분류하기 위해서 〈표 5-3〉에서 제시하는 두 가지 분류 축은 첫째, 사회적 자본이라는 개념이 지칭하는 요소와, 둘째 사회적 자본이 축적되는 장소 두 가지이다.

개념이 지칭하는 요소란 신뢰, 연결망, 그리고 사회규범이고, 사회적 자본이 축적되는 단위, 다시 말하면 사회적 자본이 축적되는 장소는 개인, 관계적 구조, 그리고 사회(문화)로 구분할 수 있다. 이 두 축이 교차하는 항에 따라 다른 사회적 자본의 의미가 생겨난다.

신뢰가 개인 안에 축적된다 함은 신뢰 성향이 개인마다 다르다는 점을 나타낸다. 후쿠야마(Fukuyama, 1995)처럼 개인의 신뢰성향의 평균이 높은 사회를 사회적 자본이 많은 사회라고 부를 수 있다는 주장은 ①항에 근거한 것이다. 신뢰는 개인이 아니라 관계성 자체에 생성되는 경우도 있는데, 이는 대상에 따라 신뢰 수준이 달라진다는 점에 주목한다. 사회적 자본이란 이런 관계적 신뢰의 총량으로 개념화할 수 있다(②항). 끝으로 신뢰가 더 거시적인 차원인 사회-문화에 축적된다고 개념화할 수 있는데, 이는 사회가 배반자 혹은 신뢰할 만한 사람에 대한 평판을 얼마나 오랫동안 잘 기억하는지에 따라 그 사회의 사회적 자본의 양이 달라진다고 보는 것이다(③항).

연결망도 신뢰와 마찬가지로 개인의 속성일 수도, 관계적 속성일 수도, 사회문화의 속성일 수도 있다. 한 개인이 자신이 알고 있는 사람을 통해서 동원할 수 있는 자원의 총량은 개인이 소유한 사회적 자본이라고 할 수 있다(④항). 마찬가지로 동창 집단과 같은 연결망 공동체가 공동체 내부와 외부에서 동원할 수 있는 자원의 총량도 그 공동체의 사회적 자본이라고 개념화할 수 있다(⑤항). 끝으로 한 사회가 얼마나 많은 연결망을 활성화하고 있는가도 그 사회의 사회적 자본이라고 개념화할 수 있는 것으로서, 퍼트남이 연구한 사회 내의 자발적 결사체의 숫자 등이 그 지표가 될 수 있다(⑥항).

마지막으로 사회적 규범이 개인에게 내면화된 정도에 따라 그 개인의 사회적 자본이 달라질 수 있다. 질서의식이 없이 난폭운전을 일삼고, 자기 통제력이 낮은 사람은 사회적 자본이 낮은 사람이다(⑦항). 규범은 개인이 아니라 반복되는 상호 작용의 관계성 자체에 축적되기도 하는데, 관계에 대한 규약(convention)[11]과 같은 것이 그것이다. 관계를 맺은 사람들끼리 동일한 행위 유형을 갖는 것을 선호하게 되는 규약의 생성은 사회규범이 관계망 안에 내재하도록 하는 것이어서 효율을 높이는 데 도움을 준다(⑧항). 사회적 규범이 사회-문화의 차원에 축적되는 것은 어쩌면 동어반복일 정도로 자명한 일인데, 여기서는 특히 신뢰를 저버린 자들에 대한 제재를 사회규범이 제공한다는 점을 지목해야 한다. 사실 제재 가능성은 사회규범의 필수적인 요소이다. 새치기하는 사람들에 대해 도덕적, 규범적 제재를 할 수 있는 사회가 사회적 자본이 높다고 볼 수 있다(⑨항).

이상에서 사회적 자본의 개념요소들이 축적되는 단위에 따라 사회적 자본이 다른 의미를 갖고 사용된다는 점을 보여 주었다. 이제 이 세 가지 개념 요소들 사이의 관계에 대해서 논의해 보자. 사실 이 셋은 서로 떼어 놓고 생각할 수조차 없을 정도로 얽혀있지만, 이들 사이의 관계를 저자 나름대로 도식으로 정리하면 〈그림 5-2〉와 같다.

신뢰와 연결망은 이중적인 관계로써 신뢰는 연결망을 창출하고, 연결망은 신뢰를 낳는다.

① 신뢰의 축적은 연결망의 결속을 강화하고, 불신 대상자는 연결망에서 배제하거나 제재를 가해 연결망 내의 위험요인을 제거한다.

② 연결망은 신뢰가 축적되는 중요한 장으로써, 연결망 안에서의 누적적인 상호작용의 경험을 통해서 신뢰가 생겨나고 안정화된다. 연결망

11) 루이스(Lewis, 1969)는 규약을 다음과 같이 정의한다. 집단 P에 속한 행위자들이 반복적인 상황 S에서 규칙적으로 R을 행하고, P의 구성원이 S의 상황에서 다음과 같은 조건을 충족시킬 것이라고 알고 있으며 또한 실제로 그럴 경우 이를 규약이라고 부른다.

- 거의 모든 사람들이 R을 따른다.
- 거의 모든 사람들이 다른 사람들도 R을 따른다고 기대한다.
- 거의 모든 사름들의 행위 선호도가 거의 동일하다.
- 거의 모든 사람들이 R을 따를 경우, 이들은 신규 가입한 한 사람도 이를 따르는 것이 더 좋다고 생각한다.
- 거의 모든 사람들이 R*를 따르면 이들은 신규 가입한 한 사람도 R*를 따르는 것이 더 좋다고 생각한다.

그림 5-2 사회적 개념요소 사이의 관계

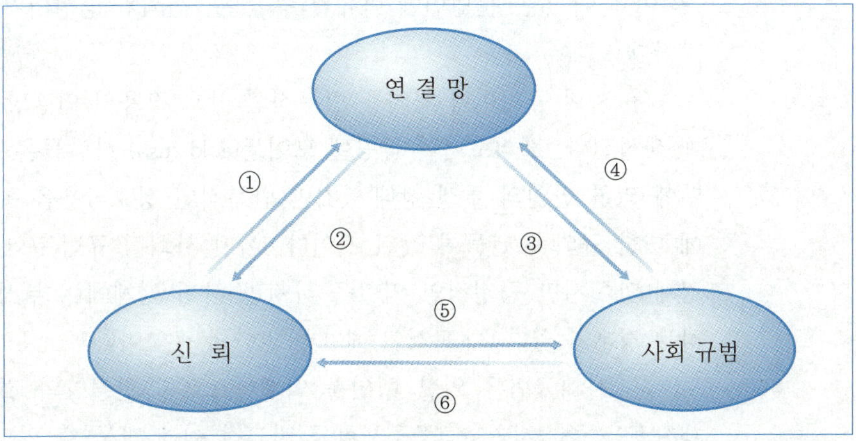

은 또한 3자 감시가 용이하고 구성원에 대한 정확한 정보가 빠르게 흐르므로, 배반의 확률을 낮춘다. 또한 연결망은 전이에 의해서 신뢰가 창출되도록 한다. 가)와 나)는 직접 모르지만 둘이 모두 다)를 강하게 신뢰할 경우, 다)에 대한 신뢰가 전이되어서 가)와 나) 사이에 신뢰가 생성되는 것이다.

②의 과정, 즉 연결망이 신뢰를 창출하는 데에 영향을 미치는 요인은 다음과 같다. 첫째는 연결망의 지속성과 접촉빈도이다. 연결망이 장기간 지속할수록, 그리고 빈번하게 상호 작용할수록 신뢰는 강해진다. 둘째는 연결망의 중첩성(multiplexity)이다. 사람이나 조직들이 여러 종류의 연결망에 의해 중첩적으로 연결될수록, 신뢰는 더욱 강해진다. 세 번째는 상징의 공유이다. 연결망에 속한 구성원들은 다양한 의례(예를 들면, 동창회나 체육대회)를 통하여 상징적 정체감을 만들어 나간다. 네 번째 요소는 연결망의 동질성이다. 연결망 구성원 모두가 서로 연결된 수평적 연결망이 스타 연결망보다 신뢰를 낳는 데 더 유리하다. 설혹 위계적 연결망이라 할지라도 중앙과 변방 사이에 존재하는 층위가 눈에 보이지 않을수록 신뢰형성에 유리하다. 비유로 설명하여 보자. 연결망은 눈사람을 만들 때 굴리는 눈덩이와 같은 속성을 지닌다. 맨 땅에서 굴린 눈덩이는 크기가 불어나면서 겹 사이에 흙이 묻어 눈덩이 사이에 층이 생기게 되지만, 아

스팔트 위에서 굴린 눈덩이는 겹 사이에 단절이 없다. 층위의 가시성은 '흙'이 묻어 있는 눈덩이에 비유될 수 있는, 신뢰가 형성되기 어려운 연결망이다.

③ 사회 규범이나 규약은 반복적인 상호 작용의 연결망 안에서 빠르게 생성된다. 캘리포니아 금광에 모여든(gold rush) 사람들은 초기에는 '만인에 의한 만인의 투쟁 상태'였지만 반복적인 상호작용을 통해서 채굴권에 대한 규약을 만들어 갔던 것이다. 어떤 사회적 규범(규약)은 연결망의 경계 안에서만 긍정적인 역할을 하지만 사회 전체에는 부정적인 역할을 하는 경우가 있다. 대표적인 예가 마피아의 규약이다.

④ 사회규범은 일탈 행위를 억제함으로써 연결망의 결속을 다져서 생산성을 증가시키고, 공공재화를 비교적 쉽게 만들 수 있도록 한다. 규범을 일탈할 경우 연결망 공동체에서 축출하기도 한다.

⑤ 신뢰가 사회 규범에 미치는 단기적인 인과적 영향은 없지만, 장기적으로 신뢰는 공동체 구성원들이 전체의 이익에 헌신하도록 하는 규범을 내면화하도록 한다. 상대를 신뢰하지 못하는 상황에서는 상대의 행위를 예측할 수 있도록 하는 규범이 작동하지 못하는 것이다.

⑥ 사회 규범은 제재를 통하여, 혹은 개인에게 내면화된 규범을 통하여 신뢰와 협동을 유도한다.

이상에서 나는 사회적 자본이라는 개념이 사용되는 다양한 문맥의 유형을 구분해 본 후, 사회적 자본의 요소 간의 인과적 관계에 대하여 논했다. 다음 절에서는 사회적 자본을 측정하려는 시도들을 살펴보려고 한다.

5.6 사회적 자본의 측정: 행위인가 태도인가

사회적 자본이라는 개념은 매우 유용한 개념이지만, 위에서 살펴본 바와 같이 의미의 다양성과 모호성 때문에 경험적으로 접근하기가 무척 어려운 것은 사실이다. 따라서 물적 자본처럼 한 개인이나 집단, 혹은 사회의 사회적 자본의 총량을 잴 수 있는 방법은 거의 없다. 그렇지만 사회적 자본을 측정하는 두 가지 흐름을 구분할 수 있다. 하나는 시민 사회의 활성화나 시민 참여 활동, 범죄율이나 이혼율과 같은 통계치, 혹은 실험에서의 신뢰와 협동 등, **행위**를 중심으로 재는 것이고, 다른 하나는 설문 문항 등으로 **태도**에 관한 조사를 실시하여 측정하는 것이다. 행위를 측정하든 태도를 측정하든 어느 것도 만족할 만한 지표가 되지 못하는 것은 사실이다.

바로 이 때문에 '미국에서 사회적 자본이 고갈되어 간다'는 퍼트남의 논제는 논쟁만 가열시켰지 경험적인 답으로 접근하는 조짐이 보이지 않았던 것이다. "혼자 하는 볼링"이라는 재미 있는 제목의 글에서 퍼트남이 제기하는 문제는 비교적 간단하다(Putnam, 1995). 1980년과 1993년 사이에 미국의 전체 볼링 인구는 10%정도 증가했으나, 경기 단체 수는 40%나 줄었다. 단체로 경기를 할 때 소비되는 맥주나 피자가 혼자 볼링할 때보다 3배 이상 많다는 점에서, 혼자하는 볼링 인구의 증가는 볼링장 주인의 수입을 줄인다. 그러나 넓은 사회적 관점에서 보면, 혼자 볼링을 하는 사

그림 5-3 미국 32개의 전국적 자원 조직의 멤버십 추이(1900~97)

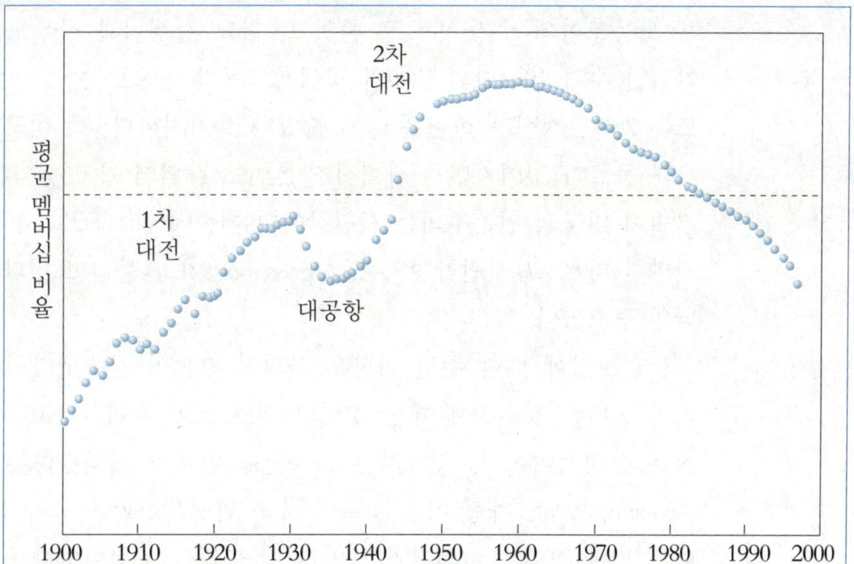

그림 5-4 적극적 조직참여율

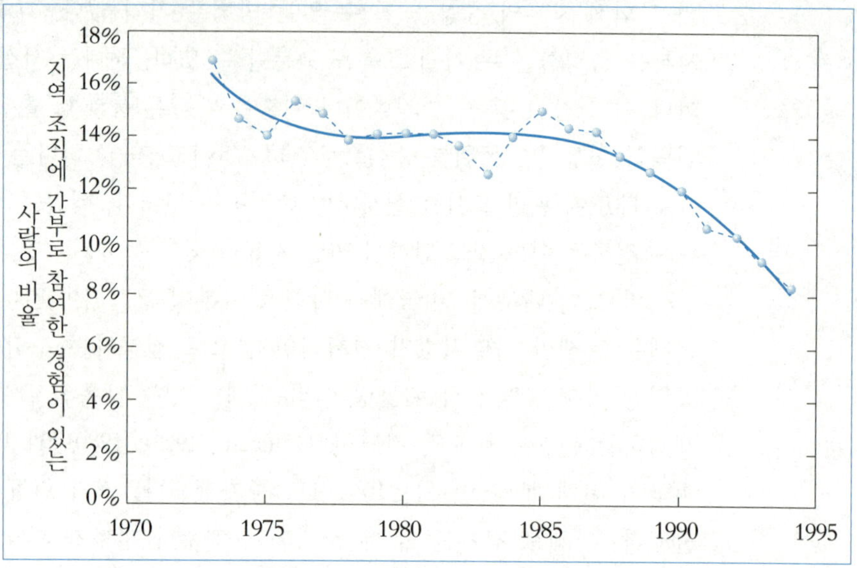

람들은 맥주와 피자 소비만 줄이는 것이 아니라, 함께 음식을 즐기면서 나누는 사회적 관계와 대화도 끊는다는 데에 문제의 심각성이 있다는 것이다. 퍼트남은 매주 교회에 출석하는 사람의 수가 급감하며, 1950년 이후 노동조합의 수가 반으로 줄었고, 학교 선생님과 학부모 조합(PTA)에 가입한 수가 1964년의 1200만 명에서 7백만 명으로 줄었으며 보이스카우트는 26%, 적십자 회원은 61% 줄었다고 지적한다. 즉 미국에서 좋은 이웃과 동료가 없어지면서 사회적 자본이 고갈되어 가고 있다는 것이다. 토크빌이 미국의 민주주의는 시민참여의 예술(art of association)에서 나온다고 간파한 바로 그 시민참여의 민초(grass roots)가 흔들리고 있다는 것이 퍼트남의 경고였다.

퍼트남에 대한 주된 비판은 사회적 자본이 감소했다면서 제시한 증거가 올바른 것인가에 대한 것이다. 퍼트남이 줄어든다고 보고한 시민조직은 선택적이어서, 증가하는 조직들을 일부러 제외했다는 비판이 있다(Lemann, 1996). 가령 미국 젊은이 축구 연맹은 240만 명의 멤버가 있는데 이는 12년 전에는 가입자가 12만 명에 불과한 조직이었다. 즉, 사회가 변함에 따라 어떤 종류의 조직은 사라지고, 새로운 조직이 활성화 된다는 것이다.[12] 퍼트남 자신도 9월 11일 테러 이후 미국 사회에서 다른 사람들이나 정부에 대한 신뢰가 증가하고(Putnam, 2002), 자신이 위기에 처하면 남들이 도와 줄 것이라는 기대가 증가했고, 공동의 목표에 헌신할 태도와 집단을 위해 희생을 감수하는 성향이 증가했다고 주장한다. 한마디로 국가적 위기가 사회적 자본을 증가시켰다는 말이다. 아무리 큰 사건을 경험했다고 하더라도, 과연 몇 달만에 한 사회의 사회적 자본의 총량이 변하는지, 혹은 서베이를 통해 얻은 주관적인 태도로 사회적 자본이 증가했다고 볼 수 있는지는 여전히 의문이다.

후쿠야마(Fukuyama, 1999)도 「대 혼란」(Great Disruption)이라는 책에서 퍼트남과 마찬가지로 1960년부터 90년까지의 각종 통계 자료에 근거해서 사회가 무질서에 빠져들고 있다고 경고한다. 그러나 그가 근거로 대는 자료는 퍼트남이 제시한 시민 조직에의 참여도와는 거리가 있다. 이혼율과 범죄율의 증가, 출산율의 저하 등이 사회적 자본을 측정하는 변수가 되어 이 기간 동안 미국 사회에서 불신이 증가하고 공동체의 결속이 붕괴되었다는 증거로 쓰인다. 그 궁극적 원인은 산업사회에서 정보사회로 경제구조가 빠르게 재편되는 데 있다. 컴퓨터 자판을 누르면 가능해진 급속한 자본의 흐름과 빠른 직장 이동은 불신을 낳는다. 거의 모든 여성이 직장생활을 하게 됨으로써 이혼율이 증가하고, 피임약의 발명에 의해 출산율이 현저히 낮아지며 가정을 파괴한다. 결국 정보화는 개인주의를 낳으며 사람들 사이의 신뢰와 제도에 대한 신뢰를 해치고, 사회적 결속을 해쳤다는 것이다. 후쿠야마도 퍼트남과 마찬가지로 변수를 선택적으로 사용한 문제를 안고 있다. 사이버 커뮤니티에서의 협동의 증가와 NGO 등의 시민참여 증가 등은 긍정적인 방향으로 움직이고 있기 때문에 사회적 자본의 총량이 감소하는지에 대한 결정적인 증거는 대지 못한 것이다.

12) 퍼트남은 얼굴을 마주보는 모임이 없는 사이버 커뮤니티와 같은 조직은 제외했다. 그러나 컴퓨터를 매개한 의사소통(Computer Mediated Communication)을 제외하는 것은 보수적인 편견에 의한 것으로 보인다. 오히려 사이버 공간에서 협동이 훨씬 더 잘 생긴다는 연구 결과를 보면(Kollock, 1999), 오히려 CMC가 전통적인 면대면 접촉이 가졌던 기능을 대체할 수 있는 가능성이 있다.

사회적 자본을 태도를 중심으로 측정하는 방법은 신뢰 정도를 응답자들에게 설문 문항으로 묻는 것이다. “일반적으로 말해서, 당신은 대부분의 사람들이 믿을 만하다고 생각합니까?”, “당신은 사람들을 대할 때 항상 경계하는 편입니까?” 또는 “정부가 옳은 일을 한다고 어느 정도나 믿을 만합니까” 등과 같은 질문을 통하여 간접적으로 측정해 볼 수는 있으나(Knack and Keefer 1997), 이러한 자료로 국가간 비교나 한 나라에서의 시간적 변화 추이를 분석하는 데는 여러 가지 제한점이 따른다.

필자가 98년에 실시한 조사에 의하면 한국의 경우 대부분의 사람을 신뢰할 수 있는가라는 질문에 대하여 전체 3,547명의 응답자 중에서 ‘그렇다’라고 대답한 사람은 763명(21.5%), ‘그렇지 않다’라고 응답한 사람은 664명(18.72%), 나머지는 긍정도 부정도 하지 않은 응답을 하여, 신뢰하는 사람이 약간 더 많은 것으로 나타났다. 사람을 신뢰하는 순서는 혈연, 친족관계>친한 친구로부터 소개 받은 사람>같은 학교 출신>같은 지역 출신으로 나타나서 신뢰의 반경(radius of trust)이 일반적인 상식과 일치하고 있었다. 이 중에서 친족의 경우를 제외하면 학연이나 지연 같은 요인들이 신뢰하는데 중요하지 않다라고 응답한 사람도 중요하다고 생각한 사람 수만큼이나 되었다는 점이 특기할 만하다.

사회적 자본을 측정하는 대안적 방법은 실험을 통하여 실제로 행위자들이 얼마나 협동 행위를 하는지를 측정하는 것이다. 실험은 여러 변수를 통제하면서 할 수 있다는 장점이 있다. 일본 사회학자 야마기시는 일본과 미국의 대학생을 상대로 신뢰와 협동에 관한 실험을 한 바 있다(Yamagishi, 1986b; 1988). 일본은 집단주의 문화권이기 때문에 개인주의로 알려진 미국인보다 더 협동을 잘 할 것이라는 것이 일반적인 통념이다. 그러나 야마기시는 집단주의 문화권에서 협동이 높은 것으로 보이는 것은 집단 안에서 서로간의 감시와 처벌이 심하기 때문에 나타나는 현상으로 본다.[13] 따라서, 감시와 처벌이 없는 상황에서는 공적인 영역에서의 신

13) 예를 들어, ‘튀는’ 패션의 옷을 입는 것이나 고급 외제 승용차를 타는 것이 한국 사회에서 많은 용기를 필요로 하는 것은, 이러한 집단의 ‘눈초리’라는 감시와 처벌 때문이라고 볼 수 있다.

뢰가 더 높은 미국인들이 일본인들보다 더 협동적일 것이며, 비협동자에 대한 감시와 처벌이 있는 상황에서는 오히려 일본인들이 협동을 더 잘 할 것이라는 것이 그의 가설이다. 이러한 가설들을 검증하기 위해 그는 신뢰에 대한 설문조사와 죄수 딜레마 실험을 한 결과, 그의 가설대로 기존 통념을 깨는 결과를 얻었다. 감시와 처벌이 있는 경우에서는 통계적으로 유의미한 차이는 아니지만 역시 미국보다 신뢰가 낮은 일본 피험자들이 더 협동을 잘 하는 결과를 얻은 것이다. 그렇다면, 일본과 마찬가지로 집단주의 문화권인 한국의 경우는 이들 나라와 비교하면 어떠한 결과가 나오는지 다음 절에서 살펴보자.

5.7 신뢰와 협동: 국제 비교[14)]

사회에 대한 일반적인 신뢰 수준은 문화권에 따라 차이가 날 수 있다. 후쿠야마(1995)의 고신뢰와 저신뢰 사회의 구분은 신뢰 성향의 평균적 차이라고 바꾸어 말할 수도 있다. 일반적으로 문화적으로 주어지는 '신뢰의 초기값' Θ는 상황의 변화에도 불구하고 잘 변하지 않기 때문에 고정적인 편이다. 이러한 고정적인 성향적 신뢰는 사회 딜레마 게임(Social Dilemma Game)의 상황에 들어서게 되면 상대방의 행동을 예측하면서 자신의 행동을 결정해야 하기 때문에 동태적인 신뢰로 바뀌게 된다. "반복적인 사회딜레마 게임에서 문화란 과연 어떤 역할을 하는가?" 이러한 질문은 문화의 영향을 받은 정태적 신뢰와 게임 상황에서 계산하는 동태적 신뢰가 어떤 관계를 갖고 있는가에 대해 묻는 것이다. 필자는 야마기시(Yamagishi, 1988)의 실험을 한국에 반복 실험하고 그 결과를 기존의 미국과 일본의 실험결과와 비교하기 위하여 다음과 같은 연구과제들을 제시한다:

14) 이 절은 김용학 · 손재석(1998)에서 부분 발췌하여 수정한 것임.

1. 문화권에 따라 정태적 신뢰의 수준은 다른가?
2. 행위자들이 반복적인 사회 딜레마 게임 상황에 들어가게 되면, 낮은 정태적 신뢰를 가진 사람이 높은 정태적 신뢰를 가진 사람들보다 덜 협동적인가? 다시 말해, 정태적 신뢰와 동태적 신뢰의 관계는 무엇인가?
3. 감시와 처벌의 제도가 도입이 되면, 이것이 정태적 신뢰를 동태적 신뢰로 전환시키는 데에 어떤 영향을 미치는가?

실험 과정을 간략하게 서술하면 다음과 같다. 먼저 실험 전에 신뢰에 관련된 8개 항목의 간단한 설문[15]을 실시하여, 이 중에서 실험에 참여 의사를 밝힌 응답자들을 설문 결과에 따라 '신뢰가 높은 집단'과 '신뢰가 낮은 집단'의 경우로 나눈다.

두 집단으로 나뉜 피실험자는 각각 4명이 한 조가 되어 함께 실험에 참여하게 된다.[16] 그렇지만 실험 도중에 함께 속해 있는 조의 다른 성원들을 보거나 의사소통을 할 수 없도록 하였다. 피험자들은 똑같은 실험을 12회 동안 연속하여 반복한다. 그러나 피험자들은 몇 번 실험을 반복하는지를 모른다.[17] 각 회에 각각의 피험자들에게는 500원의 돈이 주어지는데, 피험자들은 이 돈의 일부를 '공동기금'에 기여할 수 있다. 공동기금에 기여된 돈은 두 배가 되어 자신을 제외한 나머지 세 사람(playmate)이 나누어

15) 신뢰에 대한 설문 조사는 미국 워싱톤 대학 학부에서 800명, 일본 호카이도 대학에서 600명, 그리고 한국 연세대학에서 600명이 참여하였다. 응답자들에게는 다음 항목들에 대해서 "매우 동의하지 않는다" (1)에서 "매우 동의한다" (5)의 5점 척도에서 평가하도록 부탁 하였다:
- 낯선 사람을 상대할 때, 그 사람을 신뢰할 만한 근거가 있을 때까지는 조심하는 것이 좋다.
- 요즘 같은 경쟁시대에는, 경계심을 갖고 있지 않으면 누군가 나를 이용하려 든다.
- 만약 경찰이 없다면, 사회는 망하고 말 것이다.
- 누군가에 대해서 잘 알기 전까지는 그 사람을 신뢰하지 말아야 한다.
- 대부분의 사람들은 거짓말을 함으로써 이익을 볼 수 있을 경우 거짓말을 한다.
- 누가 나를 칭찬할 때는, 그 사람이 내게 뭔가 원하는 것이 있기 때문이다.
- 사람들과 어떤 일을 함께 하게 될 때, 그 사람들은 나를 이용하려 들 것이다.
- 기회만 있으면 사람들은 정직하지 않게 행동할 것이다.

16) 미국과 일본에서는 각각 192명이 실험에 참여하였지만, 한국에서는 48명이 참여하였다.

17) 맨 마지막 게임에서 상대를 배반할 확률을 낮추고, 게임이론가들이 Backward Induction이라고 부른 현상을 막기 위해서이다. 즉, 만일 맨 마지막 회에 상대가 배반을 할 것이라고 예측된다면, 그 앞의 게임에서 나는 배반을 해야 하며, 이 과정은 맨 첫번 게임에까지 소급되어 올라간다.

갖게 된다. 500원 중 공동기금에 기여하고 남은 돈은 자신의 몫으로 된다. 각자는 자신이 남긴 돈과 남들이 공동기금에 기여한 돈을 나누어 가지면서 자신의 수입을 벌어들인다. 남긴 돈의 일부는 다음 회에 사용할 수 없으며, 각 회에서 벌어들인 돈은 계속 누적되어 실험이 완전히 끝난 후 현찰로 지급된다.

이 실험구조는 전형적인 죄수의 딜레마 게임 구조인데, 개인적으로 가장 이득이 되는 상황은 자신은 한 푼도 공동기금에 기여를 하지 않고 (즉, 완전한 '무임승차'를 하고) 다른 사람들은 500원 전액을 기여하는 상황이다. 이런 상황에서는 각 회에 한 푼도 기여하지 않은 사람은 자신의 기본금 500원에 공동기금에서 나온 이익금인 1천 원을 더 얻게 되어 총 1,500원을 벌게 된다. 그러나 모든 사람들이 이러한 상황을 기대하면서 아무도 기여를 하려고 하지 않으면, 각자는 기본금 500원 이외에 한 푼의 이익도 얻지 못한다. 즉, 개인적으로는 합리적인 선택이 집단적으로는 비합리적인 결과를 초래하게 되는 것이다. 그러나, 여기에는 '협동적 해결책'이 있는데, 모두가 500원을 기여하는 것이다. 이렇게 되면 모두가 천 원씩을 벌 수 있게 된다. 하지만 자신은 500원을 기여했지만 다른 사람들은 한 푼도 기여를 하지 않으면, 그 사람은 한 푼의 이익도 얻지 못할 뿐더러 자신의 기본금마저 잃게 된다. 따라서 성원들이 가능한 많은 기여를 하는 협동적인 상황을 만들기 위해서는 성원들 간에 신뢰가 필요하다. 그러나 아무런 의사소통의 수단도 없는 가운데 익명의 모르는 사람들을 어떻게 신뢰할 수 있는가? 이것은 현실 세계에서 모르는 다수와 협동을 해야 하는 경우, 예컨대 교통법규 지키기나 환경보호의 경우와 비슷하다.[18] 이 실험에서는 바로 이러한 점에 주목하여, 정태적 신뢰의 초기값 수준에 따라 실험 초기의 협동이 달라질 것이고, 그 이후에 실험이 전개되면서 벌어지는 협동 행위에 영향을 끼칠 것이라고 예측한다. 물론, 실험이 반복되면서 피험자들은 다른 성원들이 어떤 선택을 했는지에 대한 정보를

18) 물론 정확하게 말하면 현실의 경우와 실험의 경우는 다르다. 무엇보다도, 환경보호나 교통법규의 경우는 도덕적 가치가 개입이 되지만, 실험에서는 순전히 경제적 이익만으로 신뢰와 협동의 문제가 이루어지고 있다.

얻게 되면서, 자신들의 신뢰를 동태적 신뢰로 바꾸게 되고 이에 따라 협동 수준도 계속 바뀌게 될 것이다.

제재가 있는 조건의 실험에서는 피험자들이 위의 실험 과정에다 하나의 선택을 더 하게 된다. 즉, 공동기금 이외에 처벌기금에도 기여를 할 수 있는데, 처벌기금에 모인 돈의 두 배만큼을 그 회에서 제일 조금 공동기금에 기여한 사람의 이익금에서 빼앗게 된다. 최소 기여자가 두 명 이상일 경우에는 벌을 공동으로 배분한다. 이 구조는 감시와 처벌이라는 제도가 신뢰와 협동에 어떤 영향을 미칠 것인가를 보기 위함이다. 물론, 결과를 쉽게 예상해 볼 수 있다. 감시와 처벌의 제도가 생길 경우, 비록 서로에 대한 신뢰가 낮다 하더라도 제도에 대한 신뢰로 인해 이들은 협동을 할 수 있게 된다. 이때, 서로에 대한 신뢰가 낮은 집단일 수록 처벌의 위험성에 더 민감하게 반응하기 때문에, 제재가 있는 조건에서는 신뢰가 낮은 집단이 높은 집단보다 오히려 협동을 더 잘 할 것이라는 가설을 설정해 볼 수 있다.

게임 실험 전에 실시한 신뢰조사 결과, 가장 낮은 신뢰 수준이 40점인데(5점 척도 문항 8개 모두에서 가장 낮은 신뢰에 응답한 경우) 미국 응답자의 평균은 20.63, 일본과 한국은 각각 23.92와 23.26점을 각각 얻었다. 이 결과만 보면, 일단 미국이 일본이나 한국보다 정태적 신뢰 수준이 높다는 가설이 지지되고 있는데, 이것은 실험 결과에서도 미국이 일본이나 한국보다 높은 초기 협동 비율을 보일 가능성을 암시하고 있다.

야마기시가 제시하고 검증한 가설은 다음과 같다(1988: 266).

가설 1: 제재가 없다면 고신뢰자가 저신뢰자보다 협동을 많이 할 것이다.
가설 2: 제재가 있는 상황에서 저 신뢰자들이 고 신뢰자들보다 처벌기금에 더 많이 기여할 것이다.
가설 3: 제재가 있는 상황에서 저 신뢰자들이 고 신뢰자보다 공동기금에 기여하는 금액을 더 많이 늘릴 것이다
가설 4: 제재가 없는 상황에서는 미국인들이 일본인보다 신뢰 수준이 더 높기 때문에 공동기금에 더 많이 기여할 것이다.
가설 5: 일본인들이 미국인들보다 처벌기금에 더 많이 기여할 것이다.

가설 1은 제재가 없는 실험 상황에서 고 신뢰자가 저 신뢰자들보다 공동기금에 더 많이 기여하는지를 검증하면 된다. 가설 2와 가설 3이 야마기시에게 가장 중요한 부분이다. 고 신뢰자는 이미 공동기금에 많이 기여를 하고 있는 상황이라서 기여 금액을 늘릴 필요를 저신뢰자들에 비해 그다지 크게 느끼지 않고 있다(Yamagishi, 1986b: 72-73; 1988: 265). 이 경우 제재의 수단이 마련되면 저 신뢰자들은 다른 사람들의 기여를 유도하기 위하여 처벌기금에 더 많이 기여하게 될 것이라고 예측하는 것이다. 가설 4와 5는 가설 1-3의 변형이다. 일본인이 미국인들보다 일반적인 신뢰수준이 낮다고 보는 것이다. 집합주의 문화에서는 상호 감시와 제재하는 외부 통제가 강하고(수치의 문화) 개인주의 문화에서는 죄의식과 같은 내부 통제가 강하다는 베네딕트(Benedict, 1946)의 주장을 검증하려는 것이다.[19]

한국인은 과연 어떻게 행동할까. 미국인보다는 일본인에 가까울까?

그림 5-5 고 신뢰자와 저 신뢰자의 공동기금 기여금액

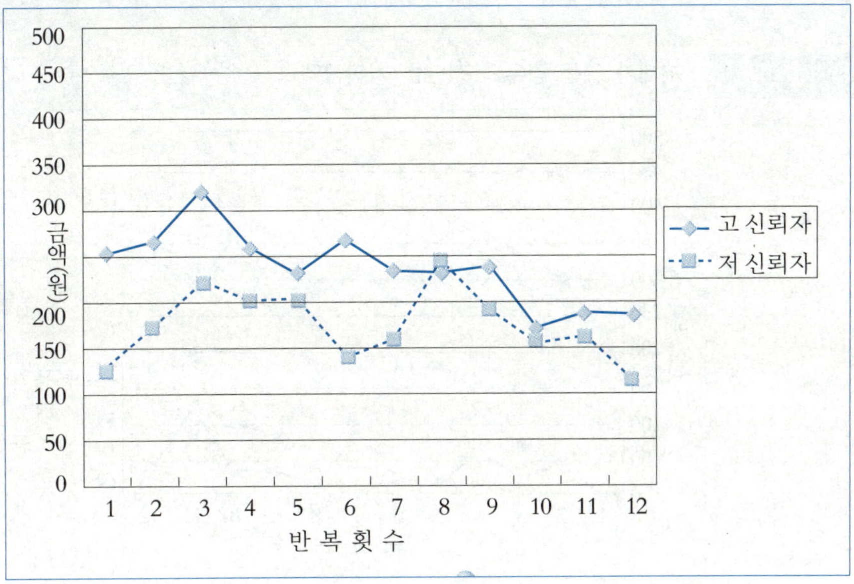

19) 야마기시는 분명하지는 않지만 외부 통제에 의해서 지속되는 협동 관계가 상대에 대한 신뢰로 발전되지 못한다고 가정하고 있는 것 같다.

제재 수단이 있는 경우 협동이 더 많아질까?

국가 간 비교에 앞서, 한국 피험자들 중 신뢰가 높은 집단과 낮은 집단간의 비교를 해보면, 〈그림 5-5〉에서 볼 수 있듯이 설문에서 신뢰 수준이 높았던 집단은 평균 45.3%의 협동률을 보여 낮은 집단의 35.2%보다 10%가량 더 높았다. 따라서, 신뢰가 높은 집단이 더 많은 이익을 보았는데 이들은 1인당 평균 8,881.3원을 벌어 신뢰가 낮은 집단의 평균인 7,934.4원보다 1천원 가량 높았다.[20] 모두가 12회 연속으로 500원을 전부 기여하는 100% 협동했을 경우에 이들이 1인당 12,000원을 벌 수 있었다는 점을 감안하면, 두 집단의 평균 소득이 적은 액수임을 알 수 있다. 국가간 비교에서도, 신뢰 수준이 높았던 미국 피험자들은 평균 57.0%의 협동율을 보인 반면, 일본은 40.0%, 한국은 일본과 거의 비슷한 41.6%를 각각 보였다.

고 신뢰자와 저 신뢰자 사이에 협동율이 차이가 나는 것은 미국과 일본 그리고 한국에서 동일한 현상인데, 이러한 결과는 문화권에 따라 사람

그림 5-6 제재가 있는 경우의 집단별 기여금액

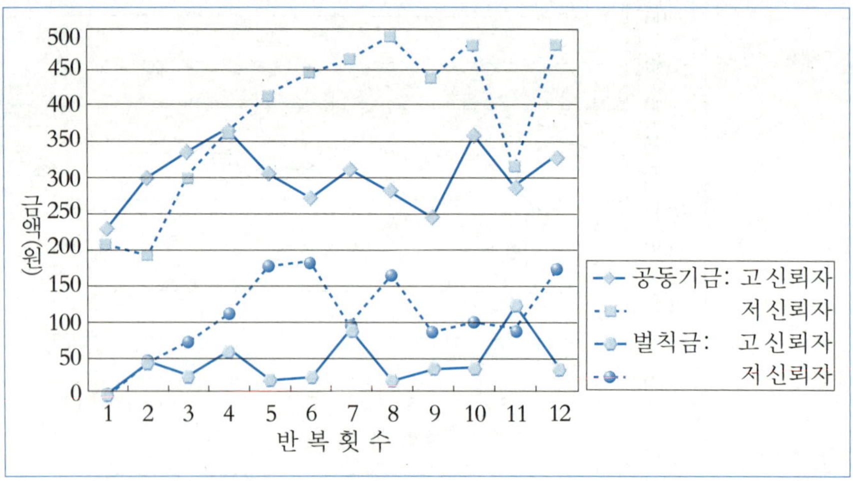

20) 집단 간 차이를 검증하는 ANOVA의 결과 $F(1,\ 72)=9.698$, $p<0.01$로 통계적으로 유의미한 차이가 드러났다. 고 신뢰자의 매회 평균 기여액은 240.10원, 저 신뢰자의 경우는 176.04원이었다.

들의 신뢰 초기값이 달리 부여되며, 이 값에 따라 협동하는 행위에 차이가 드러난다는 것을 보여준 것이다.

한편, 제재조건이 있는 〈그림 5-6〉의 경우에는 앞의 실험 결과와는 반대로 저 신뢰자가 더 많이 공동기금과 처벌기금에 기여하는 것으로 나타난다. 한국 피험자들 중 신뢰가 높은 집단은 평균 60.3%의 협동을 보이지만, 낮은 집단은 75.5%를 보인다. 저 신뢰자는 매회 고 신뢰자보다 평균 63.54원 더 많이 처벌기금에 기여했다. 처벌은 공동기금에의 기여를 유발하여 공동기금에 저 신뢰자들이(389.29원) 고신뢰자들보다(301.56원) 매회 80원 가량 더 많은 돈을 기여하도록 했다. 이 결과를 제재가 없었던 상황과 비교해보면 저신뢰자들이 제재에 더 민감하게 반응했음을 알 수 있다. 그럼에도 불구하고 고신뢰자들이 저신뢰자들보다 평균 947원 정도 더 돈을 많이 벌어 들였다. 제재에 적게 돈이 들어가고, 또 벌칙으로 빼앗기는 돈이 적은 가운데 협동의 열매를 얻을 수 있었기 때문이다.

〈그림 5-7〉은 제재가 없는 경우 한국과 일본 사람들이 미국 사람보다 협동을 적게 한 것을 보여 주고 있다(가설 4 참조). 미국인들은 실험용으로 받은 돈의 평균 56.2%를, 한국과 일본인은 각각 41.6%와 44.4%를

그림 5-7 제재가 없는 경우의 국가별 · 집단별 공동기금 기여금액

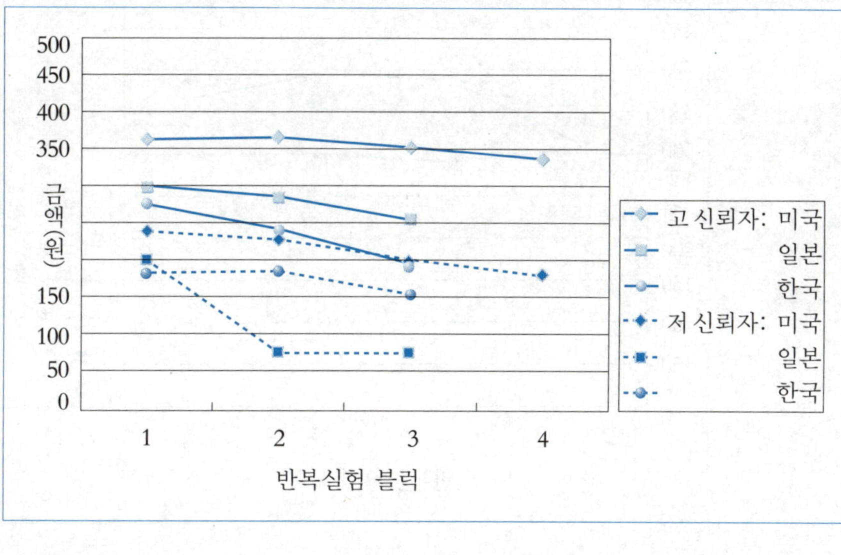

공동기금에 기여했다. 제재가 없는 경우 일본의 저 신뢰 집단이 가장 협동을 하지 않는다는 사실과 한국인의 경우 고 신뢰자와 저 신뢰자 사이의 차이가 가장 작았다는 것이 특기할 만한 사항이다.

제재가 있는 경우 일본인이 미국인보다 공동기금에 더 많이 기여할 것이라는 야마기시의 가설은 통계적으로 기각되었고, 한국인의 경우도 마찬가지로 미국인들과 통계적으로 유의미한 차이가 없었다. 미국의 피험자들은 제재가 있는 조건에서 74.8%, 한국은 68.4%, 일본은 74.5%의 평균 협동률을 보였다. 집단별로 나누어 보았을 때, 한국의 저 신뢰 집단이 제재가 있을 경우 가장 많이 협동하는 현상이 보이는 듯 했지만(〈그림 5-8〉), 이는 통계적으로 유의미한 차이가 아니다. 단, 일본의 경우와 마찬가지로 한국인들이 제재가 있는 상황에 더 민감하게 반응하여 협동율이 급격히 늘었다는 사실은 명확하게 드러났다. 예측한대로 저신뢰 집단이 가장 많이 공동기금에 기여했다. 한국의 저 신뢰 집단이 최소 기여자에게 부과되는 처벌을 피하기 위하여 최대 액수인 500원 가까이 공동기금에 넣었다는 것은 특기할 만한 사항이다. 세 나라에서 공통으로 실험 횟수가

그림 5-8 제재가 있는 경우의 국가별 · 집단별 공동기금 기여금액

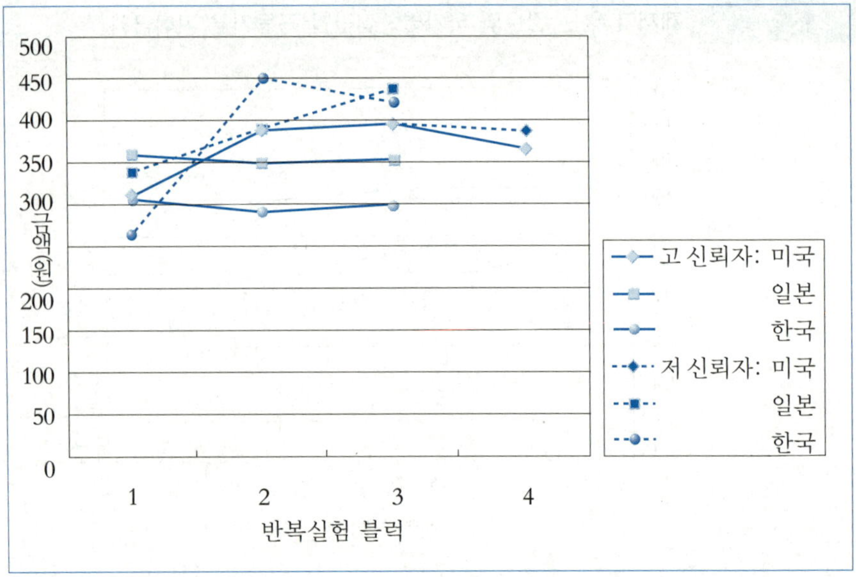

계속됨에 따라 협동률이 떨어지는 현상은 제재가 있는 경우에는 벌어지지 않았다.

〈그림 5-9〉는 비 협동자를 처벌하기 위하여 처벌기금에 얼마나 기여했는지를 보여 주고 있다. 저 신뢰 한국인들은 평균 107원을 처벌기금에 기여했는데 이는 고 신뢰 집단보다 63원이 많은 액수이다. 그 결과 저 신뢰 집단의 공동기금에의 기여액이 증가하여 매회 평균 381원에 달했는데, 이는 고 신뢰 집단의 기여액 301원보다 80원 많은 금액이다. 결국 저 신뢰 집단이 제재가 있는 상황에 더욱 민감하게 반응했다는 사실이 다시 한번 확인되었다.

이러한 실험 결과를 일반화하여 곧바로 현실 세계에 적용할 수는 없을 것이다. 그럼에도 불구하고 시사하는 바는 많다.

먼저 사회 일반에 대한 정태적 신뢰가 높은 사람일수록, 낯선 사람을 만나더라도 더 협동적일 것이라는 점을 보여 주고 있다. 그리고 이러한 정태적 신뢰는 사회에 따라, 문화에 따라 다르게 나타날 수 있음을 보여 주고 있다.

그림 5-9 제재가 있는 경우의 국가별 · 집단별 처벌기금 기여금액

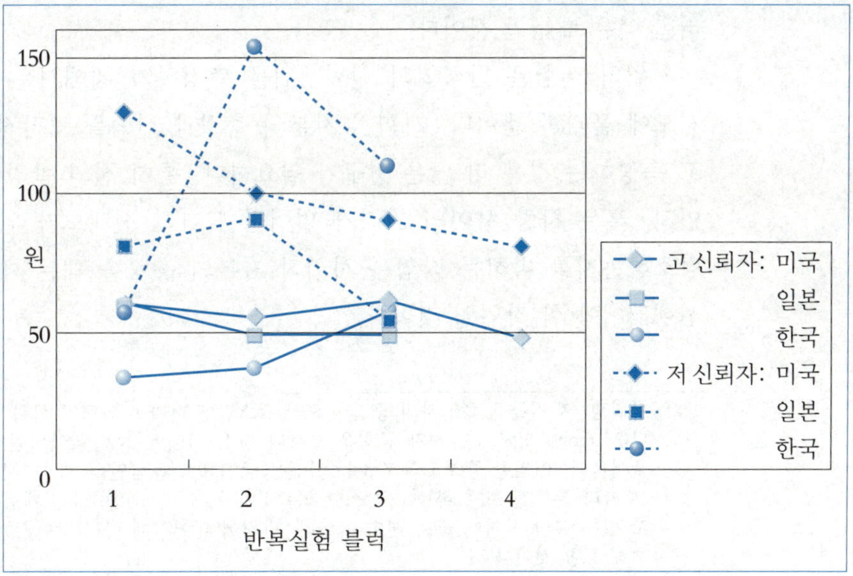

둘째, 처벌제도가 작동할 것이라고 믿는 '제도에 대한 신뢰'가 행위자간의 협동을 증진시킬 수 있다는 점을 보여 주고 있다. 그러나 이러한 제도에 대한 신뢰가 행위자에 대한 신뢰로 전환되는지에 대해서는 더 자세히 연구해 보아야 할 것이다. 제재가 있는 조건과 없는 조건 간의 비교 분석은, 제도에 대한 신뢰가 무너질 경우(또는 감시와 처벌의 제도가 없어질 경우) 이들은 언제든지 다시 서로 간의 신뢰를 잃게 되고 무임 승차자로 돌아설 가능성이 많다는 점을 보여 주고 있다.

셋째, 비협동자를 처벌할 수 있는 제도가 확립된 경우 비협동의 횟수가 줄게 됨에 따라, 개별 비협동에 대한 처벌의 크기가 증가할 수 있다는 점이다. 즉, 모든 사람이 교통위반을 한다면 처벌을 크게 할 수 없다. 그렇지만 처벌의 제도가 확실하게 도입되면, 교통위반자의 숫자는 줄어들 것이고, 단위 위반자에 대한 처벌을 확실히 부과할 수 있게 된다(Bowles and Gintis, 2000).

제도의 설계 자체가 비협동자를 처벌한다는 불신에 기반하고 있기도 하지만, 동시에 제도의 유지는 불신을 해결하는 제도에 의존함으로써 가능한 것이다. 신뢰가 높은 집단은 제재제도에 대한 의존도가 덜하고, 신뢰가 낮은 집단이 제재가 있는 조건에서 협동을 더 잘 하게 된 것은 이러한 이유 때문인 것이다.

위의 실험은 한국인의 신뢰행위를 측정하기 위해서는 하나의 작은 시도에 불과할 뿐이다. 사회적 자본의 측정과 신뢰를 조작적으로 정의하고 측정하는 것은 더 많은 연구가 필요하다. 특히 신뢰 반경이 어느 정도인지, 혹은 사람 사이의 거리가 멀어짐에 따라 신뢰도가 얼마나 빠르게 감소하는지를 밝히는 작업은 사회적 자본의 총량을 재는 데 필수적으로 선행되어야 할 작업일 것이다.[21]

---

21) 사회생물학자들은 유전자의 중첩 정도가 감소함에 따라 이타적인 행위가 줄어든다고 본다(Margolis, 1982). 유전자 중첩은 부모와 자식 사이에 1/2, 할아버지와 손자는 1/4로 줄어들며, 이러한 중첩도의 감소는 자신을 중심으로 동심원을 그리면서 퍼져나가며, 이에 따라 본능적 보호 본능도 감소한다는 것이다. 신뢰 반경이라는 개념도 신뢰할 수 있고 없는 사람 사이에 긋는 선이 아니라, 반경이 넓어짐에 따라 낮아지는 신뢰도로 개념화해야 할 것이다.

제 6 장 시장, 국가 그리고 연결망

제 6 장

시장, 국가 그리고 연결망

칼 마르크스의「자본론」, 에밀 뒤르케임의「분업론」, 막스 베버의「경제와 사회」, 짐멜의「돈의 철학」등의 책 제목만 보아도 금방 알 수 있듯이 시장과 경제현상에 대한 사회학적 연구는 고전 사회학의 중요한 연구 주제의 일부였다. 그러나 현대로 오면서, 시장은 불행하게도 경제학의 독점적인 연구 영역으로 전락하였다. 최근의 (신)경제사회학의 발전은 잃어버린 영역에 대한 관심을 복원하고, 단절된 학문 간의 경계를 넘어 경제학자들과 대화를 시작했다는 점에서 커다란 의미가 있다. 경제행위는 더 큰 사회행위의 일부이다. 따라서 경제사회학의 출발점은 경제적 현상을 연구할 때에는 경제적 동기뿐 아니라 비경제적 동기도 고려되어야 한다는 것이다. 이 장에서는 과연 사회 연결망 이론이 경제사회학이나 발전사회학에 기여할 수 있는 바가 무엇인지를 살펴본다.

경제사회학이 경제학자들의 작업에 대해 갖는 불만과 도전은 크게 세 가지로 분류된다. 첫째, 경제학자들이 인간행위에 대해 내리는 가정에 대한 불만이다. 효용을 극대화한다고 가정된 합리적인 행위자의 실제 행위는 완전 합리성과는 거리가 있는 제한적 합리성에 근거하거나 혹은 판단과 선택에 체계적인 편차(systematic bias, Tversky and Kahneman, 1981)를 보인다는 것이다. 행위는 종종 충동적인 자아에 의해서 결정되기도 하며(Thaler, 1994), 의지의 박약함 때문에(Elster, 1979), 혹은 인간의 생물학적인 정보 처리 능력의 오류로 인해 최적의 선택을 하지 못한다는 것이 신고전경제학의 합리적 선택이론에 대한 비판의 요지이다. 따라서 이들은 경제현상을 잘못된 가정에서 출발하여 분석하지 말고, 경험세계에 부합하는 가정 아래에서 경험세계를 더욱 존중하면서 분석해야 한다고 주장한다.

둘째는 경제학자들이 가정하는 자유시장(free market)에 대한 반론들이다. 사회학자는 시장이 완벽한 정보가 흐르는 곳이 아니라 불완전한 정보가 연결망을 따라 흐를 뿐이며, 시장 자체도 구조화되어 있다는 점을 강조한다(장덕진, 2000). 경쟁도 구조화되어 있고, 정보도 구조화된 연결망을 따라 흐르고, 선택도 구조화된 선택의 틀(agenda setting)을 따라 일어난다면,[1] 구조에 대한 연구가 사회학자들이 시장의 연구에 기여할 수 있는 핵심이라는 주장이다. 앞으로 더 자세히 살펴보겠지만, 시장에서의 가격 결정, 가격 변화, 거래처의 선정 등이 연결망 구조에 의해 영향을 받는다.

셋째, 경제학자들이 경제 행위자가 효용을 극대화한다는 가정 아래 이들이 신뢰와 규범, 가치, 혹은 문화에 영향을 받는다는 점을 간과한다는 것이다. 예를 들어, 생명에 값을 매기는 생명보험회사는 자본주기 초기에 격렬한 문화적 저항을 극복했어야 했으며(Zelizer, 1979), 가난한 자들이 가난하게 사는 이유는 그들이 빈곤의 문화에 젖어 들었기 때문이다(Banfield, 1958; Lewis, 1998). 저자는 사회학자가 문화를 연구함으로써 경제사회학에 기여할 수 있는 주된 통로는 다음의 세 가지라고 생각한다.

문화가 개인들의 선호와 선호 서열(preference order)에 영향을 미치므로, 이데올로기나 문화가 개인들의 선호를 형성시키는데 어떤 영향을 미치는지를 밝혀 내는 것이 경제사회학의 중요한 임무가 되어야 할 것이다. '더러운 돈'이라는 개념은 경제학에서는 성립하기 어렵지만, 사회학에서는 선호형성에 작용하는 문화의 힘으로 설명할 수 있는 것이다.

둘째, 선택 대안이 행위자의 머리에 떠오르는(evocation of alternatives) 과정에도 문화가 작용한다. 선택 대안이 등장하는 순서는 만족행위(satisficing behavior)에 무척 중요한데,[2] 문화는 분류체계로써 선택대안들을 다르게 집락화하여 선택대안이 머리 속에 떠오르는 순서에 영향을 미친

---

1) 선택 틀의 구조에 따라서 다른 결과가 나타날 수 있음을 보여 줄 수 있는 예를 들어보자. 1987년도 대통령 선거에서 김영삼, 김대중, 노태우 후보 중에서 35% 정도의 득표율로 노태우 후보가 당선되었다. 만일 두 명의 최다 득표자를 대상으로 한 결선투표로 대통령을 뽑는 선택 틀의 구조 아래서 선거가 실시되었다면, 노태우 씨가 대통령으로 뽑힐 가능성은 전혀 없는 상황이었다.

2) 예를 들어 특정한 사람과 결혼하기로 결정하는 것도 최적화 행위라기보다는 "이만하면 됐다"라는 만족행위라고 볼 수 있는데, 결혼 상대방이 선택대안으로 떠오르는 순서가 누구를 최종 선택하는가에 매우 중요한 영향을 미친다.

다. 예를 들어, 이 순간 내가 돈을 벌기 위해 택해야 할 수단이 무엇인가를 고려할 때, 가능한 수단이 머리 속에 떠오르는 데 문화가 영향을 미치는 것이다.

셋째, 문화가 세상을 인지하는 도구(heuristics)가 되어 무엇을 선택하면 그 결과가 무엇일 것인가에 관한 인과성의 내용을 규정한다. 예컨데, 내가 A라는 선택을 하면 그 결과는 X일 것이라는 주관적인 기대가 문화에 의해 영향을 받는 것이다.[3)]

요약하면 경제적인 행위는 사회적 행위의 한 부분이며, 경제제도와 구조는 사회적 구성물이기 때문에(Granovetter and Swedberg, 1992: 6), 시장은 경제학자의 독점물이 될 수 없으며 또 그래서도 안 된다는 것이 경제사회학의 전제이다. "사회적으로 구성되는" 시장구조에 경제 행위자가 자리 매겨져 있기 때문에 시장구조의 영향력을 분석하는 사회학자가 경제학의 결핍을 메워야 한다는 것이다. 1997년 경제위기가 우리 나라 지식인들에게 가르쳐 주었듯이, 기업이나 금융권의 구조조정이 경제적인 논리만으로 수행될 수 없으며, 경제위기와 그 극복은 경제 현상에 의해서만 야기되는 것이 아니라, 사회구조와 조직, 제도, 사회적 관행의 집합적인 산물이다.

좀더 자세히 이 장의 목적을 말하자면, 먼저 시장에 대한 최근의 경제사회학의 연구 성과를 바탕으로 '구조로서의 시장'이라는 개념의 타당성을 논하고, 시장구조가 어떻게 조직화되어 있는지를 보여 주는 것이다. 시장 구조의 사례로서 한국의 산업구조를 중심으로 살펴볼 것이다. 그리고 시장구조 형성의 미시적 과정을 간단한 수학모델로 개념화 한 콜만 모델을 살펴볼 것인데, 이를 통해 행위자들의 교환행동으로 시장구조가 어떻게 출현하는지를 논리적으로 파악할 수 있을 것이다. 또한 시장에서의 연결망 효과 그리고, 연결망 외부성 등에 대한 논의를 통해 시장에 대한

3) 경제학자는 문화가 생겨나는 과정을 경제학적으로 설명하려고 한다. 예를 들어 게임이론가인 크렙스(Kreps, 1990)는 문화가 합리적인 행위자들이 자신들의 행위를 조정하기 위하여 합리적으로 만들어 낸 결과물이라고 설명한다. 따라서 문화의 기원을 설명하는 경제학과 경제행위에 대한 문화의 영향에 관심을 갖는 경제사회학은 양방향에서 서로 도움을 주어야 할 것이다.

새로운 분석의 가능성을 보일 것이다. 마지막으로 한국의 경제위기를 중심으로 다양한 국가경제발전 모델을 검토하고 대안적인 모델로서 연결망 국가를 제시할 것이다. 이를 통해 현재의 한국 발전모델을 반성적으로 고찰하고 보다 합리적이고 현실적인 발전 모델을 모색할 것이다.

6.1 구조로서의 시장

시장이 무엇인가를 정의하는 것처럼 어려운 일은 없을 것이다. 신고전경제학에서 시장이란 구체적인 장소가 아니라 수요와 공급에 의해서 가격이 결정되고, 또 그 결과로 자원이 효율적으로 배분되는 추상적인 실체이다. 수많은 공급자와 수많은 수요자가 모여 있기 때문에 어떤 개별 행위자도 가격에 영향을 미칠 수 없으며, 행위자의 기호가 안정적이고, 이들은 충분한 정보를 갖고 있다고 가정된다(Hodgson, 1994: 60). 이러한 가정과는 정반대로 경제사회학에서는 시장이란 하나의 '구조'라고 개념화한다. 시장 그 자체가 생산자와 소비자들간의 '관계의 망'으로 이루어진 하나의 구조라고 파악하는 것이다. 이 구조 안에서 권력이 행사되고, 정보가 선택적으로 흐르며, 보이는 손(visible hand)이 작용하며, 닫힘(exclusion)과 배척(usurpation)이 행사된다. 따라서 경제사회학은 실제로 '존재하는 시장'이 신고전경제학에서 '가정하는 시장'에 어느 정도 가까이 근접해 있는가는 경험적인 질문이라는 입장을 취한다(Block, 1990).

현실에 존재하는 구체적인 시장이 경제학자가 가정하는 시장과 다르면 다를수록 사회학자가 시장연구에 기여할 수 있는 바는 커진다. 시장의 성격이 경제학적 가정과는 동떨어져 있다는 증거는 참으로 많다. 공공영역도 아니고 시장 영역도 아닌 제3영역이 늘어나며 그에 따른 비영리조직(NPO)이 증가하고, 임금이 수요 공급에 의해서 결정되기보다는 정치적인 투쟁을 통해서 결정되거나, 혹은 기업의 사활이 경제적인 요인이 아니라 정치적인 요인에 의해서 결정된다면, 이미 이러한 시장은 신고전경제학에서 가정하는 자기제어적이고 자기 수정적인(self-regulating and self-correcting) '보이지 않는 손'에서 점차 멀어지고 있는 것이다. 과연 시장은 경제학자들이 가정하듯 추상적이고 보편적인가, 아니면 여러 가지 형태를 띠면서 경험세계에 역사적으로 진화하여 존재하는 구체적인 장소(market place)인가?(Polany, 1957a; 1957b) 시장의 근본적인 성격은 가정되어야 하는가 아니면 경험적으로 연구되어야 하는가? 경제사회학은 물론 각 질문에 대해 후자의 입장을 택한다.

6.1.1 경쟁의 구조

구체적인 사례로서 시장에 경쟁구조가 있다는 사실을 검토해 보자. 신고전경제학에서는 경쟁이 원자화된 개인 또는 기업들이 어떠한 제약 없는 상황 속에 놓여진 추상적 시장에 보편적으로 존재한다고 가정한다. 반면에 경제사회학은 경쟁이란 행위자들간의 특정한 형태의 관계가 맺어질 때에만 생기는 것이라고 본다(장덕진, 2000). 버트(Burt, 1992a)는 경쟁을 설명하기 위해 다음의 예를 든다.

〈그림 6-1〉에서 '나'와 '남'은 같은 원료를 구입하여 같은 제품을 만드는 두 명의 생산자이다. 왼쪽 그림은 시장이 분할되어서 나의 원료 구입처와 나의 매매처가 '남'과 다른 경우, 즉 '노는 물이 다른' 경우이다. 연결망 분석의 전문 용어를 이용하면 '나'와 '남' 사이에는 구조적 등위

그림 6-1 연결망 형태와 경쟁 압력

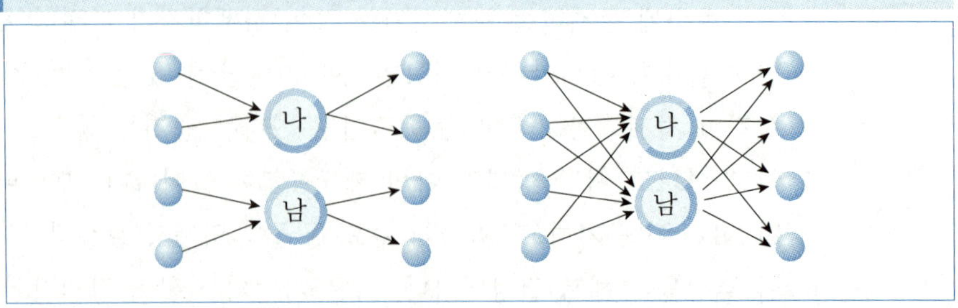

성(structural equivalence)이 존재하지 않는 상황으로, 이 경우 경쟁은 존재하지 않는다. 공급자와 구매자가 나를 중심으로 얽혀 있는 오른쪽의 경우, 내가 하는 역할이나 '남'이 하는 역할은 동일한 상황으로 둘 사이에는 치열한 경쟁이 있다. 똑같은 네 명의 거래 상대로부터 물품을 구매하고, 똑같은 네 명의 거래 상대에게 물품을 판매하는, 구조적 등위성의 상황에서 둘 사이에 경쟁이 치열해진다. 경쟁에 대한 이와 같은 관점은 같은 산업에 종사하는 생산자들 사이에 경쟁 압력이 존재한다는 경제학적 가정과는 상이하다. 버트는 이처럼 경제 행위자가 자리 매겨져 있는 연결망의 형태와 위치에 따라 경쟁 압력의 존재 유무가 결정된다고 주장한다. 자신과 유사한 관계의 망을 가지고 있는 다른 사람들이 나의 위치를 대체할 수 있는 사람이기에 둘 사이에 경쟁이 생기게 되는 것이다.

이것은 시장에서뿐만 아니라 직장에서 승진을 위해 경쟁하는 사람들에게도 그대로 적용된다. 단순히 같은 직급에 있다고 무조건 경쟁하는 것이 아니라, 업무상 상호 작용을 해야 하는 상사나 부하직원, 관계부서, 그리고 거래처 등이 서로 비슷하면 할수록 같은 자리를 놓고 점점 치열하게 경쟁하게 된다. 노동을 탈숙련화시켜서 서로 대체 가능하도록 함으로써 자본가 계급이 권력을 갖게 된다는 마르크스의 주장도 구조적 등위성과 관련이 있다. 구조적으로 같은 위치를 차지한다는 말은 언제든지 쉽게 대체될 수 있고, 따라서 대체 대상들은 서로 치열한 경쟁관계에 놓이게 되는 것이다.

경쟁의 구조는 시장을 구성하는 산업간 관계망에도 적용된다(김용학 · 박찬웅 · 이경용 · 장덕진, 2002). 예를 들어 면직물 산업과 견직물 산업 사이에 어느 정도의 경쟁이 존재하는지는 이들 산업이 어느 산업에서 원료를 구입하고, 이들이 생산한 제품이 어느 산업으로 흘러 들어가는지에 따라 달라진다.[4] 그렇다면 두 산업이 다른 산업들과 맺고 있는 관계에 비추어볼 때 두 산업 사이에는 상당한 정도의 대체가능성이 존재하며, 따라서 두 산업 사이에는 상당한 경쟁관계가 존재할 것임을 미루어 짐작할 수

4) 면직물이란 면을 원료로 한 직물로써 흔히 말하는 광목, 옥양목, 포플린, 골덴 등이 이에 해당하고, 견직물이란 견을 원료로 한 직물로써 실크 계통이 이에 해당한다.

있다. 왜냐하면 실크를 원료로 한 옷의 가격이 올라간다면, 면을 원료로 한 옷으로 대체할 수 있기 때문이다. 하지만 자동차 산업과 견직물 산업 사이의 경쟁 압력은 상대적으로 매우 낮을 것이라 짐작할 수 있다. 실크의 값이 오른다고 해서 자동차로 옷을 해 입을 수는 없기 때문이다.

산업들간의 관계 분석을 두 산업에만 한정하지 말고 전체 산업들간에 생기는 $n(n-1)$개의 관계로 확장해 보자. 여러 산업들이 서로 맺고 있는 관계들을 포괄하여 분석해보면 우리는 상호 대체가능성이 높은, 따라서 경쟁의 강도가 높은 산업들과 그렇지 않은 산업들을 구분할 수 있을 것이다. 만약 산업간 대체가능성이 높을수록 두 산업간의 '거리'가 가깝고 대체가능성이 낮을수록 거리가 멀다고 개념화하고 거리를 2차원 평면에 지도로 나타낼 수 있다면, 우리는 그것을 그 나라의 전체 산업구조 혹은 경제구조를 보여주는 일종의 '지도'와 같은 것이라고 해석할 수 있을 것이다. 우리가 여행할 때 사용하는 도로지도와 마찬가지로 이 산업지도는 두 지점들(산업들) 간의 거리를 보여주고 한 지점(산업)에서 다른 지점(산업)에 도달하기 위한 경로(재화의 흐름)를 보여 줄 수도 있다.

이처럼 산업들간 거래관계의 망을 통해 경쟁구조를 분석하는 것이 가지는 또 한 가지 장점은 그렇게 함으로써 구체적인 시장의 경계선(market boundary, Burt, 1988)을 설정할 수 있다는 것이다. 거리가 가까운 산업들은 그만큼 서로 대체 가능하다는 것을 의미한다. 위에서 예로 든 면직물과 견직물은 상당한 정도로 서로 대체하는 것이 가능하고 따라서 두 산업은 옷감이라고 하는 같은 시장에 속한다. 여기에 비해 모직물 산업은 이들 산업과 대체가능성이 약간 떨어진다. 왜냐하면 모직물에는 단순한 옷감뿐만 아니라 카페트 원료 등도 포함되기 때문이다. 모직물 값이 오른다고 해서 실크로 카페트를 만들 수는 없기 때문에 모직물 산업은 옷감 시장에서 면직물 및 견직물과 경쟁하지만 모직물 산업은 그들과 경쟁하지 않는 카페트 원료 시장을 별개로 가지고 있다. 이렇게 점점 두 산업들간의 대체 가능성이 낮아짐에 따라서(곧 두 산업 간의 구조적 등위성도 낮아져서), 급기야 어느 지점에 이르러서는 실질적인 대체가능성이 거의 없는 지점에 이르게 된다. 이 지점에서 하나의 시장이 끝나고 다른 시장이 시작된다. 즉 시장의 경계선이 설정되는 것이다. 경제사회학적 시각에서는 행위자들간의 관계를 통해 그 행위자가 자리 매겨져 있는 사회구조를 파악하듯이 산업들간의 관계를 통해 그 산업이 자리 매겨져 있는 시장을 파악할 수 있게 되는 것이다.[5)]

6.1.2 시장구조에 대한 연구 사례: 한국의 산업구조 연결망 분석

위에서 언급한 것처럼 산업 사이의 경쟁관계를 결정짓는 시장구조를

그림 6-2 1993년도 산업구조

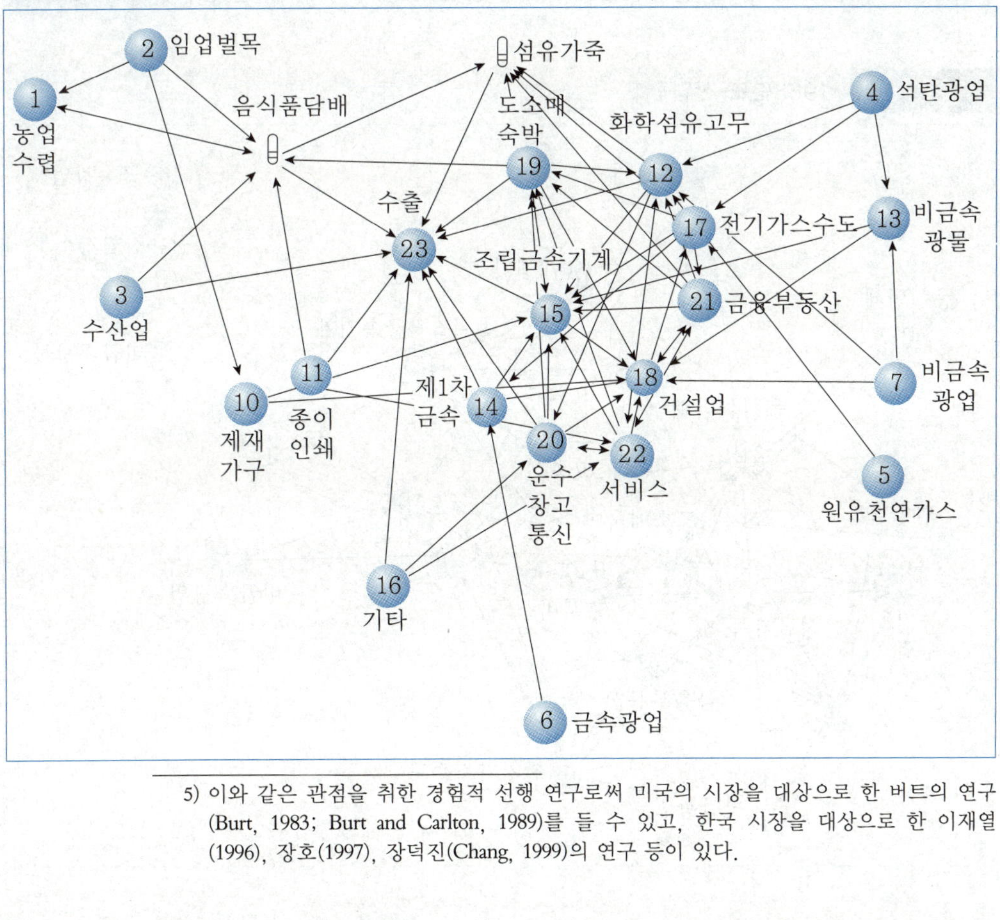

5) 이와 같은 관점을 취한 경험적 선행 연구로써 미국의 시장을 대상으로 한 버트의 연구(Burt, 1983; Burt and Carlton, 1989)를 들 수 있고, 한국 시장을 대상으로 한 이재열(1996), 장호(1997), 장덕진(Chang, 1999)의 연구 등이 있다.

구조적 등위성으로 파악할 수 있다. 다른 대안은 산업간 서비스나 재화의 직접적인 흐름을 하나의 연결망으로 파악하여 시장구조를 분석하는 것이다.

〈그림 6-2〉는 연결망 분석기법을 이용하여 1993년 한국의 산업구조를 보여 주고 있다. 화살표는 한 산업에서 다른 산업으로 흐르는 물자나 서비스의 양이 그 산업 총량의 5% 이상일 경우를 의미하며, 각 산업의 위치는 산업간 경로거리를 다차원축적도(MDS) 방법을 이용하여 정한 것이다. 1993년도의 산업구조의 특징을 살펴보면 조립금속기계산업과 수출이 중심을 차지하고 있으며, 이들 산업 주위에 도소매숙박산업, 화학섬유고무산업, 전기가스수도산업, 금융부동산업, 건설업, 서비스업, 운수통신창고산업, 제1차 금속 등이 위치하고 있다. '음식료담배산업'과 '종이인쇄' 등이 중간에, 일차산업에 해당되는 산업들이 주로 주변에 위치하고 있다.

그림 6-3 1963년도 산업구조

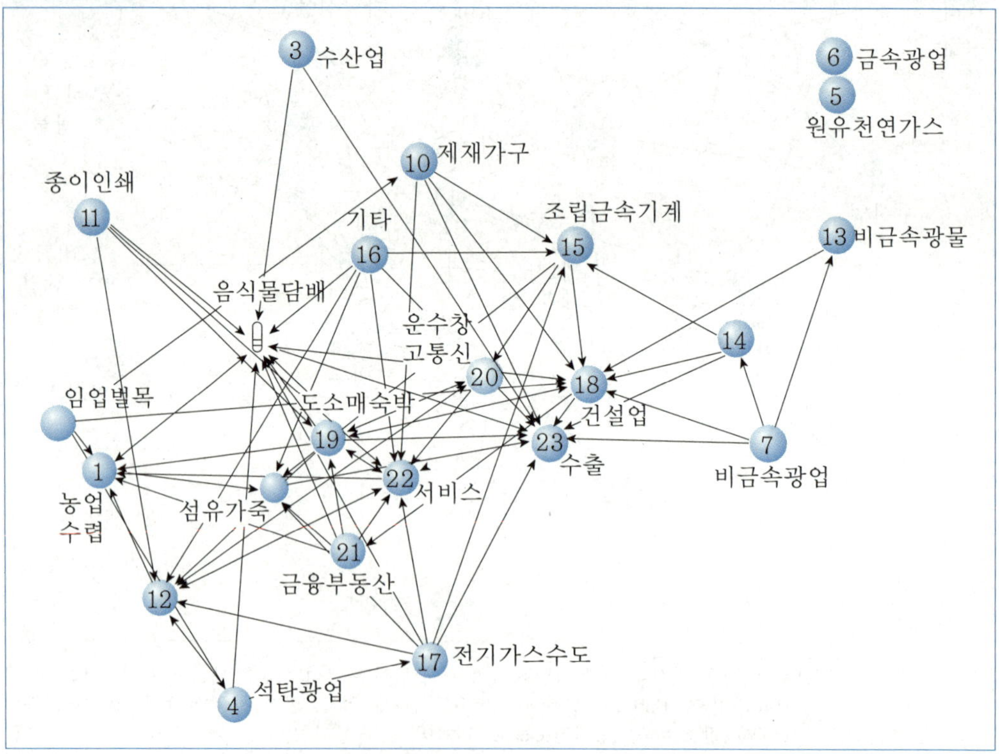

이 구조를 <그림 6-3>의 1963년도와 비교해 볼 때, 30년간 수출이 비교적 중심적인 위치를 차지하고 있어 수출지향적인 산업구조를 보이는 면에서는 커다란 변화가 없지만, 다른 중심-변방 산업의 경우 큰 변화를 발견할 수 있다. 즉 1960년대의 경우 중화학공업이 주변부에 위치하고 있었던 반면 1990년대에 와서는 이들 산업이 중심을 차지하고 있어 경공업 위주의 산업구조에서 중화학공업 중심의 산업구조로 변화되어 왔음을 확인할 수 있다. 금융부동산업의 경우 산업발전에 주요한 산업으로 이들 산업도 약간의 변동은 있으나 전반적으로 중심부로의 이동현상을 확인할 수 있다. 산업발전에 중요한 원동력을 제공하는 전기가스수도산업의 경우도 금융부동산업과 마찬가지로 주변부에서 중심부로 이동했으며 도소매숙박업의 경우는 수출 부문과 유사하게 1960년대부터 1990년대까지 줄곧 중심에 위치하는 산업으로 큰 변화를 보이지 않았다. 그리고 일차산업에 해당되는 농업수렵업, 수산업, 임업벌목, 석탄광업, 비금속광업 등은 시기의 변화에도 불구하고 지속적으로 주변부에 위치하였다. 결국 1960년대에도 이들 산업은 주변부에 위치하고 있어 종사자를 기준으로 한 산업구조 변화를 설명하는 경우와는 차이를 보이고 있다.

이렇게 시장구조로 파악된 산업 간 관계망은 여러 종류의 분석에 사용될 수 있다. 예를 들어, 우리나라의 재벌들이 어떤 산업에 진출했으며, 또 어느 정도 이질적인 혹은 동질적인 산업에 뛰어들었는지를 측정하는데 이용될 수 있다. 즉, 각 재벌의 관련 다각화와 비관련 다각화를 측정하는데 이용될 수 있는 것이다. 비관련 다각화란 재벌들이 서로 관련 없는 산업으로 진출했다는 것을 의미한다. 기존의 논의들은 관련성이나 다각화의 정도를 체계적으로 측정하기보다는 단지 계열사의 수와 그 계열사들이 속한 산업의 숫자를 세서 측정해 왔다. 그러나 비관련 다각화를 체계적으로 측정하기 위해서는 각 재벌들이 진출한 산업들이 한국의 산업구조 내에서 시장, 기술 등의 측면에서 구체적으로 얼마나 관련 혹은 비관련되어 있는가가 분석되어야 한다. 이러한 산업 간의 관련성의 정도는 <그림 6-2>이 보여 주는 산업간 연결망 구조를 통해 측정될 수 있다. 즉, <그림 6-2>에서 화살표로 연결되지 않은 산업이나, 도달하려면 여러 단계의 화살표가 필요한 산업에 진출할수록 비 관련 다각화가 높은 것으로 보는 것이다.

IO 표가 한 나라 안에서 구조화된 산업 간 관계를 보여 준다면, 비슷한 맥락에서 시장이 전세계적으로 구조화되었다는 것을 보여 주는 개념이 상품사슬(commodity chains)이다. 하나의 완성품이 만들어지기까지 국제적으로 흐르는 상품들의 흐름을 생각해 보라. 구체적으로, 미국의 의류시장에 납품하는 과정에 관여하는 태평양 연안 국가들의 전초기지들 사이의 물자의 흐름을 상상해 보라. 중국에서 생산한 면직물은 미국 뉴욕에서 디자인 한 모형에 따라 한국에서 염색, 재단, 봉제된 후 미국에 수출된다. 이 과정에서 단추는 인도네시아에서 생산되며, 봉제기계는 일본에서 생산된다. 제품이 고급화될수록 상품이 흐르는 사슬이 달라져 중심축이 이탈리아로 옮겨간다. 오늘 우리가 마시는 커피 한잔이 어떤 과정과 경로를 거쳐 우리 탁자에 도달했는지를 상상해 보면 이 경로에 구조화된 사슬이 있음을 쉽게 이해할 수 있을 것이다. 상품사슬의 구조도 사회학적인 탐구대상이다.

6.2 시장구조와 연결망

6.2.1 시장구조의 발현: 콜만 모델

복잡하게 이해가 얽혀 있는 시장 행위자 사이에 지속적인 연결망, 혹은 시장구조가 생겨나는 과정을 설명하려고 한 사람은 콜만(Coleman, 1990)이다. 그는 수학 모델을 이용하여 시장에서 구조가 생겨나는 미시적 과정을 찾으려고 했던 것이다. 콜만 모델의 논리를 두 행위자를 상정하여 쉽게 설명하면 다음과 같다. A가 갖고 있는 것(통제 하는 것)과 B가 갖고 있는 것은 서로 다르다. 또 A가 원하는 것(interest)은 B가 갖고 있고, B가

원하는 것은 A가 갖고 있다. 이 경우 A와 B 사이에는 통제의 정도와 이해의 크기에 따라 다른 형태의 상호 의존적인 관계망이 생겨난다. 우선 2자 사이의 상호 의존적이 망이 생겨나는 과정을 과학(자)과 언론(기자) 사이의 이해와 통제의 얽힘을 통해 예시해 보자.

과학자는 지식-정보의 생산자이고 기자는 지식-정보의 전달자, 혹은 해석자이다. 기자의 역할은 공개되지 않은 정보에 빨리 접근하여 보도하는 것이다. 정보를 캐는 기자의 속성상 기자는 과학자가 갖고 있는 정보를 원한다. 과학자는 정보 전달자/해석자로서의 언론이 자신의 연구결과를 잘 포장하여 보도하기를 원한다. 그래야만 자신의 연구 분야가 사회적으로 각광을 받고 연구비가 증액되기 때문이다. 따라서 둘 사이에는 호혜적이고 상호 의존적인 관계망이 생겨난다. 이 사적인 망은 긍정적인 경우도 있지만, 부정적인 결과를 내는 경우도 많이 있다. 특히 과학적 사실의 진위를 평가하는 능력이 떨어지는 기자는 정보원으로서의 과학자를 무작정 믿게 되는 경향이 있기 때문에 오보를 낼 확률이 높다.

과학자가 언론을 필요로 하는 이유는 어떤 과학적 혁신의 경우에도 그 발명품이 사회적-경제적으로 무엇을 의미하는지가 해석되어야 하는데(Pinch and Biker, 1987), 언론이 그 기능을 담당하기 때문이다. 과학자들은 자신들에게 유리한 '상징적 해석'이 유포되기를 요하고, 언론은 과학적 연구와 발명의 기사화를 필요로 하기 때문에 둘 사이에는 서로 돕는 교환체계가 성립되는 것이다.

이처럼 두 사람 사이에 상호 의존적인 관계망이 생기는 것은 비교적 쉽게 이해할 수 있지만, 여러 명 사이에 통제권과 이해가 얽혀 있는 경우 생겨나는 관계망의 출현을 설명하려면, 수학의 힘을 빌릴 수밖에 없다. 이러한 2자 사이의 연결망이 생기는 과정을 n자 사이의 연결망으로 일반화한 것이 콜만의 선형 행위체계 모델(linear system of action)이다. 이 모델은 행위자와 사건으로 구성된다. 행위자가 사건을 통제하고(C 행렬), 또 이 사건들은 행위자의 이해(X 행렬)에 직접적으로 관련되어 있다. 가상적인 상황을 그림으로 표현하면, 〈그림 6-4〉와 같다.

검찰은 수사권이 있고, 은행장과 기업가는 자금을 통제하고 있다. 정

그림 6-4 콜만 모델의 가상자료

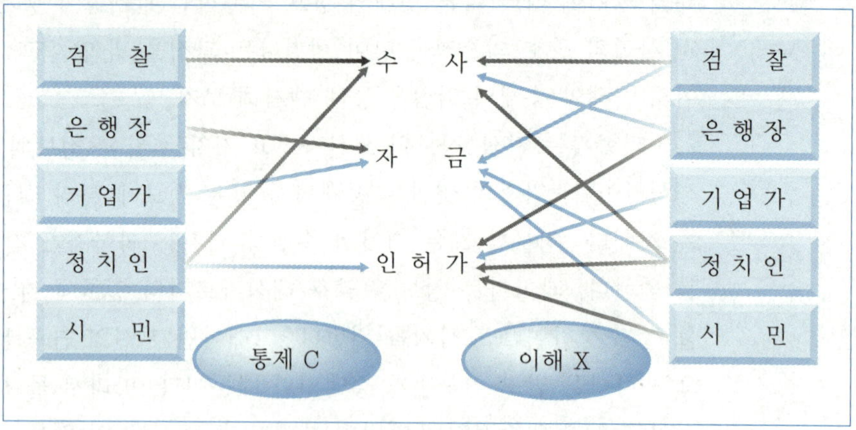

치인은 검찰에 대해 압력을 행사할 수 있으므로 부분적으로 수사권을 통제하며, 특정 사업 인-허가권을 통제한다(선의 짙기는 통제력의 상대적 크기를 의미한다). 불법대출 행위를 한 은행장은 수사에 관심을 갖고 있고(다른 말로, 수사결과에 이해가 걸려 있고), 검찰도 수사권을 지키기를 원하기에 수사권에 이해를 걸고 있다. 정치인은 주로 (정치)자금에 관심이 있으며, 수사에 압력을 행사해야 하므로 수사권에도 이해가 달려 있다. 기업가는 사업 인-허가권에 목을 걸고 있고, 시민은 생계를 위해 자금에 이해가 달려 있는 상황이다. 이처럼 얽힌 통제권과 이해관계의 원 자료를 행렬로 표시하면[6] 〈표 6-1〉과 같다.

이들 행위자가 자신의 이해를 추구하면서 자신이 통제하는 것을 교환하기 시작하면 평형상태에서 상호의존 행렬(dependence Matrix) $Z=(C*X)'$ 이 생겨난다. 어떤 사건에 이해관계를 갖고 있으면 그 사건을 통제하는 행위자에게 의존하게 된다는 뜻이다. 이 행렬의 각 행의 합은 1.0으로 조정되는데, 각 행위자가 자신의 의존도를 배분한다는 의미를 담고 있다. 예를 들어, 〈표 6-2〉의 기업가 행을 보면 기업가는 자신의 의존 총

---

6) 이 원 자료는 각각 $\Sigma_k C_{ik}=1.0$, 그리고 $\Sigma_k X_{kj}=1.0$이 되도록 표준화(normalize)한다. 이 표준화는 행위자가 몇 %의 통제권을 소유했는가와 행위자가 자신의 이해를 세 사건에 어떤 비율로 배분했는가를 의미한다.

표 6-1 콜만 모델의 C행렬과 X행렬

C_{ik}

행위자	사건		
	수 사	자 금	인허가
검 찰	4	0	1
은행장	0	1	0
기업가	0	5	0
정치인	1	0	5
시 민	0	0	0

X_{kj}

사 건	행위자				
	검 찰	은 행	기 업	정 치	시 민
수 사	1	2	2	1	0
자 금	3	0	1	2	5
인허가	0	1	4	0	0

량 100 중 검찰에 32%, 정치인에 53% 의존한다. 이 의존 행렬의 구조는 검찰이 기업인에, 은행장은 검찰과 정치가에, 기업가는 정치인에, 정치인은 기업가에 그리고 시민은 기업인에 의존하는 것이다. 콜만 모델을 계산하기 위하여 필자가 작성한 SAS/IML 프로그램은 부록 A에 첨가하였다.

콜만 모델에서 힘 있는 사람들의 이해가 걸려 있는 사건의 가치는 올라간다. 즉 '사건의 가치'는 우리의 가상자료의 경우 수사(0.32), 자금(0.45), 인허가(0.24)의 순서로 나타난다. 통제권을 교환한 이후에 여전히 가치 있는 사건을 통제할 수 있는 능력으로 정의된 권력은 기업가, 정치인, 검찰, 은행장, 시민의 순서로 드러난다. 기업가가 권력이 센 이유는 많은 사람들이 기업가가 통제하는 자금에 이해를 갖기 때문이다.

표 6-2 콜만 모델에 의한 상호 의존구조

행위자	행위자				
	검 찰	은행장	기업가	정치인	시 민
검 찰	0.20	0.13	0.63	0.05	0
은 행 장	0.59	0	0	0.41	0
기 업 가	0.32	0.02	0.12	0.53	0
정 치 인	0.27	0.11	0.56	0.07	0
시 민	0	0.17	0.83	0	0

콜만 모델은 합리적인 행위자가 교환이 자유로운 시장 상황에서 어떠한 연결망 구조를 만들어 내는지를 수학적으로 예측했으며 이 모델이 경험세계의 현상을 설명하는 데 성공적으로 적용되었다는 점에서 큰 의미가 있다.

이처럼 콜만 모델은 합리적 행위자들에 의해 이루어지는 시장에서 구조가 형성되는 과정을 수학적으로 예측할 수 있음을 보여 준다. 간단한 실험적 예를 통해 시장에서의 각 행위자들간의 상호 의존도, 그리고 사건의 가치 및 권력 등을 계산해 낼 수 있었다. 콜만 모델은 연결망 분석을 통해 시장구조의 발현을 예측하고 있는데, 이는 기존의 연구방법으로는 시도될 수 없었던 것이다. 이러한 모형은 시장을 비롯한 다양한 실제 경험세계의 현상을 설명하는데 유용하게 적용되어 왔다. 콜만의 시도가 기존의 연구에서 진일보한 것이 분명하지만, 여전히 시장구조의 발현에 대한 연구는 가야할 길이 많이 남아 있다. 이에 콜만 모델은 하나의 길잡이 역할을 해 줄 것이다.

6.2.2 시장에서 연결망의 효과

시장이 구조화된 증거로서 존재하는 연결망은 생산자와 소비자 사이의 거래 연결망(Dore, 1992; Perrow, 1992)에서부터 기업집단 내의 그리고 기업집단 간의 투자 연결망과 이사 파견 연결망(Orru, 1991, Imai, 1992), 산업 간의 물자와 서비스가 흐르는 연결망(Input-Output Table, Burt, 1988; 김용학 · 박찬웅 · 이경용 · 장덕진, 2002), 기업 간 전략적 동맹이나 출자 연결망, 그리고 국가와 기업 간 관계망(Okimotto, 1989; Moon, 1994; Johnson, 1982; Evans, 1995)에 이르기까지 매우 다양하다.

나라별로 시장이 다르게 구조화 되었다는 사실은 한국과 일본의 재벌(zaibatsu) 연결망을 비교해 보면 금방 드러난다. 일본에서의 재벌 연결망(출자나 겸직이사의 망)에서는 은행이 가장 중앙에 위치하지만, 한국에서는 재벌이 은행을 소유하지 못하기 때문에 재벌 연결망에서 빠져 있다. 둘째, 한국의 계열사들은 재벌이 소유하지만 일본의 계열사는 소유와 무관하게 존재하면서 재벌기업과 장기적인 거래 관계를 맺고 있다. 셋째, 일본에서는 재벌과 재벌 사이에도 연결망이 존재하지만, 한국에서는 이런 경우가 극히 예외적이다(Gerlach, 1989; Orru et al., 1991).

연결망은 순간적 거래(spot transaction)가 일어나기 때문에 가장 자유시장에 가깝다고 여겨진 증권시장에서도 존재한다. 이 연결망의 구조가 가격 변동에 영향을 미친다는 점을 밝혀 낸 베이커(Baker, 1984)의 연구를 살펴보자. 그는 선물시장에서 선물 상품을 놓고 장이 형성되는데, 거래를 위해 모인 사람들의 숫자가 다르다는 점에 착안한다. 큰 집단과 작은 집단을 비교하여 거래가 일어나는 과정과 가격 변동의 폭을 비교 연구했다. 그 결과 그는 거래가 모든 사람과 이루어지는 것이 아니라, 제한된 사람들 사이에서 일어난다는 사실을 밝혀 낸다. 좋은 가격을 제시하는 사람들을 모든 것을 검토할 수 없다는 제한된 합리성 때문에 자신과 지리적으로 인접한 사람과의 거래가 더 빈번하다는 것이다. 이러한 현상은 〈그림 6-5〉에서 볼 수 있듯이 집단의 크기가 클수록 더 심해서 거래 연결망이 여러 개의 소집단(clique)으로 분화된다(ABC 연결망, Baker, 1984: 792). 작은 집단에서는 연결망의 분화 정도가 비교적 낮다(XYZ 연결망). 이 현상의 결과는 가격변동의 폭을 다르게 만든다. 즉 큰 집단의 분화된 연결망에서 가격변동의 폭이 훨씬 크다는 것이다. 베이커가 연구한 기간 동안 ABC

그림 6-5 선물시장에서 거래의 연결망

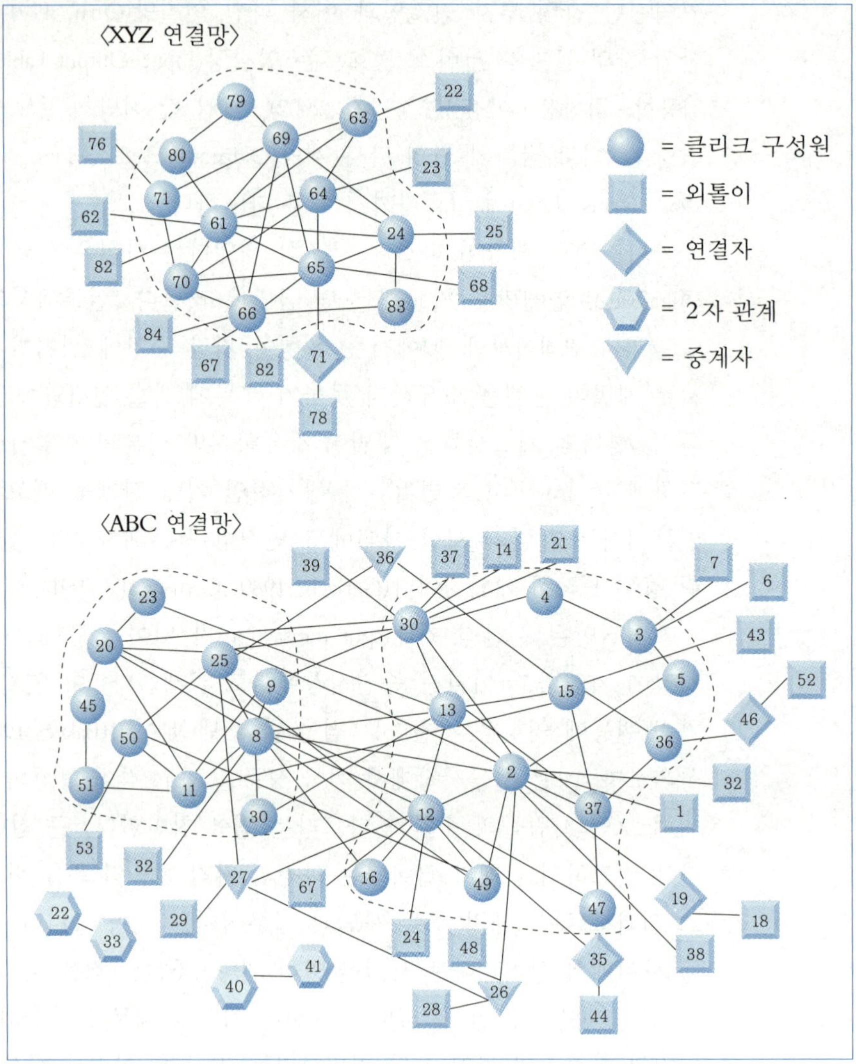

연결망에서는 최대 변동폭의 2.77%의 가격 등락이 있었는데, 이는 XYZ의 3배에 달하는 변동폭이다.

거래 연결망의 특성은 상품의 특성을 반영하기도 한다. 예를 들어 동남아시아에서 생산되는 작물의 거래관계의 지속성을 작물별로 살펴보면 고무 거래에서만 나타나는 특징이 있다. 쌀이나 다른 농작물의 경우에는 생산자와 상인들간에 거래처가 자주 바뀌고 다자간 거래가 성사되는 반면에, 고무의 경우 거래관계가 2자간에 매우 장기적으로 지속된다. 이는 고무의 특성상 원료만 보고 질을 판단할 수 없고 가공을 해 보아야 질이 판별되기 때문이다. 즉, 고무원료를 구입할 때 불확실성이 존재하기 때문에 장기적인 거래관계를 통해 신뢰관계를 구축하여 상품이 주는 불확실성을 해결하려고 한 것이다(Oberschall and Leifer, 1986). 이처럼 상품의 성질에 따라서 거래관계의 연결망 형태와 지속기간이 달라지는 것이다.

시장에서의 지위의 효과에 대한 포도니(Podolny)의 연구도 시장에서 연결망의 중요성을 잘 드러내 주는 예이다(Podolny, 1993, 2001; Podolny et al., 1996). 불확실성이 높고, 제품의 품질이 중요하게 작용하는 시장에서 기업들은 연결망을 형성하여 거래 비용을 낮추고, 위험을 공유한다. 지위(status)는, 불확실성이 높아 시장가격이 제대로 작동되기 힘든 경우, 중요한 의사결정을 위한 정보가 된다. PC시장이 처음 등장하였을 때, 이는 불확실성이 매우 높은 시장이었다. 산업이 수익성이 있는 산업인지, 투자가치가 있는 사업인지를 판단할 수 있는 기준이 없었던 것이다. 이러한 상황에서 IBM이 PC산업에 뛰어들고 이로 인해 투자가들은 PC산업이 유망한 산업이라는 믿음을 갖게 되어, 이 부문의 자원 동원이 쉬어졌던 사실을 상기해 보라. IBM이라는 높은 지위의 기업 행동이 시장에서 의사결정을 가능케 하는 신호 역할(signaling)을 했던 것이다. 이렇게 지위는 불확실성이 높은 시장에서 신호의 역할을 하면서, 연결망을 통해 형성되고 전파되는 특성을 지닌다.

기업의 지위는 소비자들 간의 관계망, 생산자들 간의 관계망, 혹은 제3자와의 연결망 등을 통해 '품질에 대한 평가'라는 정보가 이동함으로써 형성된다. 이러한 의미에서 지위는 연결망 내 위치로 개념화될 수 있다. 반도체 산업의 특허인용 연결망(patent citation network)을 조사한 포도니 외(Podolny et al., 1996)의 연구는 기술 연결망에서 높은 지위에 속하는 기업의 성과가 높음을 보여 준다. 여기에서 지위란 특허인용 연결망에서 다른 기업들이 자사의 기술특허를 얼마나 인용하는가에 따라 결정된다. 불확실성이 높은 시장에서는 지위의 높고 낮음에 따라 자원 흐름이 달라진다는 것이다. 이 연구는 연결망 내에서 어떤 위치를 차지하는가에 따라 기업의 성과가 달라진다는 연결망의 경제적 효과를 강조한 연구라 할 수 있다.

연결망이 경제적 효과를 가져다 주는 또 다른 효과로서 지위 이전(status diffusion)을 들 수 있다. 즉, 높은 지위의 행위자와 관계를 맺는 것은 교환 자체로부터의 이득 이외에도 여러 가지 부수적 효과를 가져온다. "무엇을 얻느냐" 보다 "누구를 얻느냐"가 중요하다는 것이다. 지위 이전에 대한 경험적 연구로는 벤처기업 간 전략적 제휴 연계망에서 높은 지위의 벤처와 제휴를 맺은 기업이 낮은 지위의 기업과 제휴를 맺은 기업들보다 더 빨리 주식시장에 상장된다는 연구(Stuart, 1998; Stuart, Hong and Hybels, 1999)와, 지위가 높은 벤처 캐피탈의 지원을 받는 벤처들이 주식가치가 높다는 연구(Koh and Venkatraman, 1991; Park and Kim, 1997) 등을 들 수 있다. 이렇게 기업간 연결망을 통해서 기업들은 정보와 위험을 공유하여 불확실성을 낮추고 높은 경제적 이득을 얻을 수 있을 뿐만 아니라, 연계로부터 흘러나오는 지위 이전이라는 부수적 효과를 얻을 수 있다는 점에서, 포도니는 연결망이 시장에서 파이프와 프리즘의 두 가지 역할을 한다고 은유적으로 표현하였다(Podolny, 2001).

시장가격 형성에 구조가 중요하다는 점을 주창한 화이트(Harrison White)의 영향을 받은 김우식(2000)은 수요와 공급에 의해 형성되는 신고전 경제학의 균형가격 이론은 추상적이어서 구체적으로 시장에 참여하는 공급자와 수요자들이 실제로 가격을 어떻게 산정하는지를 설명하지 못한다고 주장한다. 생산자들의 역할구조가 고정되어있는지, 생산자와 소비자들이 연결망에 의해 긴밀하게 연결되거나 상호 의존적인지, 또 생산자와 소비자가 직면하는 불확실성의 정도는 어느 정도인지 등에 따라 시장에서의 가격 변화가 생긴다고 주장한다. 한마디로 시장에 참여하는 행위자와 그를 둘러싼 연결망 및 제도적 환경 그리고 불확실성이 시장의 가격이나 수요/공급에 영향을 미칠 것이라는 주장이다. 이러한 선험적인 주장은 앞으로 경험적인 연구에 의해 보완되어야 할 것이다.

6.2.3 연결망 외부성과 승자독점 시장

연결망이 경제 현상에 대해서 갖는 또 다른 중요한 효과는 연결망 외부성에 의해서 생겨난다. 4장에서 이미 언급했듯이 연결망 외부성이란 한 재화의 가치가 그 재화를 사용하는 사람들 사이의 직-간접적인 네트워크에 의해 영향을 받는 현상을 일컫는다.

21세기 시장에 대한 전망은 연결망 외부성에 의해서 특정 지워지는 신경제를 주창하는 이론에 의해 주도되고 있다. 정보기술의 발달로 인하여 신경제에서 시장의 작동 원리가 바뀌었다고 주장하는 이 이론은 '이긴 자가 모두 갖는 승자 독점 사회'를 주창하고 있다(Robert and Cook, 1996). 무한 경쟁이니, 2등은 아무도 기억하지 않는다는 슬로건은 바로 최고만이 살아 남는 경제원리를 이야기하는 것이다. 왜 이긴 자가 모두 갖게 되는 경제로 바뀐다는 것인가? 이러한 전망을 하는 이론은 연결망 외부성(network externality)과 온라인 시장의 특징 때문이라고 주장한다. 각각의 논리는 다음과 같다.

하나의 문서편집기의 가치가 이 상품을 사용하는 사람들의 연결망의 크기에 따라 증가한다면(increasing return) 하나의 문서편집기가 시장을 지배하게 된다. 문서편집기뿐만 아니라 대부분 정보상품은 이와 같이 연결망의 크기에 따라 가치가 연동한다. 영화도 정보상품으로서 많은 사람들이 본 영화일수록 빈익빈 부익부 현상을 따라 더 빠른 속도로 뜬다. 사실 마이크로소프트사가 윈도우로 컴퓨터 OS 시장을 독점적으로 지배하는 것이나, Explorer 탐색기로 인터넷 브라우저 시장을 지배하는 현상을 보면 연결망 외부성 때문에 정보사회에서의 독점화 현상이 지배적인 것처럼 보인다. 만일 거대기업이 시장을 지배하던 20세기의 '수직적 통합'의 논리가 연결망 외부성이라는 정보사회의 논리에 의해 대체된다면 독점과 경제 불평등은 강화될 것이다.

정보사회에서 시장이 온라인 시장으로 대체됨에 따라 승자독점이 생긴다는 예측의 논리는 다음과 같다. 온라인 시장은 정보가 거의 완벽하게 흐르며 또 거래가 클릭 하나로 이루어지기 때문에 거래비용이 거의 없는 완전경쟁 시장에 가까운 시장이다. 따라서 최고의 경쟁력을 내는 기업이나 상품에 대한 정보가 소비자 누구에게나 장애 없이 전달되기 때문에 경쟁력 있는 기업만이 선택되어 살아 남는다는 예측이 독점화 논의를 지지한다.

완전 경쟁시장에 가까운 온라인 시장이 확대되고 연결망 외부성이 지배하는 정보상품의 경제적 비중이 점차로 커짐에 따라 독점화로 향한 추세가 생겨난다는 점은 부인하기 어렵다. 그러나 독점화와 그에 따른 경제 불평등의 확대는 불변의 추세가 아니라 몇 가지 중요한 매개 변인들에 의해서 억압될 가능성이 있다. 그 매개변인들은 다음과 같다.

첫째, 승자가 하나인 경우조차도 그 승자가 여러 승자들로 구성될 가능성이 있다. 예를 들어, PC 시장에서 IBM 계열의 컴퓨터가 승자가 되긴 하였지만, IBM 계열의 컴퓨터를 공급하는 회사는 무수하며 이들 사이의 불평등도 독점화를 지지할 만큼 크지 않다. 이외에도 개방된 기술 표준의 경우 이를 지원하는 다양한 공급자들이 공존하는 경우를 쉽게 발견할 수 있다. 가령 사실상 표준이 된 사운드 블라스터(Sound Blaster)를 지원하는 수많은 사운드 카드 제조업체, 한때 모뎀의 표준이었던 헤이즈(Hayes) 모뎀 프로토콜을 지원하는 수많은 모뎀 회사들이 존재하는 것이다.[7] 즉 기술표준은 독점되어도 그 기술을 이용하여 생산하는 공급자는 독점되지 않을 수 있는 것이다.

둘째, 거대한 산 봉우리 몇 개로 분할된 산업사회와는 달리 정보사회에서는 기술영역이 세분화됨으로써 수많은 작은 봉우리들이 세분화된 영역의 승자로 선택될 가능성이 있다. 그렇게 되면 이긴 자가 모두 갖는 사회의 의미는 상대적으로 약화된다. 가령 타이타닉이라는 영화를 만들 때 컴퓨터 그래픽스 전문회사, 분장전문회사, 소품 전문회사 등 각 분야의 최고 수준의 전문회사들이 연결망으로 동원되었다. 다양한 세부 분야마다 봉우리가 있다면 설사 승자독점이 있다고 해도 이것이 사회의 자원독점에 갖는 의미는 약화된다.

7) 조금 전문적으로 이야기하자면, 표준 사이에 호환성(Inter-operality, 혹은 compatibility)이 보장되면 독점화는 약화된다.

셋째, 만일 상품의 주기가 빨라지면 시간적으로 다양한 승자들이 등장하게 된다. 현재의 MS사가 OS 시장을 독점한 것도 그 이전의 승자인 CPM, CPM86 등을 물리치고 올라 선 것이다. 그 이전의 경쟁들을 생각해보면 MS 독점의 역사는 과연 몇 년을 지속할 것인지 궁금해진다. 빌 게이츠 자신과 MS 종업원들도 언제나 '회사가 망하기 6개월 전이라는 위기감으로 살아가고 있다'고 고백하는 것을 보면 극심한 환경변화와 시장으로부터의 끊임없는 도전이 언제나 승자를 괴롭히고 있음을 알 수 있다. 사실 이제 PC에 근거한 프로그램의 시대도 얼마 남지 않았고, Web에 기초한 운영체계(OS)나 응용 소프트웨어의 등장을 점치는 전문가들이 많아졌다. 실제로 많은 기업들이 Web based OS 개발에 박차를 가하고 있다. 승자들의 공간적 배열과 빠른 시간적 순차적 교체는 산업 사회와 비교했을 때보다 오히려 승자 독점력을 약화시킬 수도 있는 것이다.

넷째, 정보사회에서는 제품을 생산하는 데 진입장벽이 비교적 낮다. 산업사회에서 시장에 진입하려면 공장, 기계 설비, 토지 등을 구입하거나 건설하는 데 대규모의 자본이 필요하기 때문에 진입장벽이 매우 높다. 하지만 정보사회에서는 창의적인 아이디어와 컴퓨터 등 최소의 자본으로도 정보 생산이 가능해졌다. 가령 애플 컴퓨터를 창업한 스티브 잡스(Steve Jobs)는 자신의 차고에서 첫 퍼스널 컴퓨터를 만들어 냈고, 빌 게이츠도 마찬가지로 자본이 없는 가운데서도 DOS라는 운영체제를 선보이며 정보산업에서 성공했다. 이와 같은 예는 실리콘 밸리와 테헤란 밸리에 무수히 많다. 이러한 현상을 일컬어 생산요소가 변했다고 주장하는 경제학자들이 생겨났다. 즉 산업사회에서의 생산요소는 토지, 노동, 자본이었으나 정보사회에서는 지식이라는 제4의 생산요소가 등장했으며 그 중요성이 나머지 3개 보다 더 커지고 있다는 것이다. 이처럼 진입장벽이 낮은 경우에는 창의성만 있으면 시장에 진입할 수 있게 때문에 독점자본의 문제나 불평등의 심화와 같은 문제는 완화될 수 있는 가능성을 열어두고 있다.

끝으로 온라인 시장에서의 승자 독점의 문제를 살펴보자. 온라인 시장에서의 탐색비용이 0에 가까워짐에 따라 소비자들이 가장 좋은 조건의 판매자를 쉽게 판별할 수 있어 승자만 살아 남는다는 주장과, 공급자간 경쟁의 심화로 인해 온라인에서는 경쟁력이 가장 높은 기업만이 살아 남는다는 주장이 있다. 하지만 이 주장은 전자 상거래에서 신뢰의 문제를 간과한 것으로 보인다. 최근 미국 온라인 시장에서의 가격분포를 연구한 바에 의하면 온라인에서도 여전히 넓은 가격대가 존재한다고 한다(한준, 2000; Bailey, 1998; Bakos, 1999; Branjofsson and Smith, 2000; Smith et al., 2000). 그 이유는 소비자들이 낮은 가격에 반응할 뿐만 아니라 공급자의 신뢰에도 반응하기 때문이다. 가격이 다소 비싸더라도 공신력 있는 기관의 사이트에 연결(link)되어 있는 사이트를 선호하며, 오프라인에서 좋은 브랜드를 갖고 있는 기업의 사이트를 더 신뢰한다는 연구 결과가 있다. 뿐만 아니라 소비자는 한번 거래하던 거래선을 여간 해서는 바꾸려 하지 않는다. 거래선을 바꿀 때 발생하는 거래비용을 줄이려는 동기 때문이다. 이것은 시장에 가격의 측면에서 알곡과 쭉정이가 함께 공존할 수 있는, 즉 다양한 가격대의 상품과 공급자가 공존하며, 같은 가격에도 좋은 제품과 나쁜 제품이 공존할 가능성을 시사한다. 다시 말해서 하나의 승자가 아닌 다양한 승자가 존재할 가능성을 보여 주는 것이다.

6.3 연결망과 국가 경제발전

미국 LA 교육청이 왜 많은 한국 교민 학생들이 교과서를 두 권씩 구입하는지에 대해 조사를 벌인 적이 있다고 한다. 그 결과 한국인 부모들은 스스로 공부한 후 자녀를 가르치려고 한 권을 더 구입한다는 사실이 밝혀졌다. 한국인의 교육열이 미국에서도 그대로 지속된다는 것을 보여 준 에피소드이다. 이 사례는 사회적 자본이 인적 자본을 키우는 데 어떻게 기여하는지를 밝히는 콜만에 의해서 인용된 바가 있다(Coleman, 1988). 부모와 자식 관계에 존재하는 사회적 자본이 교육을 통해 인적 자본으로 이어진다는 것이다.

이와 같은 예외적인 사례를 제외하더라도, 경제행위가 사회구조와 사회적 관계에 자리 매겨져서 일어나는 것이라면, 사회적 관계 망에 내재하는 신뢰와 협동이 경제적인 효율에 영향을 미칠 것이라는 점은 자명한 일이다. 연결망 내에서 발생하는 반복적인 거래는 기회주의적 행동을 줄이고 공동의 목표를 위한 협동을 용이하게 할 것이라는 점은(Dasgupta, 1988) 이미 앞 장에서 다룬바 있다. 이제부터는 좀더 구체적으로 사회적 자본이 경제발전과 연결되는 메커니즘에 대해 논하기로 한다.

위에서 언급한 부모와 자식 사이의 사회적 자본의 예화를 혈연 집단으로까지 확대하면, 가족주의 문화가 발달한 우리나라의 혈연 안에서 일어나는 상호 부조의 역할을 쉽게 이해할 수 있다. 친척들은 높은 위험부담에도 불구하고 자본이 부족한 사람에게 보증을 서서 사채나 금융을 조달할 수 있도록 도와 준다. 빚진 사람은 대부분의 경우 혹시 보증을 서 준 친척에게 피해가 가지 않을까 조바심을 내며 더욱 열심히 일하게 된다. 또 보증인들은 자신이 피해를 입을지도 모르기 때문에 빚진 사람이 혹시 나태해지지나 않는지 알게 모르게 감시한다. 나는 이러한 과정을 통해 우리 나라 사람들 사이의 사적 연결망에 의한 사적 보증제도가 경제발전에 도움을 주었다고 생각한다.

지금은 많이 약화되었지만, 우리나라가 한창 산업화를 하던 당시 유행했던 '계'도 경제 발전에 도움이 되었다는 점이 공교롭게도 재미 교포를 통해 밝혀지고 있다(Light et al, 1990). 여러 인종으로 구성된 미국 사회에서 한인들의 경제적 지위가 다른 인종과 비교했을 때 비교적 빠른 속도로 상승했다. 한인들의 이민사를 보면, 맨주먹과 막노동으로 시작한 이들이 구멍 가게, 슈퍼마켓을 거쳐, 이제는 중요 도시의 세탁업을 장악하기에 이른 것이다. 재미 교포들의 빠른 경제 성장도 역시 교육열과 '인적자본' 덕택이기도 하지만 다른 인종에게는 없는 특이한 형태의 사회 경제 조직의 덕을 입었기 때문이라고 서구 학자들은 지적한다(Coleman, 1988). "돌아가는 신용 조직(rotating credit association)"이라고 번역된, 우리에게는 친숙한 계 조직이 경제발전 요인 중의 하나였다는 것이다. 새로 이민 온 사람들은 신용을 쌓을 기회가 없었기 때문에 은행 융자를 받기가 하늘의

별따기였다. 이때 한인들은 지연과 학연을 이용하여 계를 조직해서 목돈을 마련할 수 있었고, 이것이 경제활동의 밑받침이 되었다. 계는 깨지거나 사고가 발생하는 경우가 있기에 상호 신뢰가 없으면 존속할 수 없는 제도이다. 상호 신뢰가 재미 교포들의 경제적 성장에 도움을 준 것이다. 이민자의 사회적 자본과 경제 성장과의 관계는 지금 한참 진행되고 있는 연구 분야이다(Portes, 1995).

공공 영역에서도 사회적 자본은 큰 힘을 발휘한다. 기업간에 맺어지는 반복적인 거래의 연결망은 거래비용을 낮추어 경제적인 효율을 증진시킨다. 또 관료 사이의 연결망은 국가 정책을 일관성 있게 추진할 수 있도록 하는 밑거름이다. 관료와 경영자들 사이의 연결망은 시장의 정보가 정부의 정책 담당자에게 전달되고, 정부의 정책의도가 기업가에게 전달되는 채널로 작용하면서 경제 발전에 긍정적인 효과를 낼 수 있다. 이것이 "연결망 국가 이론"의 핵심이자, 한국의 경제 발전을 설명하는 중요한 이론 중의 하나이다. 그러나 사회적 자본이 항상 긍정적인 역할만을 하는 것은 아니다. 고문 기술자가 체득한 기술이 사회에 해를 끼치는 인적 자본이듯, 마피아의 사회적 자본은 부정적인 외부효과로 인해서 사회에 해가 된다. 마찬가지로 끼리끼리 독점적으로 자원을 나누어 먹는 집단 성원들 사이의 사회적 자본은 더 큰 집단에 해악이 될 수 있다. 과연 한국의 경제발전은 사회적 자본과 어떤 관련이 있는가? 관료와 자본가 사이의 연결망은 경제발전에 도움을 주었는가 아니면 정경유착의 부정적 외부효과로 발전을 저해했는가? 한국의 경제발전을 사회적 자본과 연결망의 효과로 돌렸던 이론들을 비판적으로 검토하기로 하자.

6.3.1 경제발전론에 대한 비판적 검토

1997년 말의 경제위기는 우리나라의 경제발전 모델을 반성적으로 돌아볼 수 있도록 하는 좋은 학습의 기회를 제공했다. 인류의 역사가 쓰여진 이래로 가장 빠르게 발전한 국가 중의 하나로 꼽히던 한국이 무엇 때문에 위기를 맞게 되었는지 그 원인을 냉철히 분석하고, 위기 이전에 스스로 자랑스럽게 내세웠던 경제발전 모델은 이제는 폐기해야 하는지를 검토하는 사회과학적 작업이 우리에게 커다란 숙제로 남겨진 것이다.

한국의 경제위기에 대한 원인 분석에서 크게 두 가지의 대립되는 시각을 찾을 수 있다. 첫째는 하바드 대학의 제프리 삭스(Jefferey Sachs) 교수를 중심으로 전개되는 주장으로, 한국의 경제구조는 비교적 건전하며, 외환 위기는 구조적이라기보다는 외국 투자기관들의 패닉에 의해 야기되었다는 시각이다(Radelet and Sachs, 1998). 위기는 외국 투자가들이 '스스로 이루어 가는 예언(self-fulfilling prophecy)'[8]의 과정을 통해, 일순간에 투자를 철수함으로써 야기된 것이고, 경제위기의 원인은 오히려 IMF가 급작스럽게 금융권의 부채비율(BIS)을 맞출 것을 요구하고, 금리를 올리고, 기업의 구조조정을 급하게 요구한 데에 있었다는 것이다. IMF의 처방은 라틴아메리카 등 경제구조가 부실한 곳에서 개발되었던 것인데, 똑같은 처방전을 비교적 건실한 한국에 그대로 적용한 것이 오히려 위기를 부추겼다는 주장이다(Feldstein, 1998). 한국의 경제가 문제가 없다는 것이 아니라, 문제는 있지만 경제 위기를 맞을 만큼 심각한 상황은 아니었다는 주장이다.

이와 상반되는 시각으로 MIT 대학 교수인 크루그만(Paul Krugman, 1994)은 동아시아의 경제 기적은 애초에 존재하지 않았다는 자신의 주장의 연장선상에서,[9] 한국의 경제위기는 취약한 경제구조에서 발생한 당연한 결론이라고 분석한다(1998). 그의 핵심적인 주장은 한국의 경제위기는 금융제도, 특히 관치금융과 연관되어 있다는 점이다. 정부의 직접적인 통제 아래에 있던 금융기관은 '도덕적 해이'의 상황에 직면하게 된다. 금융기관이 기업에 대한 신용평가(credit)에 근거해서가 아니라 정부의 압력에

8) W. I. Thomas가 정의한 스스로 이루어 가는 예언은 "아무리 허구적인 것이라도 행위자들이 그 허구적인 것이 참이라고 믿으면, 그 결과가 실제로 나타난다"는 현상을 가르친다(Merton, 1957). 예를 들어, 외국의 투자가들이 한국의 경제위기가 닥칠 것이라고 주관적으로 믿으면, 경제위기라는 실재적인 상황이 발생한다는 것이다.

9) 그는 동아시아의 경제 발전은 노동 투입을 늘린 결과이지 전체요소 생산성(total factor productivity)의 증가와는 거리가 있다는 주장을 편다. 창의적인 혁신을 가져오는 영감(inspiration)이 아니라 땀(perspiration)에 의해서 경제가 발전했으나, 이제는 노동 투입의 한계에 도달했으므로 경제가 정체된다고 분석한 것이다.

의해 대출한다면, 금융기관들은 자신의 경영 부실에 대해서 책임지지 않는다. 이 경우 이들은 높은 위험을 수반한 곳에 투자할 동기를 갖게 된다. 투자의 결과 우연히 좋은 성과를 내면 은행(장)이 생색을 내고, 잘못된 결과를 내면 책임을 안 져도 되기 때문이다. 결국 부실 금융이 경제위기로 이어질 수밖에 없다는 것이 크루그만의 주장이다.

이와 같은 상반된 시각은 한국의 사회과학계의 지식인들 사이에서도 그대로 이어지고 있다. 위기를 야기한 것이 선진 자본주의 국가들의 음모라고 보는 시각, 또는 적어도 IMF를 통하여 미국이 자국의 이익을 관철시키려는 음모가 한국의 경제위기를 불러왔고 경제를 악화시켰다는 견해와 한국 경제구조의 취약성이 위기의 원인이라고 보는 견해가 대립한다. 그리고 잉여 국제 금융자본의 대이동에 의해 위기가 야기되었다는 외인론적(外因論的) 시각과, 음모나 국제 자본의 이동보다는 한국 내의 금융구조의 취약성이나 기술 후진성 등이 위기의 근본적인 원인이었다고 보는 내인론적(內因論的) 시각이 대립한다. 음모설은 증거의 부족으로 인해서 과학적으로 접근하기가 거의 불가능하므로 논의를 내인론으로 국한시키기로 한다.

나는 한국의 경제 발전 모델의 핵심이 연결망과 관련되었다고 주장한다. 이 모델의 특징을 부각시키기 위해서는 1970년대 이후에 봇물 같이 쏟아진 경제발전 이론을 먼저 검토하는 것이 필요하다. 한국의 급속한 경제 발전을 설명하는 이론들은 크게 문화론, 국가론, 조직이론, 그리고 지정학적 이론이라는 4가지 부류로 나누어 볼 수 있다.

가. 문 화 론

문화론은 유교문화의 전통적인 가치와 규범이 산업화와 경제 발전에 도움을 주었다는 이론으로써, 주로 후기 유교문화의 긍정적인 측면을 열거하고 있다. 소위 동아시아적 가치(사회적 자본)를 강조하는 문화론이 주목하는 중요 발전 요인들을 간추리면, 교육열, 권력에 대한 태도, 집단주의적 문화, 그리고 연줄 문화라고 할 수 있다.

첫째, 유교문화에 자리잡은 높은 교육열은 인적 자본에 투자를 늘려 노동생산성을 높였다.

둘째, 동아시아적 가치에 내재하는 권위에 대해서 순응하는 태도와 관료에 대한 존경심은 개발독재에 의한 산업화를 용이하게 하였다. 루시안 파이(Pye, 1985)라는 학자는 집안 내의 권력관계가 국가 차원의 권력관계로 확대된 결과 '나라의 어른'이 가부장적 권위를 갖게 되었고, 그로 말미암아 국가에 의한 중앙 집중적 산업정책이 가능하게 되었다고 주장한다.[10)]

문화론자들이 지적하는 세 번째 발전요인은 개인의 이익보다는 집단의 이익을 우선하는 집단주의 문화이다. 집단주의적 문화에서는 개인의 목적과 집단의 목적이 합일되어 있기 때문에 조직에의 헌신을 유도하고, 조직원을 감시하는 데 드는 비용을 줄일 수 있었다(Lincoln and Kelleberg, 1990). 특히 평생 직장제와 같은 관행은 조직원들이 장기적인 안목에서 헌신할 수 있도록 유도하여 장기적인 X-효율을 낳게 했다. 한편 가족주의 문화는 조직성원을 하나의 혈족(clan)으로 관리하여, 감시비용이나 거래비용을 줄일 수 있었다(Ouchi, 1980).[11)] 끝으로 혈연, 지연, 학연 등의 연줄망도 연줄 내에 존재하는 신뢰의 효율 때문에 경제 발전에 기여했다고 주장한다.

문화론이 지적하는 가치나 규범 등의 변수들은 배경변수로서, 결국은 교육제도나, 국가권력 혹은 조직 등의 제도로 표출되기 마련이다. 따라서 필자는 그럴 듯해 보이지만 검증하거나 반증하기 어려운 문화론을

10) 이러한 시각의 대표적인 예는 뉴욕 주립대 윤봉준 교수의 글에서 발견할 수 있다. "… 동아시아 경제는 유교자본주의이며, 이는 군왕의 권위가 국가의 기업 통제로 나타나고 기업자가 고용인을 통치하는 경제로 비유되기도 한다… 유교 원리의 기본은 충과 효이다. 그런데 충과 효 중 어느 것을 우선시하는가에 따라 유교 자본주의의 성격은 달라진다… 일본은 충을 더 큰 덕목으로 강조했고 기업문화 역시 충성을 강조하게 되었을 것이다… 한국인은 다르다… 최소한 한국에서의 아시아적 가치는 충보다 효를 우선하는 가족주의이다. 관료주의나 국가주의 명령경제가 아니다… 현재 동아시아의 금융공황을 아시아적 가치의 몰락, 구미 자본주의의 일방적 승리라고 규정할 수는 없다. 버터 냄새 나는 국영 사회보험 확대에 대한 유혹을 뿌리치고 효와 가족주의로 무장한 자조적 시장경제를 구축하면 한국이 아시아적 가치의 종주국이 되어 21세기를 아시아적 세기로 만들 수 있을 것이다." (윤봉준, 매일경제 1998, 3.10)에서 인용.

11) clan 조직은 관료 조직과 대비되는 개념으로서, 성과에 따라 보상을 하지 않고 관료제적 규칙에 의해서 움직이지 않는다는 특징이 있다. 오우치는 개인의 목적과 조직의 목적이 일치되는 상황(goal congruence)과 조직원의 성과를 측정하기 어려운 경우(performance ambiguity)에는 clan 조직 형태가 더 효율적이라고 주장한다.

이론적으로 평가하기보다는 제도에 관한 이론의 진위에 대해 논쟁하는 것이 더 생산적이라고 생각한다.

나. 국 가 론

한국의 경제발전을 설명하는 국가이론은 '시장친화적 국가론'과 '발전 국가론'이라는 상호 대립되는 이론으로 구별될 수 있다. 시장친화적 국가론의 주된 옹호자는 세계은행(World Bank, 1993)으로서, 동아시아 국가들이 발전에 유익한 신고전주의적 시장 요인들을 북돋우는 산업정책을 사용했다고 주장한 것이 경제발전의 일등 공신이라고 주장한다.[12] 국가 주도의 높은 저축률(이자율)과 투자율, 그리고 낮은 인플레이션을 목표로 하는 다양한 정책, 자유무역 지역 설정, 비교우위 산업을 중심으로 한 수출 지향적 산업 전략, 그리고 기업간 경쟁을 시킨 후 성과가 좋은 기업을 지원하는 정책 등이 경제발전에 주효했다는 입장이다. 국가는 또 교육에 많은 자원을 투여함으로써 풍부한 인적 자본을 육성하였으며, 시장의 신호(market signal)를 비교적 잘 읽어 내면서 산업정책을 펼쳤다는 것이다. 이러한 시각에서는, 한국의 국가는 라틴아메리카나 아프리카의 다른 개발도상국가들에 비하여 시장개입과 규제를 적게 했다고 본다.

이와는 대비되는 발전국가론은 "전문 관료들이 전문지식으로 무장되어 경제를 발전시키는 다양한 정책을 개발하고, 실행할 수 있는 능력이 뛰어났으며, 전략적인 자원 배분 정책을 통하여 시장에 적극적으로 개입하면서 국가가 사적 행위자들을 지도하고, 상충되는 이해를 중재하면서, 국가 정책에 동참하도록 훈련시켰다(Johnson, 1982; Wade, 1990)"는 점을 강조한다. 이 이론의 중요 주장은 국가가 자유시장을 왜곡시키면서까지 시장에 개입하여 특정 산업을 육성시킨 것이 경제발전에 주효했다는 것이다. 한 가지 구체적인 예로서, 암스덴은 국가가 인위적으로 시장가격을 왜곡시킨 것이 오히려 산업 발달을 촉진했다고 주장한다(getting relative price wrong right, Amsden, 1989). 또한 발전국가는 노동 통제라는 물리적인

---

12) 시장을 왜곡시키면서까지 시장개입을 한 것이 발전의 원동력이었다고 보는 발전국가론의 시각과 정면으로 대치되는 것이다.

힘을 가하여 임금을 낮추었고, 그 결과로 값싼 노동력에 의한 국가경쟁력이 생겼다(Deyo, 1989).

여기에서 가장 중요한 가정은 국가가 사적 이익의 포로가 되지 않았다는 점이다. 즉 산업정책과 금융정책을 통해 자원을 관리하고 배분하는 데 있어서 지대추구 행위자로부터 자유로웠을 뿐만 아니라, 국가 스스로도 지대 추구행위를 하지 않고 경제발전이라는 국익을 추구했다는 것이다.[13] 이것이 가능했던 이유는 관료의 청렴성이나 정치 지도자들의 국가발전에 대한 장기적인 안목이 있었다는 점과[14] 국가가 그러한 정책을 실행할 수 있는 '자리매겨진 자율성(Embedded Autonomy)'이 있었기 때문이라고 주장된다(Evans, 1995). 국가는 또한 장기 경제 발전계획을 세워 사적 행위자들의 예측가능성을 높임으로써 거래비용을 줄이고, 동시에 경쟁의 중재자의 역할을 수행함으로써 자원 낭비를 줄일 수 있었다(Amsden, 1989).

시장친화적 국가론은 국가의 적극적인 시장개입이 경제발전을 야기했다는 발전국가론의 주장을 일축한다. 그 이유는 크게 세 가지로 구분된다. ① 국가는 시장 행위자들보다 정보가 부족하기 때문에 국가의 시장개입은 시장 신호를 왜곡시켜 발전을 저해하며, ② 국가 정책결정자나 관료들도 국익보다는 자신들의 사적 이익을 먼저 추구하기 때문에 '약탈적' 성격을 띠며, ③ 국가의 개입은 지대와 그에 따른 부정부패를 발생시키고 시장을 효율을 낮춘다는 것이다(World Bank, 1993; Balassa, 1988).

다. 조직이론

세 번째 부류의 경제발전 이론은 조직구조의 특성으로 경제발전을

13) 지대 추구(rent-seeking)는 독점적 공급이나 시장이 인위적으로 조작될 때 발생한다. 국가가 특정 기업에게 독점권이나 금융지원 및 세금감면, 보조금 지급 등의 특혜를 부여하면 지대가 발생하게 된다.

14) 한국의 국가가 지대추구를 하지 않았다는 주장에 대한 반론도 만만치 않다. 국가의 지대추구는 존재했지만, 오히려 지대 추구가 효율적이었다는 주장이 있다. 부정부패로 이어지는 지대추구 행위는 국가 영역에 시장요소를 첨가할 수 있었기에 성공적이라는 소위 '부정부패의 효율성'에 대한 이론이 제안되기도 한다. 즉, 국가가 경제정책을 독점하고 있을 때, 부정부패는 경직된 관료 조직에 시장의 정보가 관철될 수 있도록 하는 기제였다는 것이다(free-marketization mechanism of the state).

설명하는 조직이론으로써 주로 재벌에 그 초점이 맞추어져 있다. 경제집중과 소유집중이라는 발전전략이 낳은 재벌이라는 특이한 조직 구조 혹은 지배 구조에 내재한 경제적 효율로서 경제발전으로 설명하는 것이다.

조직론이 흔히 지적하는 설명 요인은 재벌의 '도덕 경제(moral economy)'이다. 재벌집단 내 기업들은 동일한 조직문화와 규범을 공유하기 때문에 높은 사회적 자본을 누리며, 그 결과 재벌 내부의 감시비용과 조정 비용이 낮아진다는 것이다. 특히, 모든 계열기업이 동일한 내부 통제수단(이데올로기나 상징적 조작)을 동원함으로써 조직원들의 높은 헌신을 유도하는 조직문화를 만들어 낼 수 있었다는 것이다(Granovetter, 1994: 466-468).

둘째, 조직론적 관점에서는 재벌이 취한 관련-비관련 다각화가 재벌의 장기적인 성장에 도움이 되었다고 주장한다. (관련-비관련)다각화는 시장이 불확실한 상태에서는 투자를 한곳에 모으기보다는 분산시키는 것이 위험을 낮추는 방법인데, 소위 문어발식의 비관련 다각화 전략은 외부 충격을 흡수하고 위험을 분산시키는 기능이 있었다는 것이다(Fligstein, 1991). 또한 다각화는 '범위의 경제'를 발생시키고, 수직적으로 통합된 부문에서 기술의 시너지 효과를 발생시킨 것이 발전의 견인차 역할을 했다.

조직론자들이 주목하는 세 번째의 발전요인은 재벌의 지배구조이다. 재벌의 소유집중은 소유주로 하여금 장기적인 안목에서 투자결정을 내리도록 했다. 미국처럼 주식 소유주들이 전문경영인들의 성과를 항상 평가하고 감시하는 체제 아래에서는 경영인들이 장기적인 투자계획을 세울 수 없다. 왜냐하면, 장기적인 투자는 단기적인 손해를 감수해야 하는데, 주식배당금을 노리는 주주들은 단기적인 이익을 챙기려고 하기 때문이다. 이러한 주주들의 직접적인 영향 아래에 있는 전문경영인들은 장기적인 투자전략을 회피하게 된다(Lightfoot, 1992). 그러나 한국 재벌의 소유집중과 경영관행은 (소액) 주주들의 발언권을 봉쇄했고, 이것이 단기적인 이익을 추구하는 주주들의 압력으로부터 최고 경영층을 보호하는 기제로 작용했던 것이다. 간략히 말해서 재벌 경영자들은 '대리인의 문제'를 피할 수 있었다는 것이다. 소유 집중은 또 위험이 큰 세계 시장에 뛰어 들어

세계의 대기업들과 경쟁을 할 수 있도록 했다.

재벌 효율의 네 번째 원천은 "유사 내부 자본시장(quasi-internal capital market)"이라는 개념과 관련되어 있다. 이 개념은 자본이 외부 자본시장에서 조달되는 것보다는 내부 자본시장에서 조달되는 것이 더 효율적이라는 의미를 담고 있다. 그 이유는 내부 자본시장에서는 정확한 정보에 근거하여 자본이 배분될 수 있기 때문이다. 기업집단 내부에 은행을 포함하고 있는 일본의 자이바추(zaibatsu)가 내부 자본시장의 전형적인 예로 곧잘 지적되곤 한다. 재벌은 시장의 각 부문에 진출해 있는 계열사로부터 각 산업에 관한 정보를 직접 수집할 수 있기 때문에, 재벌의 최고 경영자는 가장 정확한 시장 정보에 근거해서 신속하게 자본을 필요한 계열사에 배분할 수 있는 장점이 있다는 것이다. 한국의 재벌은 비록 은행을 소유하지는 못하지만, 금융을 통제하는 국가를 통하여 자본을 조달하거나 이익을 내는 회사의 자금을 그룹 안에 배분하는 원리가 유사 내부 자본시장과 흡사하다는 것이다(Lee, 1992).

재벌의 효율을 설명하는 다섯 번째 이론은 "제도 동형화 이론으로서(Dimaggio and Powell, 1991; Dimaggio, 1994)," 조직구조와 환경이 일대일로 조응하는 경우 조직이 효율적이 된다고 주장하는 이론이다. 이 이론을 동아시아 국가의 조직 형태에 적용한 오루(Orru, Biggart and Hamilton, 1991)는 한국, 일본, 대만에서의 조직 형태는 나라별로 서로 다르지만, 각 나라 안에서는 매우 비슷하다는 것을 보여 주고 있다. 그 이유는 각 나라의 제도적 특성에 따라, 그 나라에서의 주된 조직의 형태가 달라지기 때문이라는 것이다. '제도적 동형화'는 불확실성에 대한 대응으로 생겨난다. 불완전한 정보하에서 다른 조직을 모방하거나, 법적 제도에 순응하여 정당성을 확보하면서, 혹은 사회적 규범을 따르면서, 각 나라 안에서의 조직은 서로 닮아간다. 이렇게 비슷하게 수렴된 조직 형태는 환경과 조응하기 때문에 각 사회의 제도적 틀 안에서 효율적이라는 이론이다. 재벌도 절대적 권력 국가와 문화적 환경에서 잘 적응된 조직형태로 성장했다는 주장이다.

라. 지정학적 이론

이상의 이론들이 한국 국가나 시장, 혹은 조직의 사회 내적인 요인들에 초점을 맞추었다면, 이와는 상반된 시각으로 외인(外因)에 의해서 한국의 경제발전을 설명하려는 시도들이 있다. 그 첫째는 조절 이론으로서, 동아시아 국가들이 급속하게 경제발전을 할 수 있었던 이유는 그들의 독특하고 독자적인 능력에 있는 것이 아니라 전지구적 규모로 발생하고 있는 자본주의 체제가 재편성되는 시기와 동아시아의 산업화 시기가 우연히 일치했기 때문이라고 본다. 선진 자본주의 국가들이 노동집약적인 산업을 제3세계에 이전하려는 시장의 압력을 받고 있던 바로 그 시기에 한국 등이 우연히 산업화를 시작했다. 한국은 자연스럽게 섬유, 가발 등의 노동집약적 산업을 선진 자본주의로부터 이전 받을 수 있었고 신 국제분업 질서에서 한 몫을 담당할 수 있었다는 것이다. 한마디로 한국은 '운'이 좋았다는 이론이다(Lipietz, 1985).

조절이론이 자본주의 국제적 분업체계의 재편과정에 초점을 맞추었다면, 일군의 학자들은 한국의 지정학적인 외적 요인에 주목한다. 동구와 냉전을 치르고 있던 미국이 전략적으로 최전방에서 공산주의와 대치하고 있는 대만이나 한국 등을 선별하여 경제를 발전시켰다는 이론이다. 군사원조나 경제원조 등의 직접적인 방법을 통하여, 혹은 다른 제3세계에서와 같은 착취를 하지 않음으로써 발전을 도왔다는 것이다. 부르스 커밍스는 이 과정을 성경구절을 인용하여, "(자본주의에) 부름 받은 자는 많으나 초대 받은 자는 적다"에 비유하고 있다(Cummings, 1987).

또 다른 외인(外因) 이론은 선진자본주의 국가들의 투자방식에 주목한다. 이 이론에서는 간접투자 방식을 유도한 동아시아가 직접투자 방식이 지배한 라틴 아메리카보다 발전의 속도가 더 빨랐던 점을 지적한다. '이자'에 의한 자본 유출이 '이윤'에 의한 자본의 유출보다 훨씬 미미하기 때문이라는 주장이다.

6.3.2 연결망 국가론

위에서 언급한 다양한 이론들은 각기 한국 경제발전 모형의 일부분만 부각시키고 있다. 단순화의 위험을 무릅쓴다면 문화론은 경제 행위자들의 근면성이나 교육열, 태도 등의 행위자의 속성에, 개발 국가론은 국가의 적극적인 시장 개입에, 시장친화적 국가론은 시장친화적 경제정책에, 조직론은 재벌의 효율에 각기 그 초점을 맞추었다고 할 수 있다. 나는 한국 경제 발전의 모델을 "연결망 국가론(Network State)"으로 재정립하는 것이 이들 다양한 이론들이 지적하는 요인들을 가장 포괄적으로 포섭할 수 있다고 생각한다. 나는 연결망 국가론이란 "국가, 거대기업, 금융권 각각의 내부에, 그리고 그들 사이에 존재하는 안정적인 연결망의 성격으로 국가의 정책 결정과 국가의 시장 개입의 효과를 설명하려는 이론"이라고 정의한다.

신제도주의 경제학의 영향을 받아 발전한 연결망 국가 이론의 핵심은 간략히 말하여 국가 내부의 결속력과 동질성, 그리고 국가와 기업 사이에 존재하는 안정적인 연결망, 그리고 기업 집단 내의 수직적 연결망이 거래비용(transaction cost)을 낮추기 때문에 효율적이며, 그 결과로 경제가 발전한다는 것이다. 국가와 대기업 사이에 장기적으로 지속하는 안정적인 연결망을 통해 시장에 관한 정보뿐만 아니라 정책 대안에 관한 정보 교환이 이루어지기 때문에 국가 정책이 효율적이고 효과적으로 수행될 수 있다는 점은 이미 여러 학자들에 의해 지적된 바 있다(Okimotto, 1989). 국가와 기업 사이의 제도적인 연결망뿐만 아니라 관료가 퇴직한 후 기업으로 진출함으로써 발생하는 연결망도 정부 정책의 효과적 실현에 긍정적으로 작용한다. 가령 일본의 관료가 퇴직 후 기업이나 다른 사적 영역에 옮겨가면서 둘 사이의 긴밀한 상호 작용을 유발한다는 것이다(김용학 · 유석춘 1996; Johnson, 1982; 1987). 서구의 경우와는 달리 일본에서의 '오랜 친구 연결망'은 관과 기업 사이의 관계를 밀접하게 만들고, 기업을 특정한 규제 없이 규제할 수 있는 기제가 된다.

암스덴(Amsden, 1989)도 연결망 국가라는 이름을 사용하지는 않았지만, 한국 정부가 금융지원이나 정책적 지원을 할 경우 연결망이 사용된다고 주장한다. 그의 주장을 연결망 이론의 개념으로 바꾸어 설명하면 다음과 같다. 정부와 기업이 안정적인 연결망으로 서로 연결되었을 경우에 정부는 금융 지원 등의 효과를 감시(monitoring)할 수 있다. 만일 감시한 결과 어느 기업의 수출 성과가 나쁘면 정부지원을 끊는다. 결과적으로 보다 낳은 성과를 향한 기업 사이의 경쟁이 촉진된다. 즉, '경쟁적인 훈련(competitive desci-pline) 혹은 유도된 경쟁과 훈련(induced competition and discipline)'에 근거해서 자원을 배분하는 방식은 연결망이 없었으면 불가능했다는 주장이다. 따라서 연결망이 일종의 '내부 자본시장(internal capital market)'의 효과를 발생시켰다는 주장으로 요약될 수 있다. 앞서 이야기했지만, 신제도주의 경제학에서 강조하는 내부 자본시장은 신속하고 정확한 시장정보의 전달과 자원 배분 때문에 외부 자본시장에 비해 거래 비용을 낮추는 장점이 있다(Williamson, 1976). 가령, 부서를 다각화한 조직 내의 어느 하위 부서의 판매업적이 떨어지고, 다른 하위 부서의 업적이 올라가면, 최고 경영자는 업적이 떨어진 부서를 떼어 내고, 잘되는 부서에 자원을 몰아 줄 수 있다. 어느 분야의 부서가 잘 되는지에 대한 정보는 일반 시장에서 얻는 것보다 다각화한 기업 내부에서 얻는 것이 신속하고 정확하다. 마찬가지로, 국가와 기업이 연결망으로 연결되면 기업의 성과에 따라 국가가 지원을 하기 때문에 효율적이라는 것이 앰스덴 설명의 요지이다.

국가와 사적 영역 사이의 연결망의 효과에 대한 또 하나의 중요한 이론적 진전은 에반스(Evans, 1995; 1996)의 연구에 의해 이루어진다. 그는 시장에 적극적으로 개입하는 국가가 어떻게 '자본가 이익의 포로가 되지 않는가'라는 질문을 던진다. 국가가 시장에 개입하면 지대(rent)가 발생한다. 가령, 국가의 정책결정자가 컴퓨터 산업이 매우 유망한 산업 분야라고 판단하고 이를 육성하기 위하여 세금 혜택과 금융 지원정책을 펼치면 시장에 지대를 발생시킨다. 국가의 사적인 이익 추구 과정에서 이러한 지대를 챙기는 것이 일반적인 현상인데(rent seeking state), 에반스에 의하면 한국의 국가는 다른 개발도상국 국가들과는 달리 지대를 추구하는 정책을 펴지 않았다. 그 구조적 요인은 어디에 있는 것인가? 에반스는 국가의 정책결정자 사이의 역동적인 연결망과 사적 영역 내부의 연결망, 그리고 국가와 사적 영역을 잇는 연결망이 국가의 자율성을 확보하게 하였다고 주장한다. 이러한 연결망이 바로 에반스가 주장하는 '자리 매겨진 자율성(embedded autonomy)'의 근거인 것이다.

연결망 국가의 또 다른 측면은 국가와 재벌이 하나의 M형 조직(Chandler, 1962; Williamson, 1985)처럼 일사분란하게 움직일 수 있었다는 점이다. M형 조직에서처럼 국가는 중앙 통제부(head office)의 역할을 맡고, 재벌들이 산하 부서(multi-division)의 역할을 수행함으로써 국가와 재벌이 하나의 효율적인 조직체와 같이 움직였다는 주장이다(Islam, 1994). 이러한 연결망 조직체는 유사조직(quasi-organization)으로서 혹은 정보를 공유하는 정보클럽으로서, 신속 정확한 내부정보에 의해 성장 가능한 산업에 자원을 배분하는 효율을 누릴 수 있었다는 것이다(Lee, 1992).

이상의 논의에 근거하여 한국의 발전모델의 특징을 연결망 국가론을 중심으로 재구성해 보도록 한다. 우선 국가가 그 중심에 자리잡은 연결망은 ① 정부조직 내부의 연결망, ② 국가와 기업(금융권 포함) 사이의 연결망, 그리고 ③ 기업(금융권 포함) 간 연결망으로 나누어 볼 수 있다. 일반적으로 ①은 국가 내부의 결속력과 정책일관성을 제공하고, ②는 국가와 시장 사이에서 정보의 흐름과 자원의 흐름의 통로를 제공하며, ③은 주식소유의 상호 출자망이나, 겸섭이사(interlocking board of directorate)의 얽힘 등과 같은 기업간 제도적 관계의 틀을 마련한다. 한국의 경제발전 모델은 ①의 결속력이 매우 높고[15] 중앙 집중화되어 있으며, 관료와 정치인 사이의 대리인 문제가 심각하지 않았고, ②는 국가 지배형으로 국가가 중앙 통제부(Head Office)가 되는 M형 조직과 같은 준조직체 연결망이었으며, 그리고 ③은 각 기업집단의 폐쇄성으로 인해서 재벌 내부의 수직적 연결망만 존재했지, 재벌 간 수평적 연결망은 없었다는 특징이 있다. 이러한

15) 고시 출신자들 사이의 동창관계를 주목하면 결속력을 쉽게 이해할 수 있다. 약 절반 정도가 한 대학 출신이며, 대부분이 고교 평준화되기 이전의 소위 1류 고등학교 출신자들이었던 것이다.

상태에서 국가는 국가와 맺는 연결망에 참여하는 기업집단의 숫자를 제한하여 산업정책에 동참하는 친밀한 파트너로 만들었다. 그리고 이들의 성과를 감시하면서 자원을 배분했던 것이다. 한마디로 축약하여, 한국의 경제발전 모델은 국가가 중심이 된 연결망이 유사조직(quasi-organization)이 되어 산업화를 추진한 것이라고 할 수 있다.

6.3.3 발전 모델에 대한 반성적 고찰

앞에서 검토한 한국의 경제 발전을 설명하던 이론들은 이제는 왜 한국에 경제위기가 닥치게 되었는지를 설명하는 짐을 떠 안게 되었다. 세밀한 분석도 없이 위기 이후에 발전을 설명하던 요인들은 위기의 원인으로 순간적으로 둔갑했다. 동일한 현상의 부정적 결과와 긍정적 결과의 대차대조표를 만들면 〈표 6-3〉 발전 요인들의 긍정적/부정적 결과의 대차대조표과 같다.

한국의 경제 발전에 대한 이론은 모두 표의 왼쪽 열에 있는 긍정적인 요인들에만 관심을 집중했었다. 그러나 1997년 경제 위기 이후에는 언제 그랬었냐는 듯이, 모두 오른쪽에 있는 부정적인 요인에 초점을 맞추고 있다.

동일한 원인이 긍정적인 결과를 낳다가 부정적인 결과를 낳게 된 것을 설명하는 것은 그다지 어렵지 않을 수 있다. 무엇보다 중요한 것은 국제 환경의 변화이다. 단기적인 이윤을 추구하는 핫 머니의 급증, 국내의 자본시장은 자율화되지 않은 가운데 갑작스럽게 자율화된 국제 자본시장 등이 중요 요인이다. 변화하는 국제환경에 대처하지 못한 국가가 제도적 관성에 의하여 과거의 관행을 답습하면서 기존의 산업정책, 통화정책, 금융정책 등을 그대로 펼친 것이 국가의 시장개입의 효과를 부정적으로 만들었던 것이다. 두 번째 요인은 산업화 단계와 관련되어 있다. 산업화의 초기에는 자원을 집중해야 할 필요성 때문에 국가의 시장 개입이 효과적이었다. 그러나 산업화의 단계가 고도화됨에 따라 시장이 복잡계(complex system)로 변하기 때문에 특정한 목적을 지닌 국가의 개입은 오히려 의도

표 6-3 발전요인들의 긍정적 · 부정적 결과의 대차대조표

주 제	요 인 들	긍정적 결과	부정적 결과
거 래	관계적 계약 (Relational Contracting)	• X-효율 • 신뢰 • 장기적인 이해를 추구하는 호혜적 거래	• 폐쇄적 연결망이 되어 시장의 혁신을 흡수하지 못함.
재 벌	다각화 전략, 의사결정체제 및 지배구조	• 준 내부 자본시장 • 정보클럽 • 위험 분산(Portfolio) 및 위험 공유(risk sharing) 전략 • 충격흡수 체계 • 대리인 문제의 감소 • 장기적 안목의 투자 • 경제집중의 효율	• 투명성 부재 • 정경유착과 대마불사론 • 독재적 의사결정 체제 (왕과 같은 재벌 총수)
국가론	국가-기업 연결망 국가의 시장 개입	• 자리 매겨진 자율성(embedded autonomy): 국가가 사적 이익의 포로가 되지 않았다(Evans, Amsden). • 국가가 자원 동원을 효율적으로 관리할 수 있었다(Amsden, Wade, Okimotto). • 국가가 사적 이해 충돌의 중재자로서의 역할을 통해 자원 낭비를 줄일 수 있었다(Amsden). • 장기 발전계획을 세워 사적 행위자들의 예측가능성을 높였다. • M형 조직과 같은 준 내부조직 • 정책연결망	• 관료부패 및 정치 부패 • 관치 금융으로 인한 도덕적 해이 • 사적 지대추구 행위자들의 포로가 됨 • 국가 개입의 원천적 비효율성
기 업 연결망	신뢰 對 정실 자본주의	• 기업집단의 도덕경제학 • R&D 공유 및 기술의 시너지 효과 • 낮은 거래비용	• 연고주의 불공정성 • 불완전시장

하지 않은 결과를 낳을 수 있다. 셋째는 연결망 국가에서 연결망의 고착화를 들 수 있다. 마치 중국의 왕조들이 혁명 이후 200년 내지 300년의 주기를 두고 망하게 되는 한 원인이 각 왕조가 구축하고 동원한 연결망이 정체되고 부패해 갔기 때문이듯이, 국가와 기업 사이의 연결망이 부패고리로 작용했기 때문이라고 설명할 수 있다.

그렇다면 위기 이후 발전 모델의 방향은 어떻게 설정되어야 하는가? 사회과학계에서의 논의는 명확하게 두 가지의 상반된 견해로 나뉘고 있다. 대부분의 경제학자들은 국가의 시장개입을 줄여 나가야 한다는 생각에 동의하는 반면에, 대부분의 사회학자들은 국가가 공공선을 위해서 사악한 시장에 고삐를 죄는 시장개입의 역할을 계속해야 한다고 생각한다. 그러나 저자는 국가가 게임의 규칙을 만들고 집행자가 되어야하며, 구체적인 경제적 사안에 개입하는 개입주의자의 역할을 그만 두어야 한다고 믿는다. 그 근거는 다음과 같다. 첫째, 국가는 시장이 발달하면 할수록 시장을 통제할 수 있는 능력을 점차 상실해 간다. 우선 국가는 시장에 대한 정보 수집 능력에서 사적 행위자들보다 점차 열등해져 간다. 이것은 국제 시장이 점차 복잡계로 되어가면서 국가와 사적 행위자 사이의 정보 비대칭성은 더욱 심해진다. 지난 환란의 경우에서 보다시피, 국가는 국제 금융에 대한 정보에 어두울 뿐 아니라, 기업의 구체적인 활동에 대해서도 무지해지기 때문에, 기업통제가 점차 어려워진다. 경제학자들이 주장하듯이, 국제 금융시장에 대해서 개방된 이후에는 자본통제가 지난 시대의 유물인 것이다(Dornbusch, 1998).

둘째, 시카고학파의 주장대로 국가의 정책결정자들이 국익을 위해서 행동할 것이라는 보장이 없다. 국가가 개별적인 경제 사안에 대해서 끊임없이 개입하는 과정에 유교 자본주의론자들이 가정하는 선한 통치(virtuocracy)가 어떻게 실현될 수 있단 말인가? 국가중심적 발전을 옹호하는 사람들에게는 자유시장에 대한 불신이 깔려 있다. 그러나 시장에 대한 불신이 곧바로 국가에 대한 신뢰로 발전한다는 논리는 결정적인 결함을 갖고 있다. 왜냐하면 현실적인(사악한) 시장과 이상적인 국가를 비교하는 것은 모순이기 때문이다. 물론 이상적인 시장과 현실적인(이기적인) 국가를 비교하는 것도 잘못이다. 올바른 비교는 현실적인 시장과 현실적인 국가를 비교해야 한다. 나는 지금의 정치 상황을 보고, 또 앞으로 전개될 정치 상황을 상상해 보더라도, 게임의 규칙이 갖추어진 시장이 자신의 이익과 권력을 위해 시장을 왜곡시키는 국가보다 훨씬 우월하다고 생각한다. 따라서 경제위기를 극복한 이후의 국가의 역할은 게임의 규칙을 만들고 이를 집행하는 역할로 제한되어 가야 한다.

그렇다면 국가 중심형이었던 연결망 국가라는 발전 모델이 어떻게 바뀌어야 하는가? 앞서 살펴보았듯이 국가 중심형 연결망에는 ① 정부조직 내부의 연결망, ② 국가와 사회(기업, 금융권 혹은 시민단체 포함) 사이의 연결망, 그리고 ③ 기업(금융권 포함) 간의 세 가지 연결망이 있다. 개발독재의 국가 중심형 연결망 국가가 시장왜곡이나 정경유착 등의 부정적인 결과를 초래했음은 주지의 사실이다. 이에 대해 나는 '시장 중심형 연결망 국가'를 대안적인 발전모델로 제시하고자 한다. 이는 ②와 ③의 변화를 통해서 추진될 수 있다.

우선 정부 중심형 연결망은 산업화 초기 단계에는 적합하지만 산업이 성숙단계로 고도화 된 이후에는 경제발전에 유효하지 않다는 점을 강조해야 한다. 즉, 국가와 기업 사이의 연결망에 커다란 변화가 일어나야 한다.

우선 국가-기업 연결망에 대하여 언급하면, 국가가 시장을 죄고 있는 두 가지 고삐인 산업정책과 금융정책 중 금융의 고삐를 먼저 놓아야 한다. 관치금융이 도덕적 해이현상을 낳는다는 점은 너무나 명백하다. 정부의 압력에 의해서 대출을 한 결과는 은행이 책임지지 않아도 된다. 이런 상황에서 금융권의 부실채권은 모두 정부의 책임이 된다. 설혹 채권회수율이 높은 경우조차도 정부에게 공로가 돌아가기보다는 은행이 생색을 낸다. 손실이 발생하면 책임을 지지않고, 이익이 발생하면 생색을 내는 상황하에서 금융은 점차 위험부담이 높은 곳에 투자하게 되는 동기를 갖게 되고, 그 결과 '희망적 가치(Pangloss value)'를 추구하면서 생기는 거품현상이 우리 경제 위기의 주범이라는 것이 증명되지 않았는가? 아직도 국가가 금융 자원을 배분하는데 주된 역할을 담당한다면 이는 정치부패를 청산하지 않겠다는 선언에 다름 아니다. 한편 연결망 국가의 핵심이었던 국가-기업의 연결망은 자원 배분의 통로로 사용되기보다는 정보 교환의 통로로 제한되어야 한다. 이러한 연결망은 국가와 기업 사이의 상호신뢰를 만드는데 필수적이다. 대통령의 말 한마디에 기업의 총수가 바뀌었던 우리의 현실은 시장을 왜곡시키는 국가의 간섭주의가 팽배함을 보여주는 것이 명백하다.

또한, 국가-사회의 연결망도 개방적으로 바뀌야 한다. 아직은 시기상조이지만, 시민사회가 점차로 성숙함에 따라서 시민단체에 대한 신뢰가 생겨나면 국가는 시민단체의 감시를 적극적으로 받아들이고, 더 나아가 시민단체를 정책결정의 동반자(Co-determination)로 초대해야 할 것이다. 물론 현재까지의 한국 상황에서는 무척 어렵고 요원해 보이는 문제일 것이지만 장기적으로 정부-사회 간의 긴밀한 연결망이 구축될 것으로 전망된다.

끝으로 기업 내부의 연결망을 수직적 연결망에서 수평적 연결망으로 전환하고, 동시에 재벌 내의 폐쇄적이었던 연결망을 개방하여 여러 기업집단 사이의 연결망이 생성되도록 활성화시켜야 할 것이다. 이것은 국가가 중심이 된 방사선형 연결망 모델에서 국가가 느슨하게 연결된 거미줄형 연결망 모델로의 전환을 의미하며, 국가의 중심 역할이 시장 개입으로부터 '제도적 틀의 경영'으로 바뀌는 것을 뜻한다.

울프(Wolf, 1988)가 바르게 지적하듯이, 시장도 국가도 불완전하다. 이러한 두 가지 불완전한 제도를 적당히 조합하여 한 나라의 경제구조를 짤 수밖에 없다. '제3의 길'도 결국은 시장과 국가를 적당히 절충시키자는 텅 빈 주장일 뿐이다. 나는 기존의 경제 발전 모델을 즉각 폐기하자는 주장을 하는 것은 아니다. 아직 경험적인 자료가 부족하기 때문에, 무엇이 효율적이고 무엇이 비효율적인지, 혹은 어느 시간의 간격을 두고 효율성이 나타날 것인지 등에 대한 판단이 어렵다. 우리의 경제 발전모형이 다차원적이기 때문에, '모두 아니면 아무 것도 아닌, all or nothing' 식의 사고를 할 수 없다. 그러나 저자는 '국가 중심형 폐쇄적 연결망 국가'라는 발전모델은 폐기하고, 시장 중심형 개방형 연결망 국가의 모습으로 변형되어 한다고 주장한다. 재벌과 금융권에게 닫혀 있던 연결망을 시장의 혁신적 행위자에게 열어 놓고, 시장개입 국가가 제도적 틀을 관리하는 관리 국가로 변환되는 것이 가장 시급한 전환의 모습일 것이다.

제 7 장 조직과 연결망

제7장

조직과 연결망

연결망이 가장 빠르게 확산되고 있는 영역 중의 하나는 조직이다. 조직이 무엇인지를 정의하기란 쉽지 않은 일이지만, "경계를 유지하면서 목적을 추구하는 행위체계(Aldrich, 1979)"라고 간략하게 정의할 수 있을 것이다. 목적을 추구하기 위해서 조직은 자원을 필요로 한다. 이 자원은 조직 스스로 갖고 있을 수도 있지만, 조직의 경계 밖에 존재할 경우가 더 많다. 경계 밖에 존재하는 자원을 얻기 위하여, 또는 환경을 통제하기 위하여 조직은 열린 조직으로서 환경변화를 관찰하고 이에 대비한다. 조직이론에서는 이것을 경계 망보기(boundary spanning)라고 부른다. 마치 한 마리의 사슴이 주위 환경에 평상시와 다른 조그만 변화가 생겨도 경계태세를 강화하듯이, 조직도 환경의 변화를 감지해 내고, 이에 대응하면서 적응력과 생존력을 높이는 것이다. 연결망은 환경 변화를 감지해 내는 촉수이자 경계 밖에 존재하는 자원을 동원하는 통로이다(Pfeffer and Salancik, 1978). 정보화, 세계화와 더불어 환경이 급변하고, 생존 경쟁이 치열해짐에 따라 조직들 사이의 연결망은 더욱 빠르게 확산되고 있다.

조직간 연결망 중에서 주목할 만한 것은 벤처기업 연결망과 소기업 연결망 생산체계이다. 정보 및 생명 공학 등 최첨단 산업을 중심으로 벤처기업 사이의 연결망은 기업 성과에 직접적인 영향을 미치고 있다(Hagedoorn, 1993: 121). 실리콘 밸리의 성장신화는 다양한 조직 간 네트워크가 활성화된 결과였다는 점은 잘 알려진 사실이며(Saxenian, 1991), 이제는 '누구와 어떤 내용의 관계를 어떤 형태로 맺을 것인가'가 기업의 성장 전략은 물론이고, 각국의 산업 정책이나 경제성장 모델에 중요한 요인으로 자리잡게 되었다(Porter, 1985).

또한 소기업 연결망(Small-Firm Network; 앞으로 SFN으로 표기)의 출현과 확산은 경제조직 형태의 변천 역사에서 하나의 큰 분기점을 형성하는 사건이다. 동일한 목적을 위해서 작은 기업들이 똘똘 뭉치는 새로운 조직 형태가 확산되는 것은 수직적인 위계 조직이 수평적인 조직으로 탈통합되는(disintegration) 현상이라는 점에서 더욱 주목을 받고 있다. 신제도주의 경제학 이론은 '시장 대 위계'라는 이분구조를 설정하고, 위계 조직이 지니는 경제적 효율성으로 인해 위계 조직이 시장 영역으로 한층 더 확대될 것이라고 예측했었다(Chandler, 1977; Williamson, 1975; 1985).[1] 그러나 이러한 예측을 뒤엎고, 위계 조직을 대체하면서 SFN이 빠르게 확산되고 있는 것이다. 대표적인 예로서, 프랑스 엔지니어링 산업에서의 SFN(Lorenz, 1988), 선대제도(putting-out system)와 흡사한 이탈리아 의류산업의 번창(Lazerson, 1993; 1995)을 꼽을 수 있다. 독일 섬유산업에서 직물 제조회사와 그 하청회사들 간의 상호 협력관계를 통한 끊임없는 혁신(Sabel et al., 1987)이나 연결망에 '자리 매김(embedded)' 전략을 적절하게 사용하면서 높은 성과를 보이고 있는 뉴욕의 의류산업(Uzzi, 1996; 1997), 그리고 일본의 하청 연결망 구조에서 생성되는 경쟁우위(Dyer and Ouchi, 1993)에 대한 연구들도 모두 SFN의 효율성을 뒷받침해 주고 있다.

이 장은 연결망을 조직 지배구조의 독자적인 양식으로 인식하고, 왜 연결망 지배구조가 확산되는지, 그 경제적인 효율성은 무엇인지를 논한다. 그 다음으로 벤처 기업간 연결망과 소기업 연결망이라는 두 가지 경험적인 현상을 살펴보면서 조직 연결망의 역할이 무엇이며, 소기업 연결망이 대기업에 견주어 볼 때 어떤 점에서 효율적이며, 대안적인 기업지배구조로서 자리잡을 수 있는지를 논한다. 만일 소기업 연결망이 대안적인 기업지배구조가 될 수 있다면, 우리나라에서 위계적 조직의 대명사가 되어버린 재벌의 경제 집중을 막을 수 있는 대안이 될 수 있을 것이다.

---

1) 위계 조직이 갖는 규모의 경제 및 거래 비용 절감 효과, 그리고 통제 및 감독의 용이성이 낳는 효율성 등이 자본주의에서 위계 조직이 생겨나고 퍼진 원인으로 지적된다.

7.1 지배구조로서의 연결망

신제도주의 경제학을 부흥시킨 핵심적인 질문은 단 하나이다. 코어스(Coase, 1960)는 너무나도 상식처럼 당연하게 받아들이던 현상의 원인이 무엇인지를 질문했다. 당연한 현상에 대한 질문은 위대한 질문이 되는 경우가 종종 있다. 그의 질문은 "왜 시장이라는 바다에 조직이라는 섬이 생겨났는가?"에 대한 것이었다. 코어스는 이 질문으로부터 거래비용이라는 개념을 이끌어 냈다. 그는 필요한 사람을 매일 시장에서 사다가 쓰기 보다는 다수의 사람을 장기적인 계약 관계로 고용하는 것이 거래비용을 낮추기 때문에 조직이 생겼다고 설명한다. 즉, 피고용인들의 고용계약이 시장계약으로부터 조직 안의 내부거래계약으로 바뀌었다는 것이다. 이 계약 관계를 지배(govern)하는 것이 조직이고 위계이다.

신제도주의 경제학의 전통을 따라 연결망을 하나의 지배구조(governance)로 본다는 말은 연결망을 통해 '계약관계(contractual relations)'를 관리하고 지배한다(govern)는 뜻이다. 연결망 지배(network governance)란 "독립적인 조직들이 협동을 통하여 부가가치를 창출하기 위해서 자원과 서비스를 교환하고 이를 상호 관리하는 특정한 방식"을 일컫는 말이다(Johnston and Lawrence, 1988: 94-101). 예를 들면, 어느 자동차 회사가 자동차를 생산할 경우, 특정 부품을 자신이 직접 만들 것인지, 아니면 시장에서 사서 조립할 것인가를 결정해야 한다. 시장에서 사오는 경우가 시장에서 계약관계를 관리하는 것이고, 스스로 생산하는 것은 조직의 위계 내에서 계약관계가 관리하는 것이며,[2] 다른 조직과 장기적인(동맹) 관계를 맺어 부품을 조달하는 것이 연결망 지배가 된다.

2) 조직 위계에는 명령이 있을 뿐이지 계약관계가 위계에 의해서 관리된다는 말을 언뜻 이해하기가 쉽지 않을지도 모르지만, 노동자가 고용되는 것도 계약에 의해서이고, 부서 간 명령도 계약에 근거한다고 보는 것이다.

위의 예에서 해당 부품이 시장에서 일반적으로 사고 팔기 어려운 특수한 제품일수록 자동차 회사가 직접 만드는 결정을, 즉 위계에서 계약관계를 관리하게 된다. 그 이유는 다음과 같다. 공급자 입장(부품 회사)에서 보면 다른 자동차 회사에 팔 수 없는 특수한 제품을 만들기 위해서 투자하기를 꺼리게 된다. 왜냐하면 이러한 투자는 다른 용도로 바꿀 수 없는 '자산 특화성(asset specificity)'이 높고, 따라서 위험을 수반한다. 구매하는 자동차 회사도 다른 곳에서 구할 수 없는 물건일수록 공급자의 기회주의적 행동에 심한 타격을 받게 된다. 가격 인상을 요구하며 납품을 중단하면 큰 피해를 입게 된다. 결국 계약이 깨지게 되면 하청 회사도, 자동차 회사도 손해를 입게 된다. 시장에서 사기로 결정하는 것은 위험을 수반하는 것이며, 따라서 사기보다는 스스로 만드는 결정을 하게 된다.

위의 예는 '만들 것인가 살 것인가(make-or-buy)'의 결정이 자산특화성에서 오는 거래 비용을 반영하고 있음을 보여 준다. 즉 자산 특화성이 높을수록 거래비용이 높아진다. 조직 지배구조의 형태는 거래되는 자원의 자산 특화성 수준에 따라 시장과 위계의 중간 어느 한 지점에서 결정되게 된다. 경제적 행위자의 '제한된 합리성(bounded rationality)'과 '기회주의(opportunism)' 때문에, 거래의 자산 특화성(asset specificity)이 높아질수록 위계적인 조직이 시장보다 선호된다. 자산 특화성이 중간 수준일 경우 연속선의 중간에 위치한 연결망 지배가 가능하지만, 윌리암슨(Williamson, 1975; 1985)은 연결망을 불안정한 지배이기에 결국은 시장이나 위계 중 한 가지로 편입될 것이라고 보았다. 이와 같은 시장-위계의 이분법적인 구도는 시장을 출발점으로 하여 관료적인 위계조직을 종착점으로 하는 단선적인 진화론적 틀을 취하고 있다.

시장과 위계, 그리고 연결망이 어떤 관계를 갖는지를 분류하면 〈표 7-1〉과 같다(Thompson et al., 1991: 244). 연결망은 독립적인 조직들이 호혜적인 관계를 맺는다는 점에서 다른 지배구조와 구분된다. 혈족집단(clan)은 관료제처럼 수직적으로 조직되었지만 하나의 혈연 집단처럼 충성과 헌신에 바탕으로 운영되고, 집단의 성과를 개인의 능력에 따라 나누기보다는 집단적으로 나누어 갖는 형태이다. 경험적인 사례는 주로 일본의 조

표 7-1 지배구조의 유형

		경 쟁 적	협 동 적
조직의 단위	독립적(수평적)	전통적 시장	연결망
	수직적	위계(관료)조직	혈족집단(Clan)

자료: Thompson G, et al., 1991 p. 244.

직 지배구조에서 발견된다(Ouchi, 1980).

시장, 연결망, 그리고 위계의 지배구조가 서로 어떤 관계에 있는지를 개념화하는 데에는 세 가지 다른 접근이 발견된다. 앞서 이야기한 윌리암슨은 연결망을 시장과 위계 사이의 중간 단계로, 혹은 시장과 위계의 불안정한 잡종(hybrid)이라고 본다. 화이트(White, 1988)는 시장도 위계도 일종의 연결망이라고 본다. 그러나 포웰(Powell, 1990)은 연결망을 신뢰에 근거한 독립적인 지배구조로 개념화하는데, 나는 이 입장을 따른다.

시장, 위계와 연결망을 독립적인 개념으로 파악하면, 각각이 중첩되는 부분이 생긴다. 시장과 위계가 중첩되는 부분은 일종의 혼합형태로써, 예를 들면, 맥도날드 회사가 직영을 하기도 하고, 동시에 프랜차이즈를 주기도 하는 전략을 추구하는 경우이다. 이 경우 회사는 프랜차이즈(시장)에

그림 7-1 시장-위계-연결망 사이의 관계

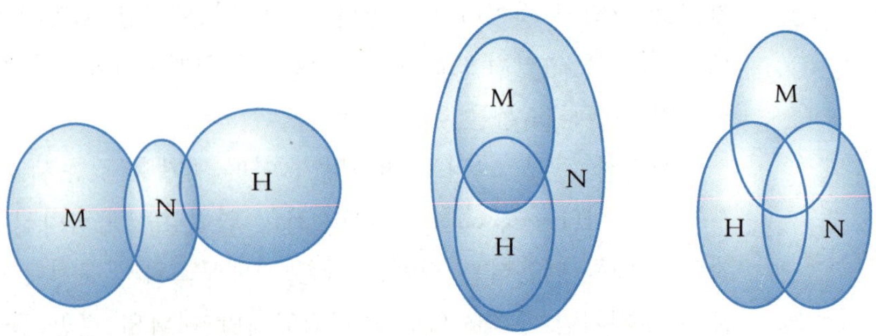

월리암슨 화이트(White) 포웰(Powell)

M: 시장 N: 연결망 H: 위계

의 성과와 위계(직영)의 성과를 비교할 수 있는 정보를 갖게 된다. 위계와 연결망이 중첩되는 사례는(Bradach and Eccles, 1989) 조직 내에 팀제를 들여온 경우에서 찾을 수 있다. 연결망과 시장이 중첩은 시장에서 빠르게 이합집산하는 연결망 조직이나 치고 빠지는 전략적 동맹의 경우에 생긴다.

연결망 이론에서 본 조직 연결망은 2자 수준뿐만 아니라 체계적 관점을 받아들인다는 점에서 윌리암슨과 같은 거래비용 이론에서 개념화하는 연결망과 뚜렷이 구분된다.

> 거래는 2자(dyadic) 관계이지만 산업체계는 서로 연결된 수 많은 2자 관계들로 이루어진다. 하나의 2자 관계를 선택하여 이것을 위계의 지배구조로 바꾼다면 다른 2자 관계들도 이에 영향을 받는다. 2자 관계가 위계로 바뀜으로 인해 효율이 증가하겠지만 체계 전체의 효율은 반대 방향으로 움직일지도 모른다. 따라서 A가 B를 합병하면 A, B 사이의 관계만 변한 것이 아니라 B의 소비자, 공급자 경쟁자 등과 A의 관계도 변한 것이다. A-B 관계의 변화에서 얻은 효율은 합병 이전에 B가 갖고 있던 다른 관계들에서 잃어버릴 수 있는 것이다(Johanson and Mattsson, 1987).

다시 말하면, 연결망 지배구조는 관계를 맺는 2자 단위를 넘어서서 전체 네트워크의 구조로부터 오는 효과를 누릴 수 있다는 뜻이다. 예를 들어 연결망의 한 구성 멤버가 배반하지 않는가를 감시하는 효과는 2자 단위를 넘어서 네트워크 전체에서 발생한다. 뿐만 아니라 정보교환은 정보를 교환하는 2자에만 효과를 내는 것이 아니라 연결망에 포함된 조직 모두가 하나의 정보 클럽(information club)이 되는 효과를 누린다. 예를 들어 연결망 안에서 공유된 정보나 노하우(know-how)가 우연히 특정 조직에게 커다란 영감을 줄 경우가 종종 있는 것이다.

일반적으로 연결망 지배구조가 위계나 시장보다 우월할 수 있다는 근거를 정리하면 다음과 같다. 첫째, 연결망 구조에서는 위계조직보다 낮은 감시비용(monitoring cost)이 든다. 대기업에서는 조직의 목적과 개인의 목적이 괴리되기가 쉽다. 즉 대기업은 아무리 열심히 일하더라도 자신에게 돌아오는 몫이 충분치 않다고 생각하는 조직원들을 감시하여 일을 열심히 하도록 유도한다. 그러나 연결망 조직에서는 각 기업이 조직원 자신의 이익과 직결된 활동을 하기 때문에, 대기업보다 지배비용이나 감시비용이 적게 든다. 대기업의 한 부서와 연결망 내의 독립적인 회사를 비교해 보면, 높은 자율성과 이윤에 대한 동기부여 체제(incentive system)가 있기 때문에 후자가 더 효율적 이라는 점은 쉽게 이해할 수 있다.

둘째, 연결망 지배구조는 신속성 때문에 특히 신기술을 개발하거나 급변하는 환경에서 더 효율적이다. 기술의 변화 속도가 빨라질수록 생산품 주기가 짧아지고, 시장이 전문화되며, 경쟁이 심화된다. 이런 상황하에서 소기업 연결망 안에 놓여있는 각각의 기업이 환경의 변화를 감지하는 촉수(觸手)가 되기 때문에 환경감지 기능이 탁월하다. 공룡과 같이 거대해진 기업은 환경 변화에 신속하게 적응하기 어렵지만, 소기업 연결망은 조직 관성이 적기 때문에 새로운 혁신을 쉽게 받아들이고, 불확실한 환경 변화에 신속하게 적응할 수 있다. 다르게 표현하면, 큰 위계조직을 고래에 비유할 수 있다면 연결망 조직은 멸치 떼에 비유할 수 있다. 거대조직은 조직의 관성 때문에 환경이 빨리 변하더라도 이에 신속하게 적응하지 못한다. 거대한 고래는 갑자기 발견한 암초를 피하려고 몇 단계의 결재 사다리를 거치다 충돌하지만 멸치 떼는 한 순간에 각 멸치의 자율적 판단에 의해 피할 수 있다. 미국 실리콘 밸리의 소기업 연결망은 급변하는 환경에 잘 적응할 수 있는 멸치 떼였기에 성공할 수 있었던 것이다.

셋째, 연결망은 암묵적 지식(tacit knowledge)을 전수하는 데 매우 적절한 형태이다. 신기술이 점차로 복잡화하고 비선형적으로 발전함에 따라, 이제는 하나의 대기업이 시장에서 신속하게 발전하고 있는 기술들을 모두 기업 내부에 갖고 있기는 불가능해졌다. 따라서 호혜적인 연결망을 통해 상호 지식이나 정보를 주고 받는 연결망 조직이 기술혁신에 훨씬 유리하게 된 것이다. 특히 지식이나 기술에서 점차 암묵적 지식이 중요해짐에 따라 연결망 내에서 조직 간 상호 간 학습의 중요성이 증가하고 있다. 용접봉의 끝에서 발생하는 불꽃의 색깔로 그 온도를 알아 맞출 수 있는 지식은 문자로 적거나 책으로 전달할 수 없는 암묵적 지식이다. 명시적 지식은 책을 통해서 전달 될 수 있지만 암묵적 지식이 이전되는 데는 직접적인 상호 작용이 제일 좋은 수단이다. 연결망 내의 상호 작용은 암묵적 지식이 원활하게 흐르도록 촉진함으로써 기술혁신에 도움을 준다.

넷째, 소기업 연결망에서는 개인의 창의성을 발휘할 기회가 더 많이 주어진다. 대규모 조직의 긴 사다리처럼 존재하는 수직적 위계 관계는 조직원의 사기를 낮추며, 상사의 명령이 옳지 않더라도 거스를 동기를 부여하지 못한다. 상사가 승진을 결정하기 때문이다. 따라서 젊은 조직원의 창의성이 조직적으로 차단당하기 쉽다. 연결망에서는 이와는 달리, 위계의 정도와 강도가 약하기 때문에 창의성이 보호될 수 있다. 또한 상부에 보고하는 데 드는 비용이나, 중앙 관리층으로부터 내려오는 명령에 신경을 쓸 필요가 없다.

다섯째, 소기업 연결망 지배구조는 위험 분담(risk sharing)의 방법으로 활용되어 혁신을 위한 도전을 쉽게 만든다. 연구 개발비를 지출하려고 할 때, 연결망에 포함된 소기업들은 자신의 특화 부분에만 지출하기 때문에 개발비의 비용이 분산되며 실패했을 때의 비용이 줄어 든다. 따라서 기술혁신을 하기 쉽다.

끝으로 연결망은 신뢰에 근거한 지배구조이기 때문에, 신뢰에 기반한 독특한 협력 양식이 경쟁적 우위를 만들어 낸다. 호혜적인 규범(norms of reciprocity), 상보적 갈등조정 능력, 관계적인 계약(relational contracting), 장기적인 효율성(X-efficiency) 등은 연결망의 독특한 통제 기제로서의 신뢰에 의해 창출되고 있다. 가령 공동으로 기술개발을 할 경우, 한 기업이 알고 있는 모든 기술을 다 털어 놓았을 때, 다른 기업들도 똑같이 기술을 공개할 것인지에 대한 불확실성, 또 기술이 개발되었을 때 그 성과가 공정하게 배분될 것인가, 혹은 우리 기업은 최선을 다해 공동의 목적을 위해 열심히 일하는데 다른 기업들도 그런지를 의심하는 불신의 문제가 도사리고 있는 것이다. 실리콘 밸리 등의 기술 연결망에 대한 연구는 불신을 해결하는 기제를 알려 준다. 정보 산업은 상품주기가 매우 빨라서, 독점적 이윤을 포기하고라도 신속히 제품을 개발하려는 욕구가 매우 강하다. 즉 개발에서부터 상품 생산까지의 기간을 단축하여 제때에 상품 개발을 못하면 현재까지 개발한 기술의 가치는 급락한다. 따라서 전략적 동맹이나 공동 기술개발 동맹에 참여하는 기업들에게는 서로 알고 있는 지식을 모두 털어 놓게 되는 강한 동기가 있다는 것이다. 이러한 기술공유의 반복된 경험은 강한 상호 신뢰를 낳게 된다. 한편 신뢰는 거래비용을 낮춤으로써 연결망의 효율성을 한층 증진시킨다.

조직연구에서 신뢰의 중요성은 고전경제학에서는 거의 다루어지지 않았다. 그러나 사람 사이의 경우와 마찬가지로 조직 간의 신뢰는 거래비용을 낮출 수 있는 매우 중요한 기제이다(한준, 2001). 기업은 거래에 따르는 불확실성과 위험에 직면해 있으며 거래 당사자들은 이를 줄이기 위하여 엄청난 비용을 들여 다양한 안전장치(safeguards)를 마련한다. 이러한 거래비용은 경제활동에서의 마찰로 여겨지며, 마찰을 줄여주는 효과적인 윤활유로서 등장하는 개념이 신뢰이다(Lorenz, 1988: 198). 한마디로 신뢰라는 개념은 각 기업들이 상대기업과의 거래행위에 참여할 것인지를 결정하는 데 위험요소를 통합시킨 것이다(Coleman, 1990: 91).

기업 간 신뢰는 장기적인 거래관계, 즉 장기적인 연결망에서 생겨난다. 신뢰 받는 기업의 행위 공간이 확대되고, 신뢰 받는 기업이 신뢰할 만하다면 신뢰하는 기업 역시 이득을 본다는 단순한 논리만을 통해서도(Dasgupta, 1988) 우리는 기업의 신뢰에 기반한 거래 행위가 얼마나 중요한지를 알 수 있다. 실제로 기업간의 협력 문제를 다루는 대부분의 연구들에서 신뢰는 가장 중요한 변수로 등장하고 있다(Smith, et al., 1995: 15).

7.2 소기업 연결망[3)]

거래비용 이론가들은 소기업 연결망(SFN)이라는 조직 형태를 위계조직과 시장 사이에 불안정한 상태로 존재하는 하나의 과도기적 지배구조의 형태로 간주한다(Williamson, 1985). SFN을 '시장-위계 연속선상의 한 지점으로 본다'는 것은 SFN을 위계적 속성과 시장의 속성이 단순히 혼합

3) 이 절은 김용학 · 이무원(2000)에서 부분 발췌하여 수정한 것이다.

된 잡종 형태로만 파악한다는 것이다. 그러나 현실적으로 SFN은 위계조직과 안정적으로 병존하고 있으며, 심지어는 위계조직의 대안으로 자리잡고 있다고 볼 수 있다(Perrow, 1986: 255; 1990: 147-148; Hakansson and Johanson, 1993: 44-49).[4] 이것은 조직 변천사를 시장-위계의 단선적인 진화의 틀로 설명할 수 없다는 사실을 대변해 주는 것이다.

SFN에 대해서는 서로 대립되는 두 가지 이론적 접근, 즉 신제도주의 경제학적 접근과 사회학적 접근이 있어 왔다. 전자가 조직 행위자들의 효율성을 강조하는 반면, 후자는 연결망 내에 '자리매겨짐(embeddedness)'의 효과를 강조하고 있다. 그러나 SFN의 출현과 번성은 각각의 이론에 문제점을 던지고 있다. 전자에는 외부효과의 내부화를 통한 경제적 효율성을 추구하는 경향성 때문에 시장으로부터 위계가 출현한다는 시장-위계라는 이분법의 문제가 있다. 구조적으로 접근하는 후자에는 행위자의 전략적인 측면을 간과한다는 문제가 있다. 구조적 접근이 자리매겨짐이라는 피동형을 강조하면서 자리매김(embedding)이라는 전략적이고 능동적인 과정을 간과하고 있기 때문에 조직을 수동적으로 파악하고 있다는 문제가 있는 것이다. SFN이 성공적인 이유는 수동적인 효과 때문이 아니라 연결망 구조의 효율을 활용하기 위하여 취하는 자리매김 전략 때문이다.

'자리매김 전략'이라는 개념을 이미 사용한 바 있는 버트(Burt 1992a: 228-269)는 자리매김 전략을 구조적 공백을 관리하는 전략으로 제한한다. 그러나 나는 새로운 접촉을 통해 연결망의 경계를 확장시키려는 버트의 확장(expansion) 전략뿐만 아니라, 연결망의 특정한 위치를 차지하기 위해서 구사하는 모든 전략들을 자리매김 전략에 포함한다.

한국에서도 소기업 연결망의 사례가 생겨났기에 이 사례가 주는 함의를 살펴보는 것은 매우 의미 있는 일이라고 생각된다. 이 연결망을 만들어낸 K상사 사장은 대기업의 하청업체로서 오랫동안 일하면서 대기업으로부터 당한 횡포와 설움을 극복하기 위하여 이러한 기업형태를 창안

4) 연결망 조직을 '독특한(unique)' 형태로 볼 필요가 없다는 반론(Grandori and Soda, 1995: 185)도 있으나, 연결망을 시장과 위계가 단순히 혼합된 것이라고 보기 때문에 시장과 위계의 여집합 부분 혹은 시장과 위계가 만나면서 일으키는 발현 효과로부터 오는 특수성을 간과할 우려가 있다.

그림 7-2 C가족의 SFN 구조

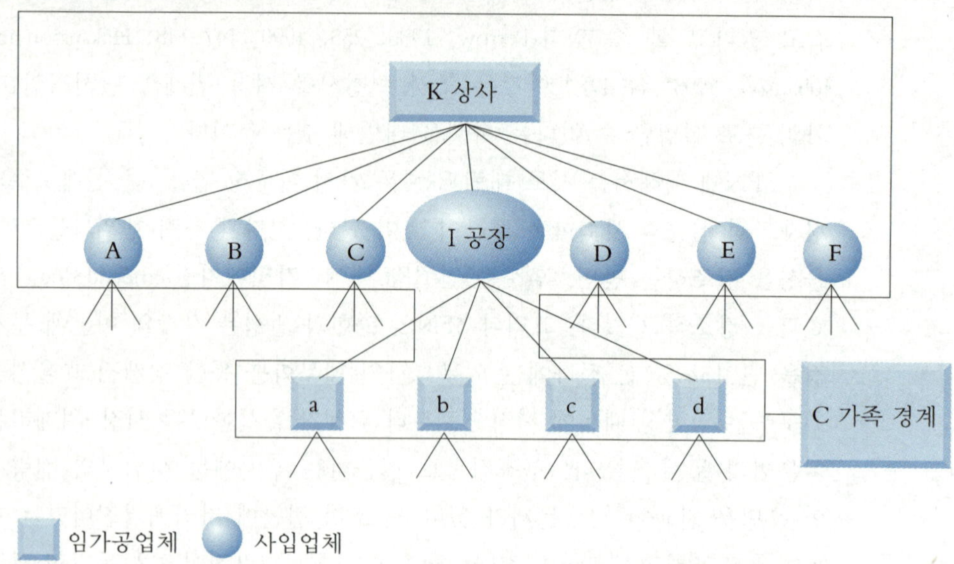

벨트(A+a=2+2=4) 지갑(B+b=4+11=15) 핸드백(C+c=6+9=15) 소품(D+d=2+7=9) 가방(E=4) 멜빵(F=1)

하게 되었다고 한다. 가죽 패션 제품을 만드는 C회사를 중심으로 생산과 판매활동을 하고 있는 연결망 자리매김 전략과 효과에 대해 간략히 살펴보기로 한다(김용학 · 이무원, 2000).

C가족은 한국 가죽 산업의 전반적인 침체 경향에도 불구하고 지속적으로 괄목할 만한 성장을 해 왔다. C가족의 공식적인 조직구조는 〈그림 7-2〉와 같이 요약될 수 있다. 연결망의 가장 중심에 있는 K 상사는 영업을 담당하며, 제조를 담당하는 I 공장을 갖고 있다. K 상사와 연결망을 구축하고 있는 하청 회사들은 총 48개 업체로서 이들은 법적으로 상호 독립적이다. 하청 회사들은 24 개의 사입업체와 24 개의 임가공업체로 구별된다. 사입업체는 다시 완사입업체와 직사입업체로 구분되는데, 전자는 모든 원자재(가죽, 원단)와 부자재(장식)를 직접 구입하여 완제품을 제조/납품하는 업체이고, 후자는 원자재를 K 상사로부터 공급 받고 부자재만

직접 구입하여 완제품을 제조/납품하는 업체를 말한다. 한편 임가공업체란 원/부자재 모두 K 상사로부터 공급 받아 순수하게 제조만 하여 납품하는 업체이다. 이들은 다시 제품별로 사입업체 그룹에 벨트, 지갑, 핸드백, 소품, 가방, 멜빵을 생산하는 6개의 군(cluster) 과, 임가공업체 그룹에 벨트, 지갑, 핸드백, 소품을 생산하는 4개의 군으로 각각 나뉘어진다.

사입업체는 K 상사의 본사에 납품을 하고, 임가공업 업체는 I 공장에 납품을 한다. 또한 K 상사는 전적으로 하청에만 의존하지 않고, 임가공업체에서 생산하는 품목과 동일한 핸드백, 지갑, 소품, 벨트를 자체적으로 I 공장에서 생산하고 있다. 하청 회사들은 또다시 제품의 일부분을 제조하여 그들에게 납품하는 재하청 회사들과 연결망을 구축하고 있는데, 이들은 C 가족의 구성원 자격을 갖지는 않는다.

각 업체의 종업원 수를 살펴보면, 임가공업체는 평균 5.22명, 사입업체는 평균 17.11명으로 대부분이 아주 작은 소규모 회사로 이루어져 있다. 특히 임가공업체의 경우 업체당 평균 종업원의 37.2%가 가족이나 친인척으로 구성된 가족사업체이다.[5] 하청 회사 사장 중 41.7%가 이전에 K 상사의 종업원이었으며, 사입업체 중 7개 업체가 이전에 K 상사의 임가공업체였던 경험이 있다. 즉, 일종의 분사기업(spin-off)으로 이전부터 K 상사와 끈끈히 연결된 관계를 유지하고 있었던 것이다.

C가족 구성원들은 연결망의 중요성을 인식하고, 연결망을 유지하고 관리하는 자리매김 전략에 많은 노력을 투자하고 있다. 〈표 7-2〉는 K 상사가 주관하는 모임으로써, K 상사는 C 가족 구성원 간 기술 및 R&D 공유와 같은 정보 교환을 촉진하고 있음을 알 수 있다. 업체 사장과 생산부장들이 모이거나 생산담당 실무자들이 모여 정기적으로 정보교환을 할 뿐만 아니라, 연결망의 중추적 역할을 담당하는 K 상사는 각 업체를 이틀에 한번 꼴로 방문하여 기술지도를 하고 있다. 각종 회의의 참석률도 100%에 육박하고 있다.

5) 세계적으로 유명한 SFN인 이탈리아 모데나(Modena)의 경우와 비교해 볼 경우, C가족 구성원들의 규모가 더 크지만(모데나의 평균 종업원 수=2.39), 가족 종업원의 비율은 거의 같다(모데나=39%)(Lazerson, 1993).

표 7-2 C 가족 구성원들 간의 공식적인 접촉

대 상	접촉 형태	빈 도	평균 참석률(%)
매입업체	업체 장 간담회(사장+생산 부장)	1회	100%
	생산 실무자 회의	2개월 1회	85%
	검사요원 모임	분기 1회	100%
	대표이사 모임	수시 모임	
	업체별 지도 방문	2일 1회	
임가공체	업체장 간담회(공장장 주관)	월 1회	100%
	불량제품 품평회	반기 1회	100%
	업체별 지도 방문	2일 1회	

공식적인 접촉 이외에도 하청 회사들 간에 친목 형태의 사회적 접촉이 빈번하게 이루어지고 있다. 분기 1회 동일 품목을 생산하는 모든 하청 회사들의 공식 모임이 있을 뿐만 아니라, 비공식 모임도 자주 갖고 있었다. 개별적 만남은 품목별, 지역별로도 이루어짐으로써 연결의 다중성을 높이고 있다. 더구나 품목별 사적 모임은 한달에 평균 한번 정도이지만, 지역별 모임은 일주일에 평균 1.5번이나 있을 정도이며, 심지어 거의 매일 점심을 같이 하는 지역도 있었다.

이처럼 똘똘 뭉쳐 하나의 목적을 위해 생산하는 연결망 공동체의 단합 정도를 알아보기 위해 Lincoln과 Kalleberg(1990)가 제시한 몇몇 지표들을 이용하여 연결망에 대한 헌신(commitment)과 만족의 정도를 측정하고, 이를 미국 및 일본 노동자들의 조직 헌신 및 만족 정도와 비교해 보았다. 그 결과 C 가족의 연결망에 대한 헌신은 미국 및 일본 노동자들의 자신이 속한 조직에 대한 헌신보다 높게 나타났다. 예를 들어서, 더 좋은 조건을 제시하는 회사가 나타나면 K 상사와 거래를 그만둘 가능성이 있는지를 묻는 질문에 대하여 그럴 가능성이 훨씬 낮다고 응답함으로써, 미국과 일본의 노동자들의 응답보다 훨씬 강한 결속을 보였다. "하나의 배를 타고 있다는 데 동의하는가?" 라는 질문에 대한 응답의 평균은 3.75로써(1=결코 동의하지 않는다, 5=적극 동의한다) 이는 일본 노동자의 평균인 2.68보다 훨씬 높은 응답유형이다. "C 가족의 구성원이라는 데 자부심을 느끼는가?" 라는 질문의 응답 평균은 4.23점으로 이 역시 일본 노동자보다 0.7점이 높은 결과이다.

하청 회사들의 강한 연결망 헌신은 그 동안 하청 회사들의 낮은 이탈율(exit rate)에서도 입증되고 있다. C 가족이 생산하고 있는 제품들의 경기는 1년에 각각 두 번의 비수기와 성수기, 즉 총 4기로 이루어져 있으며, 기존 하청 회사들의 이탈 및 신규 업체의 진입도 이러한 경기 변동에 따라 발생하고 있다. 총 2년 6개월, 즉 10기 동안의 이탈률을 살펴본 결과, 기 평균 0.8%의 극히 미미한 비율이 나타났다. 이러한 낮은 이탈율은 하청 회사들이 다른 회사들과 맺고 있는 관계들의 기간을 비교해 봄으로써 더욱 분명해진다. C 가족 내 하청 회사들은 K 상사와의 연결망 밖 회사들과 자유롭게 관계를 가질 수 있는데, 실제로 하청 회사들 중 2/3가 외부 회사들에게 물품을 공급하고 있다. 그러나 한 하청 회사당 관계를 맺고 있는 외부 고객회사의 수는 평균 1.5개에 불과하며 연결망 밖 회사들과의 평균 관계 기간은 3.25 년인 데 반하여, K 상사와 관계를 맺은 평균 기간은 6.7 년이나 된다.

하나의 사례 연구를 갖고 이론적인 일반화를 할 수는 없지만, 연결망 생산 공동체가 주는 함의는 이론적인 예측과 일치한다는 점은 분명하다. 이들은 스스로 연결망에 깊이 자리잡기 위해서 전략적으로 노력하고 있으며, 그 효과는 SFN의 효율로 나타나고 있다. 앞으로 이러한 대안적 생산 공동체가 얼마나 더 확산될지는 시간을 두고 지켜볼 일이다.

7.3 벤처기업 연결망[6)]

소기업 연결망이 지속기간이 매우 길고, 수십 개의 회사가 참여하는 생산 공동체라면 벤처기업 연결망은 특정한 목적을 위해 맺어지며, SFN 보다는 비교적 참여 기업 수도 작고, 지속기간도 짧은 연결망이다. 서구에서 시작된 벤처기업 연결망의 확산은 한국에서도 예외가 아니어서, 1990년대 중반부터 성장하기 시작한 혁신적 소기업들 사이에 거미줄 같이 얽힌 네트워크가 생성되고 있다. 필요에 따라 일상적인 정보를 교환하는 느슨한 연결부터 전략적 동맹이나 조인트 벤처, 출자관계 등의 강한 연결에 이르기까지, 다양한 종류의 연결망이 마치 신경망이 자라듯이 첨단산업의 벤처기업 사이에서 퍼져나가고 있다. 극도로 불확실한 시장과 급변하는 기술변동 앞에 풍전등화와 같이 노출된 벤처기업들은 신생기업으로서의 생존위험을 극복하고 경쟁력을 갖춘 기업으로 살아 남기 위해 서로 협력과 호혜의 연결망에 의존하고 있는 것이다.

일반적으로 기업간, 조직간 네트워크는 개별 기업 수준에서 통제하기가 어려운 여러 종류의 자원을 얻거나 환경을 통제하는 수단으로 사용된다. 네트워크를 통해서 기술과 시장의 불확실성을 관리하고, 기업활동에 필요한 정보나 지식과 자본을 얻으며(Powell, 1998; Goto, 1982; Cohen, 1990; Uzzi, 1997) 거래비용이나 조정비용을 절감하고, 기술혁신의 위험을 분산시키며(Podolny, 1993, 1996), 시장 기회를 증진시킨다는 사실은(Gulati, 1998) 이미 여러 연구에 의해 밝혀진 바 있다. 기업활동에 필요한 각종 자원을 개별적으로 확보하기 어려운 벤처 기업들이 협력 네트워크에 의존하여 자원을 동원하는 것은 당연한 일일지도 모른다. 하지만 협력 파트너를 탐색하고 그 관계를 유지하는 데는 많은 시간과 인적, 물적 비용이 요구될 뿐만 아니라, 상호 신뢰를 쌓기가 어렵고, 종종 협력관계가 협력대

6) 이 절은 (김용학 · 한경희 · 이각범, 2002)의 한 부분을 수정 보완 한 것이다.

상과의 경쟁을 수반하는 '적과의 동침'이라는 점에서 관계를 맺는 결정은 매우 신중하고 전략적으로 이루어진다.

벤처기업 조직 연결망에 대해 서구에서 진행된 연구는 대체로 네 가지로 분류할 수 있다. 첫째로는 왜 연결망 지배구조(network governance)가 특정한 조건에서 시장이나 위계적 조직에 비해서 더 효율적인가에 대한 "순수 이론적인 연구"를 꼽을 수 있다. 신제도주의 경제학(Williamson, 1985)에 의해 촉발된 이러한 연구 관점에서는 연결망 내에 존재하는 신뢰가 거래비용을 낮추어 주는 대안적 기제라고 주장한다(Powell, 1998). 특히 이러한 작업은 오랫동안 저임금과 종속성, 낮은 기술 수준으로 상징되었던 소기업들이 연결망을 활용함으로써 대기업 이상의 경쟁력을 갖추게 되는 과정을 이론적으로 규명하려고 한다(Lazerson, 1988; Oakey, 1984; Saxenian, 1991; Perrow, 1992).

두 번째 부류의 연구들은 '네트워크의 외연적 효과'를 밝히려고 시도한다. 전체 연결망에서 기업이 차지하는 위치에서 생기는 지위나 명성(Podolny, 1993, 1997; Stuart, 1998)이 그 기업과 연결된 다른 기업들에 어떻게 이전되며 그 효과는 무엇인가 등이 주된 연구 관심이다. '호랑이를 쫓아가는 여우에게 호랑이의 위엄이 이전되어' 여우가 숲속의 왕 행세를 하듯이 강자와의 연계가 시장에서 시그날링의 효과로 나타나 기업 성과에 영향을 미친다는 연구 결과(Stewart, Howang and Hybels, 1999)들이 이 부류에 속한다.

세 번째는 경험적인 연구로서, 네트워크의 외연적 효과보다는 네트워크를 통해 '교환되는 자원의 시너지 효과'에 초점을 맞춘다. 각 기업이 자리잡고 있는 기술 환경이 점차로 복잡해지고(complexity), 불확실하며(uncertainty), 급변함(turbulence)에 따라 개별 기업들은 필요한 기술 요소들을 모두 기업에 내부화하기가 어려워졌다는데에 자원 교환의 핵심적 동기가 있다. 앞절에서 언급했듯이 급변하는 기술과 시장기회를 공동으로 감시하기 위해서 기업간 지식과 정보를 공유할 필요가 대두했으며, 기술개발의 엄청난 비용과 불확실성을 분산시키기 위해 연결망이 위험분산의 도구로 사용된다. 즉, 지식이나 자원의 교환과 동원 자체가 기술혁신과 기업성장을 위한 훌륭한 수단이 된 것이다(Teubal et al., 1991; Hakansson et al, 1993). 대학이나 연구기관처럼 기술혁신과 직접적 관련있는 조직뿐만 아니라 정부, 금융기관, 시민단체, 노조와 같은 조직들이 제공하는 다양한 자원도 실질적인 기업의 성과에 큰 영향을 미친다는 점이 밝혀졌다(Lundvall, 1993).

끝으로, 조직이 관계를 맺고 유지하는 '네트워크 형태의 효과'에 대한 연구 결과들이 누적되고 있다. 중복적인 연결을 피해 다양하게 연결해야 효율을 증가시킬 수 있다는 구조공백 이론(Structural Hole Theory: Burt. 1992b), 강한 연결보다는 약한 연결이 정보의 흐름에 더 효율적이라는 '약한 연결의 강함' 이론(Granovetter, 1973), 혹은 강한 연결과 약한 연결을 어떻게 배합한 것이 더욱 효율적인 전략인가에 대한 연구(Uzzi, 1997; Hansen, 1999) 등이 대표적이다.

협력 연결망은 각기 다른 기능을 수행하는 강한 연결망과 약한 연결망으로 구분할 수 있다. 강한 연결망은 공식적인 계약을 통해 일정기간 의무로서 관계를 유지하는 단단한 연결망(tight coupling)을, 약한 연결망은 비공식적이고 필요에 따라 즉흥적으로 발행하는 장-단기적인 느슨한 상호 작용의 관계망을 일컫는다. 연결망을 개념적으로 이렇게 구분하는 것은 다음과 같은 이유에서 중요하다.

기술이 점차 더욱 복잡해지고 상호 의존적인 방식으로 발달하기 때문에 기술에 대한 정보의 탐색과 기술 이전은 벤처기업의 생존을 위해 매우 중요한 일이 되었다. 한 기업이 가진 자원의 제약 때문에 기업들은 서로 상보적 자산을 교환할 필요가 있으며, 둘째, 기술적 노하우와 숙련의 공유를 통해 '범위의 경제'를 형성할 수 있어 서로에게 호혜적이라는 점, 셋째 급변하는 기술과 시장의 불확실성에 대처할 수 있다는 점 때문이다(Smith et al., 1991; Lundvall, 1993). 대학의 연구센터와 기업들 역시 각자의 독특한 상보적 자원과 숙련을 지니고 있기 때문에 이들 사이의 상호보완성은 산-학 협력의 중요한 열쇠가 된다(Teece, 1986; Foray, 1991). 그러나 이러한 협력 관계를 형성하는 데 있어서 기업은 몇 가지 문제에 직면하게 된다. 예를 들면, 기업 간 협력 관계의 형성이 상보성과 호혜성에 기초해 있더라도 협력 연결망의 형성은 일반적으로 엄청난 비용과 배반의 위험을 수반한다. 또한 연결망에 장기적으로 몰입하게 되면 조직 간 상호 의존성을 높이는 결과를 낳으며, 이것은 독자적인 기업활동을 선호하는 기업가들, 특히 모험심과 독립성이 강한 벤처기업가들의 지향성과 마찰을 불러일으킬 수 있다. 뿐만 아니라 협력 당사자들 사이의 이해가 엇갈리거나 어느 한 쪽이 더 많은 과실을 갖게 되는 경우, 또는 파트너가 자신의 기여에 의해 급성장하여 경쟁력에 위협이 될 우려가 늘 존재한다. 따라서, 기업들은 그들이 판단하는 혜택과 부담 사이에서 상대적으로 부담이 적은 기술 및 시장 정보의 탐색과 같은 비교적 약한 연계와 상호 의존성을 높이는 전략적 동맹이나 출자와 같은 강한 연계 사이에서 전략적 선택을 하게 된다. 왜냐하면 강한 연계와 약한 연계는 각기 다른 기능을 수행하기 때문이다.

이러한 주장은 일견 약한 연계가 강한 연계보다 더 효율적이라는 그레노베터의 핵심 주장과 상충되는 것처럼 보인다. 그러나 '약한 연계의 강함'이라는 파라독스는 '어떤 것이 확산될 경우, 강한 연계보다는 약한 연계를 경유하면 더 많은 사람들에게, 더 멀리 확산될 수 있다(Granovetter, 1973: 1366)'는 주장이지, 강한 연계의 강함을 부정하지 않는다(Kanai, 1998: 68). 약한 연계가 효율적인 경우와 강한 연계가 효율적인 경우가 따로 존재하기 때문이다.

한센(Hansen, 1999)은 대기업이 새로운 기술을 개발할 때 기업 내의 각 부서가 갖고 있는 지식과 정보가 어떤 네트워크를 통해 흐르는가를 분석한다. 부서간의 친밀한 인적 관계가 지식 공유에 실질적인 효과를 발휘한다는 제품혁신 이론과, 약한 관계가 오히려 효율적이라는 사회 연결망 이론의 상반된 결과가 사실은 두 연구의 초점이 다른 데에서 기인한다는 것이 그의 주된 주장이다. 한센은 이 모순된 연구결과를 해결하기 위해 조직부서 사이의 지식 공유를 지식의 탐색(search)과 이전(transfer)이라는 이중적인 문제로 고려할 것을 제안한다. 결론적으로 이야기하면, 약한 연계와 강한 연계는 각기 나름대로의 장단점을 지니고 있어서, 약한 연계는 지식의 탐색과정에, 강한 연계는 지식의 이전에 보다 효율적이라

표 7-3 벤처기업이 맺는 강한 연결 수에 대한 회귀분석

변 수	사례 수 (N)	평 균	표준편차	표준화 계수 (베타)
상 수				0.0**
규모(정규직 수)	120	158.4	138	−0.017
자 본	120	67,788,678,511	74,809,400,639	0.204*
매 출	120	27,109,548,706	30,622,536,597	0.089
영업이익	120	2,315,679,877	4,970,878,205	−0.130
주식가격	118	24,918	24,699	0.293**
연구개발비	115	12,274,938,674	108,439,445,872	−0.065
코스닥연령(월)	119	42.4	15.9	0.289**
기업연령(년)	120	10.6	6.6	−0.211*

$p<=0.001$, **$p<=0.01$, *$p<0.05$, $R^2=0.25$.

는 것이다.[7)]

필자는 전략적 기술 동맹이나 타 기업 출자와 같은 강한 협력 연계로 진입하게 되는 기업들의 관계성을 분석하기 위해 120개의 정보통신 분야 코스닥 벤처기업들이 맺은 전략적 동맹과 타 벤처 기업에의 출자를 조사하였다(김용학 · 한경희 · 이각범, 2002). 먼저 비용이 많이 드는 타 기업과의 강한 연계를 많이 맺는 기업의 특성을 분석하기 위하여 다른 기업과 강한 연계를 맺은 횟수를 종속변수로 한 회귀 분석을 실시하였다.

〈표 7-3〉에 제시된 회귀분석 결과에서 우리는 벤처 기업의 자본이 많을수록 강한 연결을 많이 맺는 것을 알 수 있다. 그러나 매출이나 영업이익 또는 조직규모는 연결량과 통계적으로 무관한 것으로 나타났다. 조직의 내적 자원을 나타내는 변수 각각은 연결량과 유의미한 관계가 있으

7) 강한 연계는 지식의 복합성이 높은 암묵적 지식(tacit knowledge)이나 다른 지식 체계에 의존성이 강한 지식(dependent knowledge)일 때 긍정적 효과를 나타내며, 약한 부서 간 연계는 지식이 비교적 복잡하지 않고 문서화될 수 있을 때 긍정적인 효과를 나타낸다(Hansen, 1999: 105).

나, 다른 모든 변수를 통제했을 때, 자본금만이 강한 협력관계를 설명한 것이다. 우리는 이 결과를(다른 변수가 통제되었을 때) 자본금이 많은 회사가 강한 협력관계의 비용을 지불할 능력이 있다고 해석한다. 한 가지 특기할 만한 사항은 기업의 연령이 많을수록 연결량이 증가하지만, 기업 연령을 통제했을 때 코스닥에 진입한지 몇 개월이 되었는가는 연결량과 부의 관계를 갖는다는 점이다. 다른 말로 이야기하면, 기업으로서 '신생의 위험'을 벗어날수록 강한 연결을 많이 맺지만, 연구가설과 달리 기업 연령이 같을 경우 최근에 코스닥에 진입한 기업일수록 강한 연계를 많이 만드는 것이다. 이것은 최근 코스닥에 진입한 벤처기업들이 이전보다 더욱 전략적 제휴나 출자의 필요성을 강하게 인식하고 있음을 나타낸다.

벤처기업의 코스닥 주가도 연결량과 긍정적인 관계를 갖지만, 이는 인과적으로는 오히려 거꾸로 해석해야 할 것처럼 보인다. 즉, 전략적 동맹 등의 강한 기술 협력을 많이 맺을수록 주식시장에 시그날링을 해서 주가를 높이는 효과가 있다는 것으로서, 전략적 동맹이 주가를 끌어 올리는 경향이 있다는 미국에서의 연구들(Koh and Venkatraman, 1991; Park and Kim, 1997)과 맥을 같이하는 발견이다.

벤처기업 사이의(강한, 혹은 약한) 연결망의 효과에 대한 한국에서의 연구는 아직은 미미한 편이며, 연결망과 성과 사이의 관계도 매우 불확정적이다. 그 이유는 정부의 지원이 쏟아졌던 벤처산업에 아직도 거품이 덜 걷힌 상태이기 때문이기도 하지만, 아직은 벤처기업 연결망 자체가 실제적이기보다는 홍보용으로 이름뿐인 경우가 많기 때문이다. 벤처기업간 연결망과 기업 성과 사이의 관계에 대한 분석은 앞으로 남은 연구과제라고 생각한다.

제 8 장　노동시장과 연결망

제 8 장

노동시장과 연결망

이 책의 2장을 시작하면서 연줄이 없어서 직장을 구하는 데 어려움을 겪었던 한 청년의 사례를 소개했었다. 노동시장에서 연결망은 일자리를 구하는 데 뿐만 아니라, 승진하거나 보다 낳은 직장으로 옮기는 데에도 큰 힘을 발휘한다. 우리나라에서의 치열한 교육열은 양질의 인적 자본을 축적하려는 목적뿐만 아니라 양질의 연결망을 얻기 위한 경쟁이라고 볼 수 있다. 일류 대학 출신자들이 사회의 엘리트 층을 독점하는 이유는 대학 입학 당시의 예비고사 점수나 수학능력시험 점수 20~30점의 능력차이 때문만이 아니라, 졸업 후 선후배 간에 직·간접으로 끌어주거나 고급 정보를 교환하는 동창관계의 효과에 있다. 특히 국민 모두가 일류 대학에 진학하기를 갈망하는 것은, 그 대학교수의 능력과 교육과정, 교육 환경이 좋기 때문이기도 하지만, 더 중요한 이유는 그 대학의 동창관계가 좋기 때문이다. 특히 특정 대학 출신자들이 장·차관 등 정부의 요직을 석권하고, 그토록 높은 사회, 정치, 경제 엘리트 점유율을 유지하는 이유는 개인적인 능력 이외에 그들이 엘리트 충원의 통로를 장악하고 있기 때문이다.

각 대학의 동일학과 동창회 명부를 분석해보면, 동창회의 조직화된 정도와 그 대학 출신자의 사회적 진출 사이에 뚜렷한 상관관계가 존재함을 보여 준다. 예를 들어, 졸업한 지 30년 되는 정치학과 졸업생들의 활동상을 대학교별로 살펴보면, 서울대 출신자들의 사회 엘리트로의 진출은 두드러진다. 소위 2~3류 대학 정치학과 동창회 명부를 살펴보면, 동창회 명부가 아예 없거나, 있더라도 사람 이름 옆의 현재 직업(직위) 란에는 빈칸이 수두룩하다. 왜 대학별로(혹은 고등학교별로) 동창회가 조직화된 정도가 다른가? 2~3류 대학 출신들의 애교심이 약해서인가? 혹은 유독 이들이 동창관계에 정서적으로 의존하지 않기 때문인가? 출세한 후에야 동창회에 얼굴을 내미는데, 이들 중 출세한 사람이 적기 때문인가? 필자가 생각하기에는 이들 요인들이라기보다는 동창회를 열심히 해 보아야(도구적으로) 도움이 되지 않기에 동창회 활동을 열심히 할 필요가 없기 때문이다(4장 5절 참조).

시계열적으로(time series) 살펴보면 대학 졸업 직후의 사회 진출에는 별 차이가 없다가, 시간이 갈수록 대학별 격차가 벌어진다. 그 이유는 연결망의 '눈덩이 굴리기 효과(snow-ball effect)' 때문이다. 큰 눈덩이는 한번 굴릴 때, 더욱 빨리 자라듯이, 일류 대학의 연결망이 굴러가면서 누적적으로 학교 차이를 더욱 벌여 놓은 것이다. 주식시장의 주가 변동처럼 교육시장에서 학교의 가치는 수능점수와 경쟁률에 반영될 것이라는 가정을 하고, 과거 20년간 대학간 커트라인 성적을 비교 분석하면 이러한 사실을 입증할 수 있다. 가령 20-30여 년 전에는 서울대에 합격할 수 있는 학생들이 연세대를 택하는 경우가 많이 있었다. 그러나, 이제는 몇몇 전공학과를 제외하고는 모두 서울대 밑으로 쳐지게 되었다. 물론 복수 지원을 허용해서 격차가 더 벌어진 것도 사실이지만, 복수지원을 허용하기 직전까지도 격차는 계속 벌어져 왔다. 이러한 현상의 이면에는 연줄의 눈덩이 효과가 작용하고 있다. 한 마디로 노동시장에 동창 연결망이 일자리를 구하는 데에서부터, 노동이동과 승진에 작용한다고 볼 수 있다.

8.1 일자리 구하기

갑자기 실직한 한 사람을 상상해 보자. 그가 어떤 과정을 통해서 새로운 일자리를 얻게 될까? 그의 능력, 학력, 일의 경험이나 숙련 정도 등, 즉 인적 자본이 일을 얻는데 중요한 역할을 하는 것은 자명하다. 경제학자들은 자유 노동시장에서 일의 공급자와 수요자 사이에 합치(matching)가 일어난다고 본다. 즉 수요와 공급에 의해 가격이 형성되듯이, 수요자가 제공하는 보상과 공급자의 자질이 합치될 때 노동 계약이 성립된다. 일자리를 옮겨 다니는 사람은 이 둘이 불합치 된 사람들로서, 이들은 합치가 될 때까지 계속 직장을 옮겨 다니는 것으로 가정된다. 자주 직장이동을 하는 사람은 평균에서 이탈한 오차이고, *t* 시점에서의 오차가 *t*+1 시점의 오차와 연결된, 통계학의 전문용어로 표현하면, 상태 의존(state dependency)의 경우라고 설명되는 것이다(Heckman & Ichimura, 1998). 이러한 가정 때문에 경제학에서는 사람들이 일자리를 구하는 과정에 관심을 둘 이유가 없었다. 어떤 과정을 통해서이든 결국 합치가 일어날 것이기 때문이다. 그러나 사람들은 일자리에 대한 정보를 먼저 얻어야 입사 원서를 낼 수 있을 것이며, 또 인적 자본 이외에 한 개인의 연결망이 입사에 도움을 줄 것이다.

"약한 연줄의 강함(1973)"이라는 유명한 명제를 낳았던 그래노베터(1974)의 「일자리 구하기」라는 연구를 검토하여 보자. 그는 인구 98,000명의 보스톤 근교 뉴톤이라는 지역에서 특정 기간 동안 일자리를 옮긴 사람을 조사하여 새 일자리를 얻게 된 경로를 연구한다. 경로는 크게 세가지로 분류되는데, 첫째는 새 일자리를 구하기 전부터 알고 있던 사람을 통해서(개인적 접촉), 둘째 광고를 보거나 직업소개소 등을 통해 지원서를 작성한 경우, 셋째 중개자 없이 자신이 직접 발로 뛰면서 직장을 타진한 경우이다.

첫째 경로, 즉 직장 구하는 것과 관계없이 이전에 만났던 사람이 새로운 일자리에 대한 정보를 주거나 새 직장 고용주를 직접 소개한 경우가 전체 응답자의 56%를 차지하면서 압도적인 빈도를 보인 반면, 두 번째와 세 번째 경로는 각각 19% 정도를 차지했다. 개인적인 접촉을 더 자세히 세분하면, 이들 중 31%가 가족이나 친척을 통해서였고, 나머지 69%가 동료를 통해서였다. 즉 아는 사람 중 약한 연결이 더 중요한 정보 흐름의 통로였던 것이다.

이러한 현상은 한국에서도 비슷하게 나타난다. 〈표 8-1〉 직장을 구하는 경로에서 알 수 있듯이 직장을 구할 때 공식적인 광고나 직업소개소를 이용한 경우는 25% 정도, 중개자 없이 고용주로부터 직접 채용된 사람이 약 5%, 나머지는 개인적인 접촉을 통해서 직장을 구한다. 개인적인 접촉 중에서도 그냥 아는 사람 정도인 약한 관계가 가장 많은 빈도수를 보이면서, 친구나 친척의 강한 관계보다 약 두 배 정도의 비율로 나타난다. 이처럼 약한 연줄이 강한 효과를 내는 이유는 약한 연줄이 구조적으로 정보 전달력이 강하기 때문이다. 강한 연줄의 경우는 정보원이 중첩된다. 즉, 나의 아주 친한 친구가 갖고 있는 정보원과 내가 갖고 있는 정보원은 상당한 정도로 중첩된다. 따라서 정보원을 공유하고 있는 강한 연줄 사이에서는 새로운 정보가 흐르기 어렵다. 그러나 오랜만에 우연히 만난 초등학교 동창생으로부터는 새로운 정보를 많이 얻을 수 있다. 이것이 약한 연줄의 강함이라는 명제의 근거이다.

그레노베터(Granovetter, 1988)는 한 사람이 일자리를 옮겨 다닐 확률도 근속기간에 따라 뒤집어진 U자 형태를 띤다고 보았는데, 그 이유는 한 직장에서 근무하면서 사람들과 맺게 되는 연결망이 자라나는 속도와 관련이 있다. 즉, 직장을 구한 첫 몇 년 사이에는 새로운 사람들을 업무상 많이 만나게 되지만, 일정 기간이 지나면 연결망이 고착되어서 새로운 사람이 등장하는 속도가 떨어지거나 더 이상 연결망이 확대되지 않는다. 새

표 8-1 직장을 구하는 경로

경 로	빈 도	%	누적빈도
신문이나 잡지 광고	228	13.0	228
직업 소개소	29	1.7	257
선생님	41	2.3	298
학교 취업 알선소	183	10.5	481
가족 및 친척	321	18.3	802
친한 친구	147	8.4	949
그냥 아는 사람	622	35.5	1571
고용주로부터 직접	81	4.6	1652
계	1652	94.4(missing 제외)	

자료: 동아시아 노동시장 자료; 연세대 사회발전 연구소 소장 자료.

그림 8-1 근속기간과 이직확률 사이의 관계

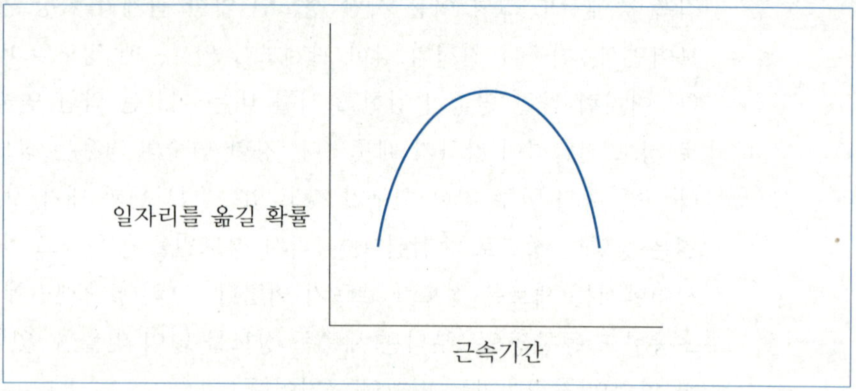

로운 직장에 대한 정보는 연결망을 통해서 얻게 되므로, 이직을 할 확률도 새로운 연결망이 생기는 확률과 직결되어 있다. 결국 일정기간 이상 근속하면 새로운 연결이 생기는 빈도도 떨어지고 따라서 이직할 확률도 낮아진다.

직장을 구하는 데 어려움을 겪는 사람들은 지속적으로 어려움을 당하고, 직장을 쉽게 이동하는 사람들은 늘 쉽게 새로운 직장을 구하는 경향이 있는데, 그 이유도 눈덩이 굴리기 효과와 관련이 있다. 어려움을 겪는 사람은 출발할 당시의 눈덩이가 작았기 때문에 아무리 작은 눈덩이를 굴려도 눈덩이가 쉽게 커지지 않지만, 쉽게 이동하는 사람들은 이미 큰 눈덩이를 갖고 출발했기 때문에 직장을 옮겨 다니면서 더 큰 눈덩이를 만들 수 있는 것이다.

8.2 승진과 연결망

승진은 노동시장 연구에서 핵심적인 관심사항 중 하나이다. 어떤 사람들은 고용 안정성이 낮고 승진의 가능성도 거의 없는 찬바람이 몰아치는 벌판에 고용되어 있는 반면, 어떤 사람들은 일단 취직하면 거의 평생이 보장되는 직장이나 직종에서 근무하기도 한다. 후자가 속한 노동시장을 내부 노동시장이라고 부른다. 좀더 엄밀하게 말하면, 기업이 신규 근로자를 채용할 경우 체계적인 선발기준을 적용하고, 중견 간부를 충원할 경우에는 기업 밖에서 채용하기보다는 잘 발달된 경력 사다리, 즉 사내 승진을 통해 충원한다면, 이 기업은 내부 노동시장을 갖고 있다고 정의된다.

내부 노동시장을 갖춘 기업은 대체로 회사의 규모가 크고, 임금 수준이 높으며, 명문화된 내부 승진체계가 있어서 승진의 기준이나 요건 등이 규정되어 있으며, 사내 복지가 발달되어 근로자가 회사를 떠날 유인을 낮게 만들며, 응답자가 원한다면 평생 동안 그 회사에서 일할 수 있는 평생직장인 경우가 대부분이다. 왜 자유롭게 필요한 노동력을 시장에서 적시에 구입하지 않고 장시간 동안 근로자를 채용함으로써 비탄력적인 내부 노동시장을 갖추려고 하는지는 많은 노동경제학자와 노동사회학자의 관심거리였다. 사회 연결망 이론에서도 이에 대한 설명을 시도한다. 승진에 관한 연결망 이론의 특징을 부각시키기 위해서 먼저 기존의 설명들을 간략히 검토해 보기로 한다.

거래비용 이론의 입장에서는 기업이 필요로 하는 기술이나 숙련이 기업에 특수한(firm-specific) 자산특화적 기술이라면 기업의 입장에서는 이러한 기술을 내부화하는 것이 거래비용을 줄인다는 면에서 유리하다. 왜냐하면, 이런 특화적 기술을 갖고 있는 노동력을 시장에서 구입하기가 쉽지 않기 때문이다. 따라서 이들은 기업 내의 훈련 프로그램인 OJT(on the job training)나 직장 내에서 배치전환(job rotation)을 통해서 기업에 특수한 기술을 익히게 된다. 기업 내의 오랜 경력자를 우대하는 연공서열제도 거래비용의 입장에서 보면 쉽게 이해가 된다. 부서 간 상호 연관성이 매우 높은 기술을 사용하는 기업이라면 시장에서 노동력을 구입하기보다는 기업 내에서 충원하는 것이 더 효율적인 방법일 것이다.

두 번째 이론은 고용지대(employment rent)이론이라고 부를 수 있는 보울리스와 진티스(Bowles et al., 2001)의 이론이다. 이 이론은 노동자에게 시장가격보다 높은 임금을 지대로 지불하면 노동자는 시장의 찬 바람에 내몰리지 않기 위해 기업에 충성하며 더 많은 노력을 기울인다는 것이다. 이 이론은 '논쟁적 교환(contested exchange)이론' 이라고도 불리는데, 그 이유는 고용주와 노동자 사이에 발생하는 임금과 노동력 사이의 실질적인 교환은 계약으로 강제하기 어려운 교환이기 때문이다. 고용계약 이후에 고용주와 노동자 사이에 일어나는 교환은 계약으로 명시할 수 없는, 논쟁적인 교환이라는 것이다. 예를 들어, 시간당 노동력(labour power)을 파는 임금 계약은 법적인 강제력이 있지만, 일단 계약이 맺어진 후 고용자와 피고용자는 새로운 교환관계에 돌입한다. 성과를 측정하기 모호한 경우, 노동자가 얼마만큼의 성과를 내야 하는지를 계약으로 명시화 할 수 없기에 고용자는 피고용자의 자발적인 협조에 의존할 수밖에 없다. 노동자의 헌신과 기업가가 주는 보상 사이의 교환은 대리인의 문제(principal agent problem)를 안고 있는 논쟁적 교환관계이다. 대리인의 문제는 노동자의 성과가 과연 노동자가 최선을 다한 결과인지, 아니면 운과 같은 우연한 요인 때문에 생긴 결과인지, 혹은 노동자가 자신의 이익을 위해 농땡이(shirking)를 친 결과인지 등에 대해서 고용주가 알 수 없는, '정보 비대칭'

그림 8-2 고용지대에 의한 노동자의 헌신

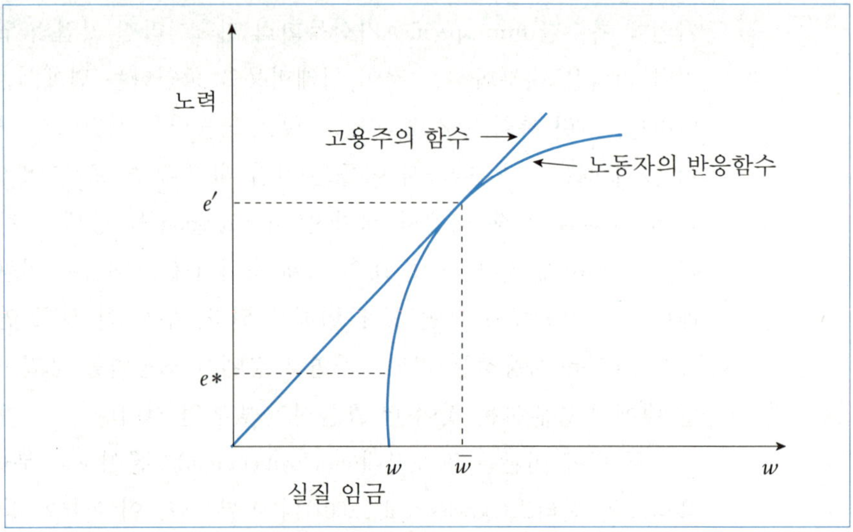

의 상황에서 발생한다.

〈그림 8-2〉에서 고용주의 함수는 일을 열심히 할수록 더 많은 임금을 지불할 용의가 있음을 보여 준다. 노동자도 임금을 많이 받으면 그만큼 더 열심히 일할 용의가 있으나, 노력에는 한계가 있으므로 그 함수는 곡선형이다. 내부 노동시장에서의 임금은 두 함수가 만나는 점에서 형성된다. 시장가격인 평균임금은 $\bar{w}$이므로 $w-\bar{w}$가 고용지대로 형성된다. 노동자는 지대를 얻기 위해 노력을 지불한다(e^*에서 e'로 상승). 즉 고용주가 내부 노동시장을 만들고 높은 임금과 사내 복지제도를 만드는 이유는 노동자에게 지대를 지불함으로써 노력을 받아내려는 동기 때문이라는 이론이다.

내부 노동시장이 생기는 원인을 설명하는 세 번째 이론은 노동과정 이론이다. 기업 내에 규칙에 의거한 승진 사다리를 만드는 것은 노동자들 사이의 경쟁을 유발하고, 규칙에 근거하여 노동자를 통제하려는 통제전략 때문이라고 주장한다. 자본주의 발달의 역사를 보면, 초기에는 노동자를 채찍으로 다루다가(단순 통제), 조금 더 발전된 형태로서 노동자를 컨베이어 벨트와 같은 기계에 묶어 놓음으로 통제하려고 하다가(기술적 통제), 후기에 이르러 보상이나 승진 등에 관한 관료제적 규칙을 만들어 노동자의 자발적인 동의에 의해 열심히 일하도록 만드는 노동통제 전략으로 발전했다(관료제적 통제). 노동자들은 더 많은 보상과 승진을 하기 위하여 계급투쟁보다는 서로 경쟁하면서 열심히 일하게 되었다는 것이다(Burdwoy, 1979). 이 이론에 근거하면 기업의 내부 승진을 도모하는 내부 노동시장은 노동통제 전략의 일환으로 생겨난 것이다.

승진에 대한 연결망 이론은 근로자 사이의 관계망에 초점을 둔다. 한 사람이 이직을 한다는 것은 남아 있는 사람들의 사회적 자본에 부정적인 외부효과를 갖는다(Schiff, 1992). 한 개인만이 떠난 것이 아니라, 그가 갖고 있는 연결망이 통째로 옮겨간 것이다. 따라서 좋은 연결망을 갖고 있는 사람을 승진시키거나 높은 보상을 줌으로써 이들을 기업에 남게 하는 것이 유리하다.

버트(Structural Holes: 126-132)는 기업에서 승진을 잘 하는 사람이 실제로 연결망에서 좋은 위치에 놓인 사람이라고 주장한다. 연결망에서의

그림 8-3 구조적 공백의 예시

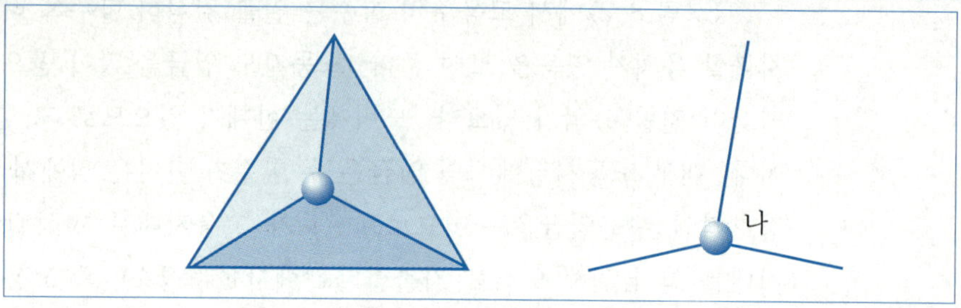

유리한 위치는 구조적 공백(structural holes)을 어느 정도 차지하는지로 측정되었는데, 구조 공백이란 중복되지 않는 관계에 놓인 것을 의미한다. 예를 들어 〈그림 8-3〉의 두 연결망을 비교하면 왼쪽 그래프가 오른쪽 그

그림 8-4 구조 공백과 승진

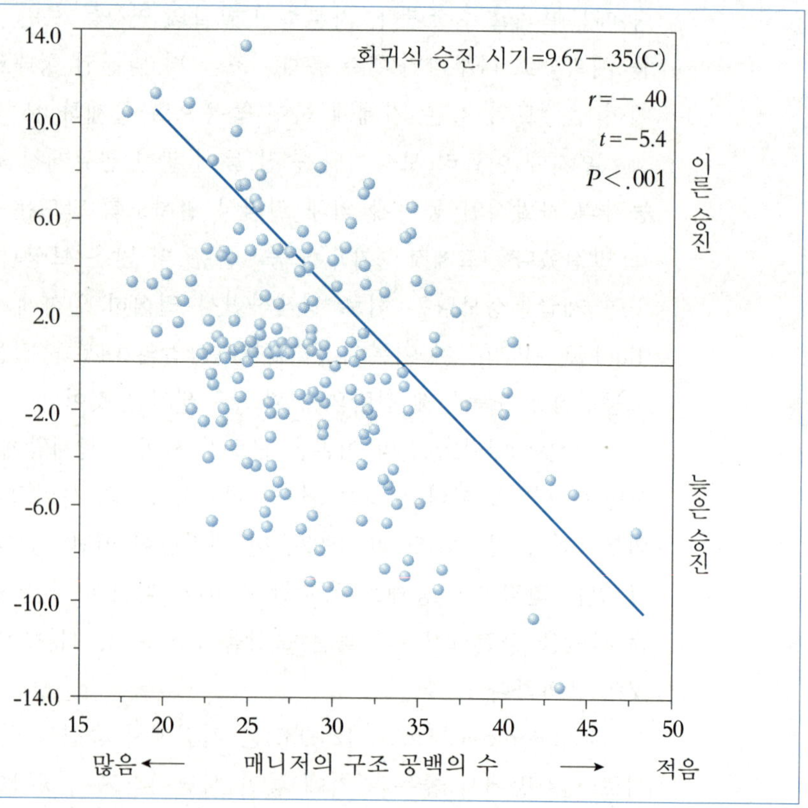

래프보다 중첩되는 관계를 많이 갖고 있다. 즉 오른쪽에서 나는 서로 정보가 흐리지 못하는 사람들(구조적 공백)을 연결함으로써 정보의 브로커로서 더 유리한 위치를 차지한다.

〈그림 8-4〉에서 버트는 구조적 공백이 많은 매니저들이 빨리 승진한다는 사실을 보여 주고 있다. 구조적 공백의 수와 늦은 승진 사이의 상관관계는 -0.4로 매우 강한 부의 관계이다.

8.3 연결망과 근로자 성과

앞 절에서 살펴보았듯이, 노동시장에서의 연결망의 역할에 대한 초기 연구는 개인의 사회 연결망이 구직활동의 성과에 어떤 영향을 미치는가에 초점을 두었다(Granovetter, 1973). 그 후의 연구는 조직 내 개인의 사회 연결망이 개인의 성과(승진이나 실적, 물질적 보상 등)에 어떤 영향을 미치는가에 대한 관심으로 이어졌다. 이 절에서는 연결망과 근로자의 성과 사이의 관계에 대해서 살펴보기로 한다.

여태까지 근로자의 성과에 대한 분석은 주로 경제학자들의 몫이었다. 그러나 근로자의 생산성이나 성과를 반영하여 보상이 결정된다고 보는 경제학적인 관점은 경험적인 증거를 대기가 쉽지 않은 것이 사실이다. 개개인의 생산성을 측정하기도 어려울 뿐만 아니라, 같은 생산성을 지닌 개인들 사이에 임금 차이가 나거나(예를 들면 성별 임금 차이), 같은 일을 같은 방식으로 행하는 노동자가 어느 기업에 취직했는가에 따라서도 임금 차이가 드러나기 때문이다. 이에 대하여 그레노베터는 다시 연결망의 중요성을 부각시킨다. 그는 기업이 종업원의 생산성을 측정하여 승진이나 보상에 반영하기보다는, 비교적 관찰하기가 쉬운 개인의 연결망의 크기와 질을 반영한다고 주장한다. 물론 고용주는 연결망과 생산성이 관련이 있다는 가정 아래 이런 결정을 내리게 될 것이다. 기업 내에서 인간관계가 좋은 사람이 부서 간 업무 협조가 필요한 일을 쉽게 처리할 수 있으며, 기업 외에서 해결해야 하는 일들도 연결망을 동원해서 빠르게 완수할 수 있을 것이다.

그레노베터는 이러한 논리가 연공서열제를 설명할 수 있다고 주장한다. 나이가 많이 들수록 생산성이 떨어지는 것은 어느 나라에서나 공통적인 성향이다. 그런데 왜 고용주는 생산성이 낮은 나이든 사람들에게 더 높은 보상을 주는 연공서열제가 존재하는지에 대한 질문은 경제학자들에게는 어려운 문제였다. 나이 들었을 때 높은 위치에 있을 자신의 미래의 모습을 그려보면서 그 자리에 오르기 위해서 현재 더 열심히 일하게 된다는 토너먼트 이론까지 등장했다(Edward & Rosen, 1981). 그러나 그레노베터는 나이가 들수록 기업 안과 밖에 영향력이 있는 연결망을 구축하기 때문에 기업이 이들을 높게 보상한다고 주장한다.

이러한 입장에서 보면, 공정한 임금이 형성되는 과정에도 근로자들 사이에, 그리고 기업주들 사이의 정보 흐름이 중요한 역할을 한다. 한 기업의 근로자는 동종 업종에 종사하는 친구의 월급을 노사협상에서 인용하며, 기업주도 타 기업의 내부 정보를 동원하여 임금 결정에 참고한다. 이처럼 연결망은 승진이나 보상에 상당히 많은 영향력을 미치는 숨은 변수로 작용하는 것이다.

미국 근로자들의 사회적 연결망이 개인의 성과에 어떤 영향을 미치는가를 경험적으로 분석한 대표적인 연구로는 버트(Burt, 1992)나 포돌니와 배론(Podolny and Baron, 1997)을 꼽을 수 있다. 한국 사회학계에서도 연결망의 효과를 분석하는 경제사회학적 연구들이 1990년대부터 증가하기 시작했다. 초기 연구들은 연결망에 대한 이론적 논의들을 소개하는 위주로 진행되었고, 이를 바탕으로 연결망에 대한 경험적인 연구들이 등장하였다. 박찬웅(1999)의 연구는 버트나 포돌니와 배론처럼 기업 내 구성원들의 사회적 연결망이 개인의 성과에 어떤 영향을 미치는가를 경험적으로 분석한 연구이다. 구체적으로 이 연구는 기업 내 근로자들 간의 신뢰 연결망의 특성이 어떻게 나타나며, 개인이 갖고 있는 연결망의 특성이 기업 내 개인의 성과에 어떻게 영향을 미치는가를 이해하고자 한다. 박찬웅의 가장 핵심적이고 흥미로운 질문은 개인의 연결망적 특성이 ① 그라노베터나 버트가 주장하는 것처럼, 개인이 많은 사람들과 신뢰의 관계를 맺고 있고, 동시에 그 사람들끼리는 신뢰의 관계를 맺지 않을수록, 그 개인의 성과가 좋을 것인가, 아니면 ② 포돌니와 배론이 주장하는 것처럼, 개인이 많은 사람들과 신뢰의 관계를 맺고 있고, 동시에 그 사람들끼리도 신뢰의 관계를 맺을수록, 그 개인의 성과가 좋을 것인가를 분석하는 것이다. 신뢰의 연결망에서는 약한 연결이 유리할 것인가 아니면 강한 연결이 높은 성과를 내는 데 유리할 것인가?

결과적으로 개인의 영업실적과의 관계를 보여 준 것은 내향, 외향 중앙성이었다. 내향 중앙성이 높을수록, 외향 중앙성이 낮을수록, 다시 말해서 많은 사람들로부터 신뢰를 받을수록 영업실적이 높았고 많은 사람들을 신뢰할수록 영업실적은 낮은 것으로 나타났다. 이는 사회적 자본으로서의 신뢰가 사회적 관계의 방향에 따라 다르게 나타난다는 것을 제시한다. 즉 정보, 통제, 사회적 결속을 제공하는 사회적 자본으로서의 신뢰의 효과는 신뢰를 받을 때 발생하고, 신뢰를 제공할 때는 오히려 통제의 위임, 배신의 가능성으로 인하여 사회적 위험으로서 작용할 수 있다는 것이다.

8.4 여성 연결망

노동시장에서 여성과 남성 사이에 존재하는 고용이나 임금, 승진 등에서의 차이를 설명하는 데에는 인적 자본론과 이중 노동시장론이라는 두 가지 시각이 대립한다. 인적 자본론은 여성이 남성에 비해 더 적은 인적 자본을 가지고 있기 때문에 여성이 더 임금과 승진에 불리한 직업이나 지위를 갖게 된다고 설명한다. 반면 이중 노동시장론은 노동시장에 오랫동안 지속해 온 성별로 분리된 시장구조 때문에 여성이 2차 노동시장, 즉 노동 강도가 높고 보상이 낮은 부문에 진입하여 생산성에 비해 임금이 적고, 직업 안정성도 낮으며, 미래의 전망이 없는 직업 혹은 업무에 들어가게 된다고 주장한다. 이러한 두 입장은 각각 성별 불평등을 오직 구조적인 고려 없이 개인적인 결과로, 혹은 개인에 대한 고려 없이 구조에 의한 제약만으로 설명하는 한계가 있기 때문에 이 두 가지 모두를 고려하는 분석이 필요하다. 이에 비해 연결망 분석은 남녀 간에 서로 다른 연결망 구조를 만들어 내는 구조적 맥락과, 구조적 제약 아래서 연결망을 적극적으로 만들어가는 개인의 행위맥락 두 가지를 모두 고려할 수 있다는 이점을 가지고 있다.

성(gender)과 관련된 연결망 분석은 여성에게 불평등한 조직 내부에서 여성 스스로가 만들어 낸 폐쇄적인 연결망이 그 자신에게 비공식적인 장벽으로 작용한다는 관점에서 주로 다루어져 왔다. 특히 유유상종(즉, 동성과의 연결망을 선호하는 경향), 관계의 강도, 연결망의 범위 등 거의 모든 연결망 지표에서 남녀 사이의 격차가 심하다는 점이 주목되어 왔다.

일터에서 비슷한 사람끼리 모이는 유유상종은 의사소통과 행위예측을 용이하게 하여 상호 호혜적 관계나 신뢰 관계형성에 도움을 준다. 그러나 남성의 수가 훨씬 많은 직장에서 여성은 남성에 비해 유유상종을 추구하기가 더 어려우며, 여성들은 주로 낮은 직급에 놓여 있기 때문에 유유상종은 대개 낮은 직급의 소수의 사람들과의 강한 관계를 의미한다. 캔터(Kanter, 1977)에 의하면 여성이 유유상종을 추구하면 좁고 닫힌 관계를 형성하기 때문에 제한적이고 비공식적 연결망을 형성하게 된다. 상층으로 갈수록 여성이 적은 일터에서조차 여성들은 여성과의 유유상종을 추구하기 때문에, 승진에 필요한 접촉자인 남성의 연결망에서 배제되기도 한다(Brass, 1985).

여성 연결망에 대해서 체계적으로 연구한 이바라(Ibarra, 1992)는 총 94명의 직원이 일하는 한 광고회사의 비공식적 연결망 전체(complete network)를 분석했다. 이바라는 유유상종과 개인이 연결망으로부터 얻는 자원(연결망 보상)이라는 두 가지 기제가 성 불평등을 생산하고 강화한다고 주장하면서 그 과정을 밝히고 있다. 그녀에 의하면 낮은 위계에 여성이 많은 반면 상층으로 갈수록 줄어드는 조직의 인구 통계학적 구조와 유유상종의 경향이 일터에서 남녀의 연결망 구조를 생산하는 특정한 조건이 된다. 그녀의 연구는 여성 연결망에 대하여 시사하는 바가 많기 때문에 자세히 소개하기로 한다.

그녀는 개념적으로 연결망을 둘로 나눈다. 업무수행과 승진에 관계되는 도구적 연결망과 심리적 안정과 친밀성을 위한 표현적 연결망이 그것이다. 조직 내에서 두 종류의 연결망에 관한 자료를 얻기 위해서 이바라는 회사 전체 직원들을 대상으로 영향(의사결정을 위해 누구와 이야기하는가?), 조언(누구의 전문적 조언을 구하는가?), 의사소통(조직 내 일을 누구와 이야기하는가?), 지지(힘든 일이 있을 때 누구에게 의지하는가?), 우정(누구와 친한가?) 연결망에 대해 설문조사를 했다. 영향, 조언, 의사소통, 지지, 우정의 연결망은 순서대로 도구연결망에서 표현 연결망으로 향하는 스펙트럼상에 놓인다. 이를 바탕으로 각 개인의 위세 중앙성, 유유상종의 정도 그리고 다중성(다섯 개의 연결망 중 몇 개에서 같은 사람을 상호작용의 파트너로 지목했는가)을 측정하였다. 그녀는 다중성이 높을수록, 즉 여러 종류의 접촉을 할수록 관계의 강도가 세다고 가정한다.

조사 결과 여성 연결망이 남성 연결망에 비해 전체적으로 유유상종의 정도가 낮았다. 여성에게는 도구적 연결망일수록 유유상종의 정도가 급격하게 낮아졌기 때문이다. 반면 남성에게는 도구적 연결망에서 유유상종이 오히려 더 높게 나타났다. 위계서열상 높은 위치에 남성이 더 많기 때문에 여성은 도구적 연결망일수록 어쩔 수 없이 남성을 선택하게 된다. 이것은 여성과 남성 모두 높은 지위에 있는 사람을 도구적으로 접촉하는, 합리적 선택이 있음을 보여 준다. 다중성 분석에도 남녀 간 차이가 나타났다. 남성은 자신의 도구적 연결망과 표현적 연결망 모두에서 남성을 선호하지만, 두 연결망은 서로 다른 파트너로 구성되어 있었다. 반면에 여성에게서는 유유상종이 클수록 다중성이 높았다. 즉, 여성을 선호하는 여성은 이들과 여러 종류의 접촉을 하면서 강한 유대를 형성하고 있었던 것이다.

마지막으로, 여성은 같은 여성보다는 남성과의 연결망을 만드는 것이 승진 등에 더 유리하다. 그러나 유유상종을 추구할수록 여성은 연결망 중앙에서 멀어지게 되며 체계에서 소외된 변방의 위치에 놓인다. 연구결과는 여성이 표현적 연결망에서 여성을 선택하며, 이것이 여성의 중앙성을 낮추고 여성들 간의 폐쇄된 연결망을 만드는 데 기여하게 된다는 것이다.

이바라가 제기하는 또 다른 문제는 여성이 연결망의 변방에 위치하는 이유가 소수의 사람들과 여러 종류의 관계를 중첩적으로 맺기 때문이 아닌지에 관한 것이다. 그라노베터의 연구 이후 강한 연결보다는 약한 타이의 도구적 유용성이 강조되어 왔다. 약한 연결은 다양한 사람에 의한 다양한 정보 습득을 의미하는 반면 강한 연결은 약한 연결보다 유지하기 어렵기 때문에 한정된 범위의 사람들과 맺는 중첩적인 연결망을 의미한다. 린(Lin, Ensel and Vaughn 1982) 등은 약한 연결만이 여성의 고용과 승진에 유용한 전략이라고 말한다. 그러나 버트(Burt, 1992)는 소수집단(minority)에 속한 개인은 자신의 인적 자본을 약한 연결로는 보여 줄 수 없기 때문에 강한 연결을 통해 적합성을 검증 받아야 한다고 주장한다.

이바라의 연구에서는 유유상종이 증가하면 중앙성이 떨어져서 연결의 강도는 중앙성과 관련이 없는 것으로 드러났다. 문제는 약한 연결인가 강한 연결인가가 아니라, 개인이 그 연결로 누구와 연결하여 얼마만큼 자신의 인적 자본을 보여 주고 또 다른 자원을 얻을 수 있는가 하는 것이라고 그녀는 주장한다(440). 여성에게 있어서 다중적(강한 연결의) 연결망이 문제가 아니라 강한 연결망으로부터 오는 자원이 적다는 것이 문제라는 것이다.

관련된 다른 변수를 통제하더라도 남성의 중앙성은 서열에 따라 증가 정도가 여성에 비해 더 크다. 이것은 남성이 연결망을 개인적 자본으로 더 잘 전환할 수 있다는 것을 의미한다. 그녀는 이러한 결과를 스펜스(1974)의 '시장 신호(market signaling)' 가설에 기대어 설명하고 있다. 스펜스는 인적 자본은 그것이 의사결정을 하는 사람에게 보여질 때에만 고용과 승진에 반영될 수 있다고 주장했다. 남성에게는 인적자본과 연결망에서의 위치가 신호로 작용하지만 여성의 경우는 자신의 능력을 보여 주기 위해서는 상급자와의 강한 연결망이 필요하다는 것이다.

8.5 노동이동의 연결망

앞 절에서는 사람들이 새로운 직장을 얻는 데, 혹은 승진을 하는 데 연결망이 어떤 역할을 하였는지에 대한 논의했다. 이 절에서는 노동이동[1] 자체를 연결망으로 보는 입장을 소개한다. 노동이동은 구체적으로 일자리를 옮기는 것으로 이동 자체가 출발지점과 종착지점 간의 연결을 의미한다. 3장의 〈그림 3-3〉 오스트리아와 미국에서의 직업이동의 관계 망을 하나의 네트워크로 파악했듯이, 나라별로 노동이동의 연결망에 어떤 특징이 드러나는지를 비교하는 것은 매우 중요한 사회학 연구 주제가 된다.

직장을 옮기는 노동이동에는 대부분의 경우 일정한 제약이 따르게 마련이다. 즉 누구에게나 옮기려고 하는 일자리의 종류가 동일한 것은 아니다. 예를 들어 제조업체의 생산직 노동자가 직장을 옮기고 싶다고 해서 수많은 직장이 모두 대안이 될 수 있는 것은 아니다. 또한 대학교수의 경우에도 마찬가지이다. 대학교수가 제조업체의 생산직 노동자의 일자리로 이동하는 경우는 극히 드물 것이다. 반대의 경우도 마찬가지이다. 이러한 경우, 대학교수와 제조업체의 생산직 노동자 사이에는 노동이동이 거의 존재하지 않으며, 두 종류의 일자리는 서로 연결되어 있지 않다고 할 수 있다. 또한 대기업의 관리자가 구조조정으로 실직한 후 조그만 가게를 차렸다고 할 경우 대기업 관리자라는 직업과 소매상점 주인이라는 일자리는 서로 연결되어 있다고 할 수 있다. 이와 같이 다양한 일자리들 간의 이동 사례는 다양한 일자리들이 서로 어떻게 연결되어 있는가를 보여 주는 것이며, 따라서 일자리들 간의 연결 형태를 대상으로 연결망 분석을 시도할 수 있다. 따라서 수많은 일자리들이 서로 연결된 구조적 특성을 살펴

1) 노동이동은 일반적으로 직장을 옮기는 것을 의미한다. 그러나 앞에서 살펴본 바와 같이 경제활동을 시작하면서 새로운 직장을 얻거나 혹은 한 기업조직 안에서 승진을 하는 것도 노동이동의 한 형태라고 할 수 있다. 이 절에서는 직장 간의 노동이동을 다룬다.

볼 수 있다. 한 단계 더 나아가 일자리를 일정한 기준으로 분류함으로써 다양한 측면에서의 일자리 연결망 특성을 파악할 수 있다. 일자리를 직업분류 기준에 따라 구분한다면 직업간 이동에 따른 직업구조의 특성을 파악할 수 있으며, 산업분류 기준에 따라 일자리를 분류한다면 노동력 흐름을 중심으로 한 산업구조의 특성을 파악할 수 있다. 또한 사회학의 중요한 관심사인 계급구조적 특성도 동일한 방식으로 파악할 수 있다.

한국의 산업화 과정에서 관찰된 노동이동을 위와 같은 방식으로 분석한 연구가 수행되었다(이경용, 2002). 산업화 과정에서 나타난 직업구조와 산업구조 그리고 계급구조의 변화를 노동이동에 근거하여 파악하고 있다. 이 연구는 1960년부터 1996년까지의 시기를 임의의 세 시기(1960-

그림 8-5 1986년 이전 시기의 산업-계급 통합범주 간 남성 노동력 이동(40세 이하)

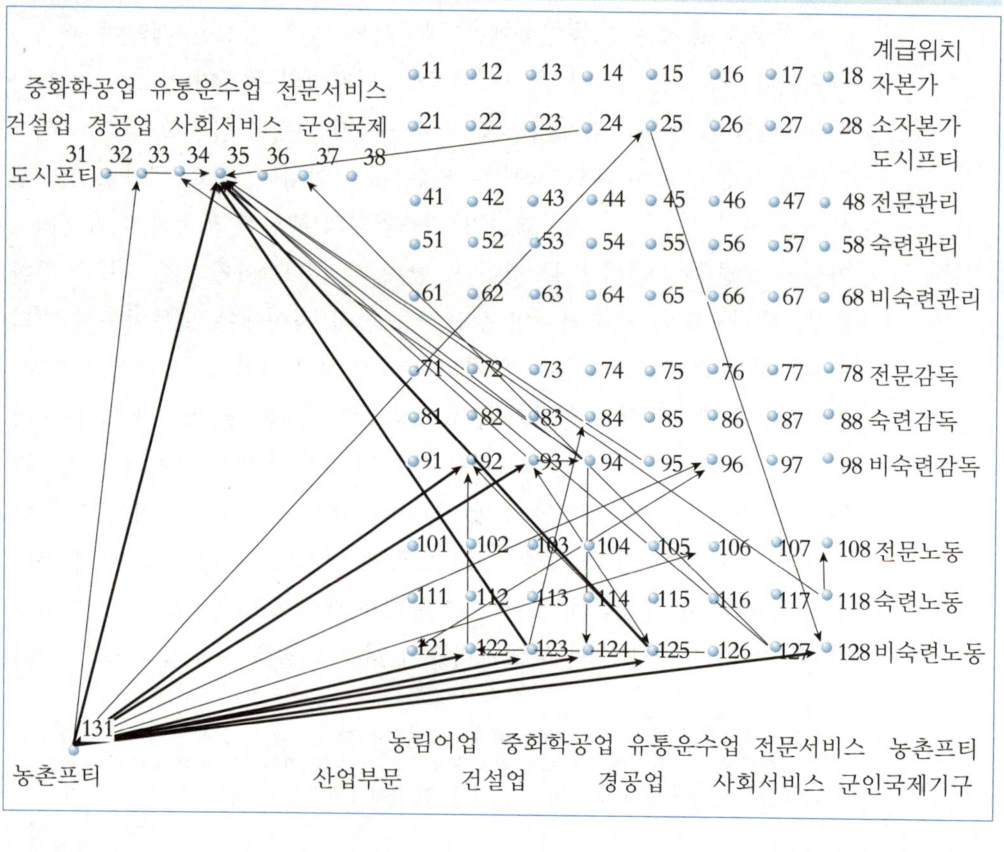

그림 8-6 1987년 이후 시기의 산업-계급 통합범주 간 남성 노동력 이동(40세 이하)

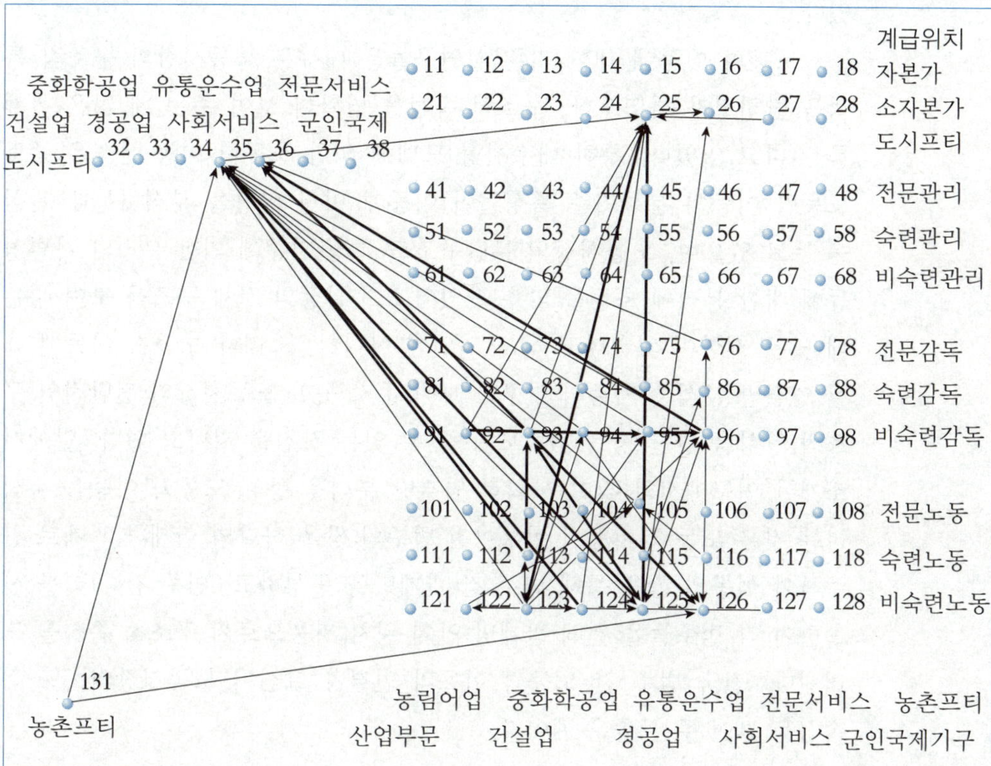

1975, 1976-1987, 1988-1996)로 구분한 후 각 시기별로 관찰된 노동이동의 구조적 특성을 연결망 분석을 통해 그림으로 보여 준다. 산업과 계급을 따라 노동력이 이동하는 모습을 네트워크로 표현함으로써 시기별 노동력 이동 양상의 변화를 비교할 수 있도록 한 것이다. 그림에서 보는 바와 같이 시기별 노동력 이동 양상은 서로 다른 모습을 보이고 있음을 알 수 있는데, 우선 산업화 초기에는 농촌 프티부르주아의 산업노동력으로 전환되는 양상이 지배적이었으며, 산업노동력 내부에서 계급적 위치의 이동은 뚜렷하지 않았다. 그러나 산업화가 심화되면서 특정 산업 부문의 하층계급에 속했던 사람들이 약간 상층으로 이동하는 모습이 뚜렷해지는 것을 알 수 있다. 당연하지만, 농촌 인구의 산업으로의 이동은 산업화 후기에 이르면서 매우 미약해진다. 그러나 산업화 전 과정에서 산업노동력이

도시 프티부르주아로 이동하는 양상은 큰 변화 없이 일관되게 나타나고 있다.

노동력 이동에 대한 기존의 연구들은 대부분 노동시장의 구조적 특성을 밝히고자 하였으나, 구조적 속성을 명확히 보여 주는 데 많은 한계를 지니고 있었다. 특히 대수선형 모델에 의한 노동력 이동 분석은 주로 노동력 이동의 분류기준 특성들이 이동에 미친 영향을 분석하는데 관심을 두고 있으며, 노동시장의 분단구조도 특정 기준에 의한 분리와 차별성 등에 대한 분석에 초점을 맞추고 있어 노동시장의 전체 구조를 보여 주는 데 많은 제한이 있었다고 해도 과언이 아니다. 그러나 노동력 이동에 대한 연결망 분석은 기존의 연구가 보여 주지 못한 노동시장의 전반적인 구조적 양상을 간단 명료하게 보여 줄 수 있는 장점을 지니고 있다. 앞에서 소개한 연구에서와 같이 사회적 연결망 분석을 통해 노동력 이동을 분석하는 것은 노동력 이동이 이루어진 범주의 쌍을 하나의 연계나 관계로 간주하여 이동의 합을 통해 범주 간 관계망을 구성하고, 범주 간 거리를 산출하여 각 범주들을 전체 관계망 안에 위치 지움으로써 구조적 속성을 드러낸다. 결국 범주 간 노동력 이동의 연결망 그림이 노동시장의 구조적 속성을 보여 주는 좋은 예이다.

제9장 결 론

제 9 장

결 론

「티핑 포인트」, 「링크(*Linked*)」, 「넥서스(*Nexus*)」. 이 책들은 최근 몇 년 전부터 베스트셀러 목록을 오르락 내리락 했던 인기 도서들이다. 이 책들은 '좁은 세상', '커넥터(connector)'의 역할, '입소문의 힘' 혹은 '뜨는 현상(tipping point)' 등을 비롯한 갖가지 연결망 과학(Science of Networks)을 재미 있게 다루고 있다. 연결망 과학은 통계 물리학자들이 프랙탈(Fractal) 구조를 연구하다가, 자연계에 존재하는 네트워크에 프랙탈 현상(지역적인 작은 부분이 전체의 구조를 담고 있는 현상)이 있다는 것을 발견하고부터 생겨났다. 이들은 자연계의 네트워크와 사회에 존재하는 네트워크의 근본적인 형식이 비슷하며, 그 구조의 특징을 멱함수(power law)라고 불리는 것과 비슷한 형태의 수학 공식으로 표현할 수 있다는 점을 발견한 것이다. 연결망 과학에 관한 소개서가 출시되자마자 한국에서 즉시 번역되었고, 신문에 전면으로 소개되면서 일반 독자들 사이에서 베스트셀러가 되는 것은 최근 들어 연결망에 대한 관심이 급증하고 있음을 보여 준다. 물리학자를 비롯한 자연과학자들이 사회학에서 줄곧 연구해 온 사회 연결망의 특징을 자연현상과 연관시키면서 흥미를 배가시켰던 것이다.

이렇게 일반 독자들 사이에서 네트워크에 관한 소개서가 뜰 수 있었던 이유는 우선 내용이 신기하기 때문이다. 인간의 감각 신경은 인간의 몸 구석구석에 퍼져 있지만 발끝에 있는 감각도 불과 몇 단계를 거치면 뇌에 전달된다. 전선을 따라 한 발전소에서 멀리 떨어진 발전소까지 전력이 전달되는 현상도 이와 유사하다. 이러한 현상이 인간사회에서도 일어나는데, 이것이 '좁은 세상 현상(small world phenomenon)'이다. 미국에서는 대략 6단계를 거치면 어느 사람이든 간에 서로 도달할 수 있듯이, 자연세계에 존재하는 네트워크도 이와 비슷한 성질을 지닌다는 사실은 독자들의 흥미를 자극하기에 충분하다.

그러나, 이러한 신기함 이외에도 연결망이 뜨는 이유는 또 있다. 사회가 분화됨에 따라, 그리고 기술이 발달함에 따라, 점차 연결망이 확산되고 있으며, 그 효과가 자신의 삶에서도 위력을 발휘하고 있다는 점을 사람들이 깊이 공감하게 되었기 때문이다. 그러나 연결망의 위력이 드러난 것은 최근 몇 년 사이의 일은 아니다. 직장을 구하거나 승진을 할 때, 인맥이 중요하다는 사실은 상식으로 여겨질 만큼 당연시 되어 온 사실이다. 다만, 이러한 상식이 연결망 개념을 통해서 엄밀한 과학적인 검증을 거쳐 '과학적인 사실화'가 되고 그 영향력의 크기가 양화되어 측정된 것은 최근의 일이다. 이렇게 연결망은 우리 삶에 편재해 있어 생활 깊숙이 영향을 끼치고 있다. 영업 사원의 마케팅 실적은 아는 사람이 얼마나 많은가, 또 어떤 사람들을 알고 있는가 등 동원할 수 있는 연결망의 크기와 질에 달려 있다. 실리콘 밸리의 신화로 지칭되는 미국의 벤처기업의 성공 신화 등은 소규모 기업들이 보유하고 있는 신기술을 조합하여 새로운 제품을 만들어 낸 연결망 조직의 효율에 의한 것이었다. 최근, 정권이 바뀌면서 잠재해 있던 과거의 학생운동권 출신들이 연결망을 통하여 동원되면서 각계의 파워 엘리트로 약진하는 현상도 관찰할 수 있다. 이러한 현상들은 복잡 다단한 사회적 연결망들이 사회 전반에 얼마나 커다란 영향력을 발휘하고 있는지를 보여 준다.

이렇게 연결망이 우리 주변을 둘러싸고 영향을 끼치는 가운데 행위자는 이러한 연결망을 전략적으로 활용할 수도 있다. 인터넷 사용자들의 클릭에 따라 연결되는 교통 흐름의 연결망으로 보았을 때, 인터넷 사이트 운영자는 자신의 사이트가 사용자들이 만들어 내는 교통 흐름의 연결망에서 노루목을 차지하도록 유도하면 많은 경제적 이득을 얻을 수 있다. 반전운동, 반세계화 운동, 여성 운동 등 모두 운동 조직 간 연결망을 활성화시킨다면 큰 효과를 얻을 수 있을 것이다.

시장에서의 경쟁구조도 연결망 개념으로 파악할 수 있다. 공급자와 수요자 사이의 연결망, 수요자들 사이의 연결망, 공급자들 사이의 연결망으로 파악할 수 있다. 이러한 연결망에서 기업은 어떤 위치를 차지하고 누구와, 어떻게 연결되어 있는가에 따라 경제적 성패가 달라진다. 특히, 정보 사회에서 정보 상품의 경우 연결망이 더욱 중요하다. 연결망 외부성(network externality)이라는 속성 때문이다. 리눅스, 윈도우 등 소프트웨어들과 팩스와 같은 기계의 가치는 이것을 사용하는 사람들의 연결망 크기에 따라 결정된다. 이러한 연결망 외부성 때문에 정보 사회에서는 기존의 산업 사회에서의 경제적 법칙이 그대로 적용될 수 없게 되었다. 관계망이 점점 복잡하고 다양해짐에 따라, 사회 변동의 원리 또한 과거와는 다르게 변화하고 있다.

위에 살펴본 여러 가지 경험적인 연결망의 확산 현상에 대해 사람들이 관심을 갖는 또 다른 이유가 있다. 이는 사회과학 패러다임의 변화라고 표현할 수 있다. 과학철학적으로 사회 과학은 속성 중심의 설명 체계를 고수해 왔는데, 이제는 관계성 중심의 체제로 나아가고 있다. 혹자는 이러한 입장을 방법론적 관계주의라고 부르기도 한다. 이렇게 관계성에 대한 관심이 일어나고 지속적으로 유지되는 이유는 동일한 관심, 혹은 연구 주제도 관계적 질문으로 치환하여 연구하였을 때 전혀 새로운 현상에 주목할 수 있고, 이전의 이론과는 새로운 이론을 제시할 수 있기 때문이다.

'자리매김 이론(theory of embeddedness)'이 이에 대한 대표적인 예이다. 조직이 사회 구조 안에 어떻게 자리매겨져 있는가, 즉 사외이사 연결망, 투자 연결망 등에서 어떠한 위치를 차지하는가, 혹은 은행, 정부 등 다른 기관들과는 어떠한 관계 속에 위치하는가로부터 조직 행동을 설명하려는 이 이론의 시각은 조직의 행동을 조직의 크기, 연령, 산업 등 개별 조직의 속성으로부터 설명하는 기존의 시각과 달리 조직의 전혀 새로운 측면에 대한 이론적 관심을 발견하게 해 준다. 혁명에 관한 이론도 마찬가지이다. 혁명의 발생 및 혁명을 위한 자원동원을 혁명 조직의 공식적 연결망과 비공식적 연결망의 구조 및 연결망 내 위치로 설명하는 최근의 이론들은 개인의 합리성, 도덕성, 구조적 조건의 유무 등으로 혁명을 설명했던 기존 연구들과 달리 관계성이라는 발현적 속성(emergent property)으로 설명을 시도했다는 점에서 새롭다.

이제 좀더 실용적인 측면으로 눈을 돌려보자. 마케팅에서 요즘 중요하게 다루어지는 주제가 관계적 마케팅(relational marketing)이다. 아마존(www.amazon.com)을 비롯한 몇몇 사이트에서 어떤 책을 구매했을 때, 나와 같은 책을 구매한 사람이 동시에 또 어떤 책을 구매했는가의 리스트를 제시함으로써 구매를 유도하는 것은 책 구매 연결망을 마케팅에 응용한 예이다. 또, 집안에서 음식을 나누는 파티를 열면서 제품을 설명하고 판매하는 전략인 터퍼 웨어(Tupper Ware)파티는 친구망을 구매권유망으로 활용한 것으로, 친구망에서 영향력 있는 사람이 초대한 파티에서는 사람들이 더 믿고 물건을 구매할 수 있음을 이용한 마케팅 전략이다. 이 외에도, 누가 누구에게 전화를 자주하는가라는 통화 연결망을 조사하여, 이들 관계망에 놓인 사람과의 통화요금을 할인해 주면 많은 신규회원을 모집할 수 있다는 전략도 같은 관점으로 볼 수 있다. 전국 규모의 은행이 지방 지점장을 임명할 때, 능력보다는 그 지역의 유지 중에서 발탁하면 그가 갖고 있는 지역 유지 연결망을 통해서 고객 예탁금이 급증할 수 있다는 연구 역시 연결망 구조에 따라 누구를 공략해야 하는가에 초점을 맞춘 것이다(Baker, 2000). 이러한 예는 이 외에도 수없이 많다. 이렇게 연결망의 시각은 기존의 속성 중심의 사회과학 연구에서와 다르게 관계 중심의 연구를 수행하면서 새롭게 주목을 끌고 있다.

이 책은 연결망의 확산이 사회 여러 영역에서 어떤 효과를 내고 있는지를 분석한 연구들을 비판적으로 소개하고 재구성하였다. 책의 앞부분에서는 연결망 이론이 등장하게 된 사회적 배경을 다룬 후, 이 이론과 여타 사회과학 이론들과의 차이점과 공통점을 부각시키면서 연결망 이론을 다른 이론과의 관계에서 위치 지우려고 노력하였다. 사회 연결망 이론은 사회과학에서 중요하게 다루는 구조개념을 경험적으로 분석할 수 있는 이론과 틀을 제공할 뿐만 아니라, 미시적 현상과 거시적 현상을 연결하는 징검다리를 놓을 수 있는 방법론적 입장을 취한다는 점을 강조했다. 책의 중반부터는 추상적인 사회과학 이론보다는 구체적이고 경험적인 현상인 연줄, 노동시장, 국가 및 발전론, 그리고 최근 가장 많이 논의되는 주제인 신뢰와 사회적 자본, 기업 간 연결망, 지배구조 논의 등에 이르기까지, 사회과학의 다양한 주제가 연결망이라는 개념 및 관계적 시각에 의해 새롭게 재구성되고 있음을 보여 주고자 노력하였다. 다시 말해서, 전통적인 사회학적 주제가 연결망의 효과에 주목하면서 제2의 전성시대를 맞고 있다고 볼 수 있다. 이 책에서 다룬 지식들이 경제사회학뿐만 아니라 경영학, 정치학을 비롯한 사회과학과 인접 학문의 다양한 분야에서 활용될 수 있기를 기대해 본다.

참고문헌

참고문헌

김용학, 2003,「사회연결망 분석」, 박영사.

______, 1996,「사회구조와 행위 2판」, 사회비평사.

______, 1999, "사회구조 분석기법으로서의 연결망 분석,"「한국의 사회구조와 지역사회」, 김일철 편, 서울대학교 출판부: 65-86.

김용학 · 박찬웅 · 이경용 · 장덕진, 2002,「한국의 산업구조 변화와 기업집단 다각화 전략」, 집문당.

김용학 · 손재석(1998), "미시적 신뢰와 거시적 위험" 계간사상, 가을호: 115-131.

김용학 · 유석춘, 1996, "한국의 권력 엘리트 이동 유형에 관한 연구,"「성곡논총」, 165-197.

김용학 · 이무원, 2000, "소기업 연결망에서의 신뢰 창출,"「사회비평」, 25권 가을호: 100-121.

김용학 · 임현진, 2000,「비교사회학」, 나남.

김용학 · 한경희 · 이각범, 2002, "벤처기업의 자원동원 네트워크와 성과,"「한국사회학」, 36집 4권: 4-89.

김우식, 2000, "시장 인터페이스와 가격형성의 사회구조: 불확실성, 연결망, 인지적 문화의 상호작용,"「21세기 시장과 한국사회」, 서울: 나남, 한국사회학회 편: 81-139.

김일철, 1986,「사회구조와 사회행위론」, 전예원.

김홍규 · 강범모, 2000, "한국어 형태소 및 어휘 사용 빈도의 분석 I"「컴퓨터와 인문학 시리즈 4」, 고려대학교 민족문화연구원.

바라바시, A. L. 2002,「링크」, 강병남 · 김기훈 옮김, 동아시아.

박찬웅, 1999, "경쟁의 사회적 구조: 기업 내 신뢰의 사회적 연결망과 개인의 조직내 성과,"「한국사회학」, 33집 겨울호: 789-817.

박찬웅, "신뢰의 위기와 사회적 자본."

밴틀리 · 피터, 2003(2001), 「디지털 생물학」, 김한영 옮김. 김영사.

사회발전연구소, 1996, "동아시아 직장생활에 관한 연구 자료."

유석춘 외, 2003, 「사회자본: 이론과 쟁점」, 그린.

이사리, 2004, "결혼의 사회자본-하객 연결망과 부조금에 관한 한일 비교 연구," 연세대학교 석사학위 논문.

이재열, 2004, "이중적 위험사회형 재난의 구조: 대구 지하철 화재사고를 중심으로 한 비교 사례연구,"「한국사회학」, 2004년 6월호.

______, 1996, "시장구조와 기업의 조직적 과정에 대한 경제사회학적 연구,"「한국사회학」, 30(가을): 493-518.

______, 1996, 「경제의 사회학」, 나남.

이재혁, 1998, "신뢰의 사회구조화,"「한국사회학」, 제32집 여름호: 311-335.

전숙자, 1993, "사회과와 사회과학 영역의 교육: 1946-1990 고등학교 사회과 교과서 분석,"「이화여대한국문화연구원논총」, 62(3): 121-151.

전숙자, 2002, "고등학교 사회과의 사회학 영역 내용 분석: 「사회 · 문화」 교과서를 중심으로,"「사회과교육」, 41(4): 105-128.

장덕진, 2000, "모수적 합리성, 거래비용, 그리고 경쟁의 사회구조,"「21세기 시장과 한국사회」, 서울: 나남, 한국사회학회 편: 21-79.

장 호, 1997, "하청의존도와 시장수익률에 관한 상황이론적 접근: 산업간 비교를 위한 연결망 분석,"「한국사회학」, 31(겨울): 711-735.

한성원, 2002, "사회과 교육과정에 나타난 의미의 연결망 구조와 분석," 서울: 이화여자대학교 대학원 박사학위 청구논문.

한 준, 2004, "한국과 일본의 생애과정과 직업경력: 최적일치법을 이용한 직업경력 배열의 비교," 제5회 한국노동패널 학술대회 논문집, 한국노동연구원.

______, 2001, "신뢰와 조직간 연결망,"「신뢰연구」, 한림과학원.

______, 2000, "정보기술과 시장의 변화," 한국사회학회 편, 「21세기 시장과 한국사회」, 나남.

Abbott, Andrew, 1990, "A Primer on Sequential Methods," *Organization Science* 1: 375-92.

______, 1991, "History and Sociology: The Lost Synthesis," Social Science History(15), also 1994, "History and Sociology: The Lost Synthesis," In E. Monkknen(ed.), *Engaging the Past: The Uses of History Across the Social Sciences*, Durham: Duke University Press.

______, 1995, "Sequence Analysis: New Methods for Old Ideas," *Annual Review of sociology*, *Palo Alto*, Vol. 21: 93-115.

Aldrich, Howard, 1979, *Organizations and Environments*, Englewood Cliffs, N.J: Prentice-Hall.

Aminzade, R., 1992, "Historical Sociology and Time," *Sociological Methods and Research* 20.

Amsden, A., 1989, *Asia's Next Giant: South Korea and Late Industrialization*, Oxford: Oxford University Press.

Baker, Wayne E., 1994, *Networking Smart: How to Build Relationships for Personal and Organizational Success*, New York: McGraw-Hill.

Banfield, Edward, 1958, *The Moral Basis of a Backward Society*, Chicago: Free Press.

Bailey, Joseph P., 1998, "Intermediation and Electronic Markets: Aggregation and Pricing in Internet Commerce," *Ph. D Dissertation*, Technology, Management and Policy, Massachusetts Institute of Technology, Cambridge, MA.

Baker, Wayne E., 1984, "The Social Structure of a National Securities Market," *American Journal of Sociology*. 89: 775-811.

Baker, Wayne, 2000, *Networking Smart*. iUniverse.com.

Bakos, J. Yannis, 1997, "Reducing Buyer Search Costs: Implications for Electronic

Marketplace," *Management Science*, 43(12): 1676-1692.

Balassa, B., 1988, "The Lessons of East Asian Development: An Overview," *Economic Development and Cultural Change*, S273-S290.

Bearman, Peter S., 1993, *Relations into Rhetorics: Local Elite Social Structure in Norfolk, England, 1540-1640, Rutgers University Press*, ASA Rose Monograph Series.

Beck, E. M., Patrick Horan, and Charles Tolbert, 1978, "Stratification in Dual Economy: A Sector Model of Earnings Determination," *American Sociological Review*, 43: 704-20.

Becker, G., 1957, *Economics of Discrimination*, Chicago: University of Chicago.

______, 1976, *Economic Approach to Human Behavior*, Chicago: University of Chicago.

Benedict, Ruth, 1946, *The Chrysanthemum and the Sword: Patterns of Japanese Culture*, Houghton Mifflin Company.

Berkowitz, S.D., 1982, *An Introduction to Structural Analysis: The Network Approach to Social Research*, Toronto: Butterworths.

Bhaskar, Roy, 1979, *The Possibility of Nationalism: A Philosophical Critique of the Contemporary Human Sciences*, New Jersey: Humanities Press.

Biggart N. and G. Hamilton, 1992. "On the Limits of a Firm-Based Theory to Explain Business Networks: The Western Bias of Neoclassical Economics," in *Networks and Organizations: Structure, Form and Action,*. Edited by Nitin Nohria and R. Eccles, Boston: Harvard Business School Press.

Blair-Loy, Mary, 1999, "Career Patterns of Executive Women in Finance: An Optimal Matching Analysis," *American Journal of Sociology*. 104(5): 1346-97.

Blau, Peter, 1960, "Structural Effects," *American Sociological Review*, 25: 178-93.

______, 1964, *Exchange and Power in Social Life*, NY: Wiley.

______, 1974, "Parameters of Social Structure," *American Sociological Review*, 39:

615-35.

Block, Fred, 1990, *Post-industrial Possibilities.* Calif: University of California Press, 75-119.

Bogardus, Emory S., 1933, "A Social Distance Scale," *Sociology and Social Research*, 17(Jan.-Feb.).

Boudon, Raymond, 1971, *Uses of Structuralism*, London: Heinemann Educational Books Ltd.

______, 1982, *Theories of Social Change: A Critical Appraisal. Berkeley*, University of California Press.

Bowles, Samuel and Herbert Gintis, 2000, "Social Capital and Community Governance," *Presented at a Symposium Submitted to the Economic Journal*, December 22, 2000.

Bowles, Samuel, Herbert Gintis, and Melissa Osborne, 2001, "The Determinants of Individual Earnings: Skills, Preferences, and Schooling," *Journal of Economic Literature*, 39(4): 1137-1177.

Bradach, Jeffrey L. and Robert G. Eccles, 1989, "Price, Authority, and Trust: From Ideal Types to Plural Forms," *Annual Review of Sociology*, 15: 97-118.

Branjofsson, E. and Smith, M., 2000, "Frictionless Commerce?: A Comparison of Internet and Conventional Retailers," *Management Science*, 46(4): 563-585.

Brass, D. J., 1985, "Men's and Women's Network: A Sutdiy of Interactin Patterns and Influence in an Organization," *Academy of Management Journal*, 327-43.

Brinton, Crane, 1952, *The Anatomy of Revolution*, New York : Vintage Books.

Buchanan, Mark, 2003, *Nexus: Small Worlds and the Groundbreaking Science of Networks*. W. W. Norton & Company.

Burawoy, Michael, 1979, *Manufacturing Consent: Changes in the Labor Process Under Monopoly Capitalism,* Chicago: University of Chicago Press.

Burt, Ronald S., 1982, *Toward a Structural Theory of Action: Network Models of*

Social Structure, Perception and Action, San Francisco: Academic Press.

______, 1983, Corporate Profits and Cooptation: Networks of Market Constraints and Directorate Ties in the American Economy, New York: Academic Press.

______, 1988, "The Stability of American Markets," *American Journal of Sociology*, 94: 356-395.

______, 1992a, *Structural Holes: The Social Structure of Competition. Cambridge*, MA: Harvard University Press.

______, 1992b, "The Social Structure of Competition," pp. 57-91 in N. Nohria and R. G. Eccles(eds.), *Networks and Organizations: Structure, Form, and Action*, Harvard Business School Press: Boston, Massachusetts.

______, 2000, "Homophily, Legitimacy and Competition," *Working Paper*, University of Chicago.

Burt, R. and D. Carlton, 1989, "Another Look at the Network Boundaries of American Markets," *American Journal of Sociology*, 94: 723-753.

Callinicos, Alex, 1988, *Making History: Agency, Structure and Change in Social Theory*, Ithaca: Cornell Universiy Press. A., 칼리니코스, 1997, 「역사와 행위」, 김용학 역, 서울: 사회비평사.

Carley, K. M., 1993, "Coding choices for textual analysis: a comparison of content analysis and map analysis," *Sociological Methodology,* 23: 75-126.

Carley, K. M., 1994, "Extracting culture through textual analysis" . *Poetics,* 22: 291-312.

Castells, Manuel, 1996, *The Rise of the Network Society*, Cambridge, MA: Blackwell Publishers.

Casti, John. L., 1997, *Complexification :Eexplaining a Paradoxical World Through the Science of Surprise*, J. 카스티, 1997, 「복잡성 과학이란 무엇인가」, 김동광 · 손영란 역, 서울: 까치.

Chandler, A.D., 1962, *Strategy and Structure*, Cambridge: MIT Press.

______, 1977, *The Visible Hand*, Cambridge, MA: Harvard University Press.

Chang, Dukjin, 1999, "How Strategic Are Strategic Industries?-A Network Approach to South Korea's 'Big Push'," *International Studies Review,* Vol. 2, No. 2.

Chang, Y. S., 1991, "Personalist Ethic and the Market in Korea," *Comparative Study of Society and History*, 106-129.

Coase, Ronald H., 1960, "The Problem of Social Cost," *Journal of Law and Economics*, 3: 1-44.

Cohen, W. M. and D. A. Levinthal, 1990, "Absorptive Capacity: A New Perspective on Learning and Innovation," *Administrative Science Quarterly*, 35: 128-152.

Coleman, James S., 1986, "Social Theory, Social Research, and a Theory of Action," *American Journal of Sociology*, 91: 1309-1335.

______, 1988, "Social Capital in the Creation of Human Capital," *American Journal of Sociology*, 94(Supplement): S95-S120.

______, 1990, *The Foundations of Social Theory*, Cambridge, MA: Harvard University Press.

Cumings, Bruce, "The Origins and Development of the Northeast Asian Political Economy," in *The Political Economy of the New Asian Industrialism*(ed.), Frederic C. Deyo, Ithaca: Cornell University Press.

Crozier, Michel, 1964, *The Bureaucratic Phenomenon*, Chicago: University of Chicago Press.

Dasgupta, Partha, 1988, "Trust as a Commodity," In Diego Gambetta, ed., *Trust: Making and Breaking Cooperative Relations*, Oxford: Basil Blackwell, 49-72.

Doeringer, Peter B. and M. J. Piore, 1971, *Internal Labor Markets and Manpower Analysis*, Lexington, Mass: Heath.

Downs, Anthony, 1967, *Inside Bureaucracy*, Boston: Little, Brown.

Deyo, F., 1989, *Beneath the Miracle: Labor Subordination in the New Asian Industrialism*, Berkeley: University of California Press.

Dill, William R., 1958, "Environment as an Influence on Managerial Autonomy," *Administrative Science Quarterly*, 2: 409-43.

DiMaggio, P., 1994, "Culture and Economy," In *The Handbook of Economic Sociology*, Edited by N. Smelser and R. Swedberg, Princeton: Princeton University Press, 26-57.

DiMaggio, P. and W. W. Powell, 1991, "The Iron Cage Revisited: Institutional Isomorphism and Collective Rationality," In *The New Institutionalism in Organizational Analysis*, Edited by W. W. Powell and P.J. DiMaggio, Chicago: University of Chicago Press, 41-62.

Dornbusch, 1998, "Capital Controls: An Idea Whose Time is Gone," http: // www.stern.nyu.edu/~nroubini/asia/AsiaHomepage.html

Dore, R., 1992, "Goodwill and the Spirit of Market Capitalism," in M. Granovetter and R. Swed-berg, eds., *The Sociology of Economic Life*, Colorado: Westview Press.

Dyer, Jeffrey H. and William G. Ouchi, 1993, "Japanese-Style Partnerships: Giving Companies a Competitive Edge," *Sloan Management Review*, 1993 (Fall): 51-63.

Lazear, Edward and Sherwin Rosen, 1981, "Rank-Oder Tournaments as Optimum Labor Contracts," *The Journal of Political Economy,* Vol. 89, No. 5: 841-864.

Elster, Jon, 1979, *Ulysses and the Sirens: Studies in Rationality and Irrationality,* Cambridge: Cambridge University Press.

Emerson, Richard, 1962, "Power-Dependency Relations," *American Sociological Review*, 26: 31-41.

Emirbayer, Musafa and Jeff Goodwin, 1994, Network analysis, culture, and the problems of agency, *American Journal of Sociology*, 99: 1411-54.

Evans, Peter, 1995, *Embedded Autonomy: States and Industrial Transformation*, Princeton: Princeton University Press.

_____, 1996, "Government Action, Social Capital and Development: Reviewing the Evidence on Synergy," *World Development*, 24(6): 1119-1133.

Feldstein. Martin, 1998, "Refocusing the IMF," *Foreign Affairs*, New York, 77(2): 20-34.

Fligstein, N., 1991, "The Structural Transformation of American Industry: An Institutional Account of the Causes of Diversification in the Largest Firms, 1919-1979," In *The New Institutionalism in Organizational Analysis*, Edited by W. W. Powell and P. J. DiMaggio, Chicago: University of Chicago Press, 311-336.

Foray, Dominique, 1991, "The Secrets of Industry Are in the Air: Industrial Cooperation and the Organizational Dynamics of the Innovative Firm," *Research Policy*, 20: 393-405.

Frank, Robert, 1987, "If Homo Economicus Could Choose His Own Utility Function, Would He Want One with a Conscience?" *American Economic Review*, 77(Sep): 593-605.

Frank, Robert H. and P. J. Cook, 1996, *The Winner-Take-All Society: Why the Few at the Top Get So Much More than the Rest of Us*, New York: Penguin Books.

Freeman, Linton, 1979, "Centrality in Social Networks Conceptual Clarification," *Social Networks,* 1: 215-39.

Freeman, L. C. and C. R. Thompson, 1989, "Estimating Acquaintanceship Volume," in *The small world*, edited by M. Kochen, 147-58, Norwood, N J: Ablex.

Fukuyama, Francis, 1995, *Trust: The Social Virtues and the Creation of Prosperity*, New York: Free Press Paper Backs Book.

______, 1999, *The Great Disruption: Human Nature and the Reconstruction of Social Order*, New York: The Free Press.

Gambetta, Diego, 1988, "Can We Trust Trust?" in D. Gambetta ed., *Trust: Making and Breaking Cooperative Relations*, NY: Basil Blackwell.

Gerlach, M. L., 1989, "Business Alliance and the Strategy of the Japanese Firm,"

California Management Review, 30: 126-42.

Giddens, Anthony, 1981, "Agency, Institution and Time-space Analysis," in Advances in Social Thoery and Methodology: Toward an Integration of Micro and Macro-Sociologies.(ed.), K. Knorr-Cetina and A. V. Cicourel, London: Routledge and Kegan Paul: 161-74.

______, 1984, *The Constitution of Society: Outline of the Theory of Structuration*, Calif.: University of California Press.

______, 1990, *The Consequence of Modernity*, Stanford, CA: Stanford University Press.

Gladwell, Malcolm, 2000, *The Tipping Point: How Little Things Can Make a Big*, Difference. Boston: Little, Brown. M., 글래드웰, 2000, 「티핑 포인트」, 임옥희 역, 서울: 이끌리오.

Gleick, James, 1987, *Chaos*, N.Y.: Viking.

Goffman, Erving, 1959, *The Presentation of Self in Everyday Life*, Garden City, N.Y.: Doubleday.

Goto, Akira, 1982, "Business Groups in the Market Economy," *European Economic Review*, 19(1): 53-70.

Gouldner, Alvin W., 1954, *Patterns of Industrial Bureaucracy*, Glencoe, Ill.: Free Press.

Grandori, Anna and Giuseppe Soda, 1995, "Inter-firm Networks: Antecedents, Mechanisms and Forms," *Organization Studies*, 16(2): 183-214.

Granovetter, M. S., 1973, "The Strength of Weak Ties," *American Journal of Sociology*, 78(6): 1360-1380.

______, 1985, "Economic Action and Social Structure: A Theory of Embeddedness," *American Journal of Sociology*, 91: 481-510.

______, 1988, "The Sociological and Economic Approaches to Labor Market Analysis: A Social Structural View," In *Industries, Firms, and Jobs,* ed., G. Farkas and P. England, 187-216, New York: Plenum Press.

______, 1994, "Business Groups," In *Handbook of Economic Sociology*, Edited by

N. Smelser and R. Swedberg, 453–475.

Granovetter, M. and R. Swedberg, 1992, *The Sociology of Economic Life,* Colorado: Westview Press.

Griffin, Larry J., 1993, "Narrative, Event-Structure Analysis, and Causal Interpretation in Historical Sociology," *American Journal of Sociology*, 98(5): 1094–1134.

Grusky, David B. and Robert M. Hauser, 1984, "Comparative Social Mobility Revisited: Models of Convergence and Divergence in 16 Countries," *American Sociological Review*, 49: 19–38.

Grusky, Oscar, 1961, "Corporate Size, Bureaucratization, and Managerial Succession," *American Journal of Sociology*, 67: 261–269.

______, 1964, "The Effects of Succession: A Comparative Study of Military and Business Organization," in *The New Millitary*, Edited by Morris Janowitx, New York: 83–109.

Grusky, R., 1960, "Administrative Succession in Formal Organizations," *Social Forces*, 39, 105–115.

Gulati, R. and H. Singh, 1998, "The Architecture of Cooperation: Managing Coordination Costs and Appropriation Concerns in Strategic Alliances," *Administrative Science Quarterly*, 43(4): 781–814.

Hagedoorn, John, 1993, "Strategic Technology Alliances and Modes of Cooperation in High-Technology Industries," In *The Embedded Firm,* edited by Gernot Grabher, 116–137, Routledge: London and New York.

Hakansson, Hakan, and Jan Johanson, 1993, "The Network as a Governance Structure: Interfirm Cooperation beyond Markets and Hierarchies," In Gernot Grabher, ed., *The Embedded Firm: On the Socioeconomics of Industrial Networks*, London: Routledge, 35–51.

Hansen, Morten M., 1999, "The Search-Transfer Problem: the Role of Weak Ties in Sharing Knowledge across Organization Subunits," *Administrative Science Quarterly*, 44: 82–111.

Hawthorne, Geoffrey, 1988, "Three Ironies in Trust" in *Trust: Making and Breaking Cooperative Relations,* Edited by Diego Gambetta, Oxford: Basil Blackwell.

Hamilton, G., 1985, "Why no Capitalism in China? Negative Questions in Historical, Comparative Research," *Journal of Asian Perspectives*, 2.

Haller M. et al., 1985, "Patterns of Career Mobility and Structural Positions in Advanced Capitalist Society," *American Sociological Review*, 50: 579-603.

Hansen, Morten M., 1999, "The Search-Transfer Problem: the Role of Weak Ties in Sharing Knowledge across Organization Subunits," *Administrative Science Quarterly*, 44: 82-111.

Heckman, James J. & Hidehiko lchimura, 1998, "Matching as an Econometric Evaluation Estimator," *The Review of Economic Studies,* Vol. 65.

Helmich, Donald and Warren Brown, 1972, "Successor Type and Organizational Change in the Corporate Enterprise," *Administrative Science Quarterly*, 39: 465-591.

Hodgson, Geoffrey M., "The Return of Institutional Economics," *In Handbook of Economic Sociology*, Edited by N. Smelser and R. Swedberg, 58-76.

Hodson, R. and Kaufman, R. L., 1982, "Economic Dualism: A Critical Review," *American Sociological Review*, 47: 727-739.

Ibarra, H., 1992, "Homophi;y and Differential ReturnsL Sex Differences in network Structure and Access in an Advertising Firm," *Administrative Science Quarterly*, 37(3): 422-447.

Ibarra, H., 1997, "Paving an Alternative Route: Gender Differences in Managerial Networks," *Social Psychology Quarterly*, 60(1): 91-102.

Imai, G., 1992, "Japans Corporate Networks," in S Kumon and Henry Rosovsky, ed., *The Political Economy of Japan*, Vol 3, 198-230.

Islam, I., 1994, "Between the State and the Market: the Case for Eclectic Neoclassical Political Economy," in *Business and Government in Industrialising Asia*, Edited by Andrew MacIntyre. Ithaca: Cornell University

Press, 91-112.

Jacobs, David, 1974, "Dependency and Vulnerability: An Exchange Approach to the Control of Organizations," *Administrative Science Quarterly*, 19: 45-69.

Johanson, Jan and Lars-Gunnar Mattsson, 1987, "Interorganizational Relations in Industrial Systems: A Network Approach Compared with the Transaction-Cost Approach," *International Studies of Management and Organization*, 17: 34-48.

Johnson, C., 1982, *MITI and the Japanese Miracle: The Growth of Industrial Policy, 1925-1975*, Cambridge: Harvard University Press.

______, 1987, "Polotical Institutions and Economic Performance: *The Government-Business Relationship in Japan, South Korea, and Taiwan*," In *The Political Economy of the New Asian Industrialism*, ed., Deyo, F. Ithaca: Cornell University Press.

Johnston, R. and P. Lawrence, 1988, "Beyond vertical integration-the rise of the value adding partnership," *Harvard Business Review*, 94-101.

Kanai, Toshihiro, 1998, "Entrepreneurial Networking Organizations." pp. 53-78 in Mark Fruin, ed., *Networks, Markets, and the Pacific Rim*, Oxford University Press: New York and Oxford.

Kanter, R. M., 1977, *Men and Women of the Corporation*, New York: Basic Books.

Kim, Yong-Hak and Sohn Jaesok, 1998, "Trust, Cooperation and Social Risk, A Cross Cutural Companison" *Korea Jouranl* 38, No. 1.

Knack, S. and P. Keefer, 1997, "Does Capital Have an Economic Payoff?. A Cross Country Investigation," *Quarterly Journal of Economics*, 62: 1251-88.

Knoke, David and J. H. Kuklinski, 1981, *Network Analysis*, Beverly Hills: Sage.

Kollock, Peter, 1999, "The economies of on-line cooperation: gifts and public goods in cyberspace," in Mark Smith and Peter Kollock ed., *Communities in Cyberspace*, London: RKP.

Kreps, D., 1990, "Corporate Culture and Economic Theory," in James Alt and K.

Shepsle, ed., *Perspectives on Positive Political Economy*, Cambridge: Cambridge University Press.

Kriesberg, Louis, 1962, "Careers, Organization Size, and Succession," *American Journal of Sociology*, 68: 355-359.

Krugman, Paul, 1994, "The Myth of Asia's Miracle," *Foreign Affairs,* 73(6): 62-79.

______, 1998, "What happened in Asia?", Mimeo., MIT, Cambridge, MA, Available at ⟨http:www.web.mit.edu/krugman/www/DISINTER.html⟩.

Laswell, Harold D., 1962, *Power and Personality*, New York : Viking Press.

Laumann Edward O., 1979, "Network Analysis in Large Social Systems: Some Theoretical and Methodological Problems," In *Perspectives on Social Network Research*, ed., PW Holland, S Lenhardt, 379-402, New York: Academic.

Laumann, Edward O., J. H. Gagnon, S Michaels, R. T. Michael, and J. S. Coleman, 1989, "Monitoring the AIDS Epidemic in the United States: a Network Approach," *Science*, 244(4909): 1186-9.

Laumann, E. O., Gagnon, J. H., Michael, R. T., & Michaels, S., 1994, *The Social Organization of Sexuality: Sexual Practices in the United States*, Chicago: University of Chicago Press.

Laumann, Edward O. and F. Pappi, 1973, *Networks of Collective Action,* Academic Press.

Lawrence, Paul R. and Jay W. Lorsch, 1967, *Organization and Environment: Managing Differentiation and Integration*, Boston: Harvard Business School Press.

Lazerson, Mark, 1988, "Organizational Growth of Small Firms: an Outcome of Markets and Hierarchies?" *American Sociological Review*, 53: 330-342.

______, 1993, "Factory or Putting-out? Knitting Networks in Modena," In Gernot Grabher, ed., *The Embedded Firm: On the Socioeconomics of Industrial Networks*, London: Routledge, 203-226.

______, 1995, "A New Phoenix?: Modern Putting-out in the Modena Knitwear

Industry," *Administrative Science Quartery*, 40(1): 34–59.

Lee, C. H., 1992, "The government and financial system in the development of Korea," *World Development*, 20: 187–197.

Lemann, N., 1996, "Kicking in Groups," *Atlantic Monthly*, 277(April): 22–26.

Levi-Strauss, Claude, 1963, *Structural Anthropology*, New York: Basic Books.

Lewis, David, 1969, *Convention*, Harvard University Press.

Lewis, J. David and Andrew Weigert, 1985, "Trust as a Social Reality," *Social Forces*, 63: 967–985.

Lewis, Oscar, 1998, "The culture of poverty," *Society, New Brunswick*, 35(2): 7–9.

Light, Ivan, Im Jung Kwuon, and Deng Zhong. 1990. "Korean Rotating Credit Associations in Los Angeles," *Amerasia Journal,* 16(2): 35–54.

Lightfoot, R. W., 1992, "Note on Corporate Governance Systems: The United States, Japan, and Germany," *Harvard Business School Working Paper*, No.9-292-012: 1–15.

Lin, Nan, 1989, "The Small World Technique as a Theory-Construction Tool." in Kochen, M., ed., *The Small World*: 231–238, Norwood, NJ: Albex.

Lin, Nan, 2001, *Social Capital: A Theory of Social Structure and Action*, Cambridge: Cambridge University Press.

Lin, N., Ensel, W. M., and Vaughn, J. C., 1982, "Social Resources and Strength of Ties: Structural Factors in Occupational Status Sttainment," *American Sociological Review*, 46. 393–405.

Lincoln, James R., and Arne L. Kalleberg, 1990, *Culture, Control, and Commitment: A Study of Work Organization and Work Attitudes in the United States and Japan,* Cambridge: Cambridge University Press.

Lipietz, Alain, 1985, *The Enchanted World: Inflation, Credit, and the World Crisis*, translated by Ian Patterson. London: Verso.

Lorenz, Edward H., 1988, "Neither Friends nor Strategies: Informal Network of Subcontracting in French Industry," In Diego Gambetta, ed., *Trust: Making and Breaking Cooperative Relations,* Oxford: Basil Blackwell, 194–

210.

Lorrain, Francoise and Harrison C. White, 1971, "The Structural Equivalence of Individuals in Social Networks," *Journal of Mathematical Sociology*, 1: 49-80.

Luhmann, Niklas, 1988, "Familiarity, Confidence, Trust: Problems and Alternatives" in *Trust: Making and Breaking Cooperative Relations*, D. Gambetta, ed., Oxford, UK: Basil Blackwell.

Lundvall, Bengt-Ake, 1993, "Explaining Interfirm Cooperation and Innovation: Limits of the Transaction-cost Approach," 52-64 in Gernot Grabher, ed., *The Embedded Firm*, Routledge: London and New York.

Macaulay, S., 1963, Non-contractual relations in business: A preliminary study, *American Sociological Review*, 28: 55-69.

Margolis, Howard, 1982, *Selfishness, Altruism, and Rationality: A Theory of Social Choice.* Cambridge: Cambridge University Press.

Marx, Karl, 1977, *Capital*, vol. I, New York: Vintage Books.

Mayhew, Bruce, 1980, "Structuralism Versus Individualism: Part 1, Shadowboxing in the Dark," *Social Force*, 59: 335-75.

Merton, Robert K., 1957, *Social Theory and Social Structure*, IL.: The Free Press.

Meyer, Marshall W., 1975, "Leadership and Organizational Structure," *American Journal of Sociology*, 81: 514-542.

Meyer, Marshall W. and M. C. Brown, 1977, "The Process of Bureaucratization," *American Journal of Sociology*, 83: 364-385.

Milgram, Stanley, 1967, "The Small World Problem," *Psychology Today*, 2: 60-67.

Mitchell, Clyde, 1969, *Social Networks in Urban Situations: Analyses of Personal Relationships in Central African Towns,* Manchester: Manchester University Press.

Mohr, John W., 1998, "Measuring Meaning Structure," *Annual Review of Soviolohy,* 24: 345-70.

Moon, C. I. and R. Prasad, 1994, "Beyond the Developmental State: Networks,

Politics and Institutions," *Governance: An International Journal of Policy and Administration*, 7: 360-386.

Motter, A. E., de Moura, A. P. S, Lai, Y. -C. & Dasgupta, P. 2002. "Topology of the conceptual network of language," *Physical Review E. 65,* 065102.

Naisbitt, John, 1994, Global Paradox : the Bigger the World Economy, the More Powerful Its Smallest Players, New York : William Morrow & Company.

Nowak, Stefan, 1977, *Methodology of Sociological Research*, translated by Maria Olga Lepa, Warsaw: Reidel Publishing Company.

Oakey, R. P., 1984, High *Technology Small Firms: Regional Development in Britain and the United States*, Frances Pinter: London.

Oberschall, A. and E. M. Leifer, 1986, "Efficiency and Social Institutions:Uses and Misuses of Economic Reasoning in Sociology," *Annual Review of Sociology*, 12: 233-53.

Okimoto, D., 1989, *Between MITI and the Market: Japanese Industrial Policy for High Technology*, Stanford: Stanford University Press.

Orru, M., 1991, "Practical and Theoretical Aspects of Japanese Business Networks," In *Business Networks and Economic Development in East and Southeast Asia*, Edited by G. Hamilton, Hong Kong: Centre of Asian Studies, 244-271.

Orru, M., N. Biggart and G. Hamilton, 1991, "Organizational Isomorphism in East Asia," In *The New Institutionalism in Organizational Analysis*, Edited by W. Powell and P. DiMaggio, Chicago: University of Chicago Press.

Osterman, Paul, 1975, "An Empirical Study of Labor Market Segmentation." *Industrial and Labor Relations Review*, Vol. 28, No. 4(July), 508-23.

Ouchi, W. G., 1980, "Markets, Bureaucracies and Clan," *Administrative Science Quarterly*, 25: 129-140.

Padgett, John F. and Christopher K. Ansell, 1993, Robust Action and the Rise of the Medici, 1400-1434, *American Journal of Sociology*, 98: 1259-1319. 147.

Pfeffer, J. and G. Salancik, 1978, *The External Control of Organizations*, New York:

Haper & Row.

Perrow, Charles, 1986, *Complex Organizations: A Critical Essay*, 3rd ed., New York: Random House.

______, 1990, "Economic Theories of Organization," In Sharon Zukin and Paul DiMaggio, ed., *Structures of Capital: The Social Organization of Economy*, Cambridge: Cambridge University Press, 121-152.

______, 1992, "Small-Firm Networks," In Nitin Nohria and Robert G. Eccles, ed., *Networks and Organizations: Structure, Form, and Action*, Boston, MA: Harvard Business School Press, 445-470.

______, 1999, *Normal Accidents : Living with High-Risk Technologies: With a New Afterword and a Postscropt on the Y2K Problem*, Princeton: Princeton University Press.

Piaget, Jean, 1970, *Structuralism,* New York: Basic Books.

Pinch, T. and Biker, W. E., 1987, "The Social Construction of Facts and Artifacts: Or How the Sociology of Science and the Sociology of Technology Might Benefit Each Other," In W. E. Bijker, T. P. Hughes and T. Pinch, eds., *The Social Construction of Technological Systems*, 17-50, Cambridge, MA: MIT Press.

Platteau, Jean-Philippe and Erika Seki, 2002, "Community Arrangements to Overcome Market Failure: Pooling Groups in Japanese Fisheries" in *Market, Community and Economic Development*, Edited by M. Aoki and Y. Hayami, Oxford: Clarendon Press.

Podolny, Joel. M., 1993, "A Status-based Model of Market Competition," *American Journal of Sociology*, 98: 829-853.

______, 1996, "Networks, Knowledge, and Niches: Competition in the Worldwide Semiconductor Industry," *American Journal of Sociology*, 102(3): 659-89.

______, 1997, "Relationships and Resources: Social Networks and Mobility in the Workplace," *American Sociological Journal*, 62: 673-93.

______, 2001, "Networks as Pipes and Prisms of the Market," *American Journal of Sociology*, 107(1): 33-60.

Polanyi, Karl, 1957a, *The Great Transformation*, Boston, MA: Beacon Press.

______, 1957b, "The Economy as Instituted Process," 243-70 in *Trade and Market in the Early Empires: Economies in History and Theory,* edited by Karl Polanyi, Conrad M. Arsenberg, and Harry W. Pearson. Glencoe, IL: Free Press.

Pool, Ithiel de Sola and Manfred Kochen, 1978, "Contacts and Influence," *Social Networks*, 1: 1-48.

Porter, M. E., 1985, *Competitive Advantage: Creating and Sustaining Superior Performance*, New York: Free Press.

Portes A., 1995, ed., *The Economic Sociology of Immigration*, New York: Russell Sage.

Portes, Alejandro and J. Sensenbrenner, 1993, "Embeddedness and Immigration: Notes on the Social Determinants of Economic Action," *American Journal of Sociology,* 98: 1320-50.

Posner, Richard A., 1998, *Economic Analysis of Law*, New York: Aspen Law & Business.

Powell, Walter W., 1990, "Neither Market nor Hierarchy: Network Forms of Organization," In Barry M. Staw and L. L. Cummings, ed., *Research in Organization Behavior*, Greenwitch, CT: JAI Press, 195-336.

______, 1998, "Learning from Collaboration: Knowledge and Networks in the Biotechnology and Pharmaceutical Industries," *California Management Review*, 40(3): 228-240.

Putnam, Robert D., 1995, "Bowling Alone, Revisited," *The Responsive Community*, (Spring): 18-33.

______, 2002, "Bowling Together," *The American Prospect*, 13(3), February 11.

Pye. Lucian W. and Mary Pye, 1985, ed., *Asian Power and Politics: The Cultural Dimensions of Authority*, Cambridge, Mass: Belknap Press.

Radelet, Steven and Jeffrey Sachs, 1998, "The East Asian Financial Crisis: Diagnosis, Remedies, Prospects," *Brookings Papers in Economic Activity*, 1-74.

Ragin, C., 1987, *Comparative Method: Moving Beyond Qualitative and Quantitative Strategies*, Berkeley: University of California Press.

Ritzer, George, 2000, *Sociological Theory*, 5th edition, McGraw-Hill.

Sabel, C., G. Herrigel, R. Kazis and R. Deeg, 1987, "How to Keep Mature Industries Innovative," *Technology Review*, 90 (3): 26-35.

Saxenian, A., 1991, "The Origins and Dynamics of Production Networks in Silicon Valley," *Research Policy*, 20: 423-437.

______, 1994, *Regional Advantage*, Harvard University Press: Cambridge and Mass.

Schelling, Thomas, 1978, *Micromotives and Macrobehavior*, New York: W.W. Norton & Company.

Schiff, Maurice, 1992, "Social Capital, Labor Mobility, and Welfare," *Rationality and Society*, 4: 157-75.

Schultz, T, 1961, "Investment in human capital," *American Economic Review,* 51: pp. 1-17.

Silberman, Bernard, 1967, "Bureaucratic Development and the Structure of Decision-Making in the Meiji Period: The Case of the Genro," *Journal of Asian Studies*, 27: 81-94.

______, 1976, "Bureaucratization of the Meiji State: The Problem of Succession in the Meiji Restoration, 1968-1900," *Journal of Asian Studies*, 35: 421-430.

______, 1982, "Institutionalization of State Bureaucratic Rationality: A Strategic Choice Approach," *Occasional Paper Series*, 0002, Center for Industrial Societies, University of Chicago.

Skocpol, Theda, 1973, "A Critical Review of Barrington Moore's Social Origins of Dictatorship and Democracy," *Politics and Society*, 3: 1-24.

______, *States and Social Revolutions: a Comparative Analysis of France Russia and China*, Cambridge : Cambridge University Press.

______, 1982, "Explaining Revolutions: In Quest of Social-Structural Approach," ed., Lewis Coser, 575-97 *in Sociological Theory: A Book of Readings,* 5th ed., New York: MacMillan Publishing Company.

Smith H. L., K. Dickson and S. L. Smith, 1991, "There are Two Sides to Every Story: Innovation and Collaboration within Networks of Large and Small Firms," *Research Policy*, 20: 457-468.

Smith, Ken G., Stephen J. Carroll and Susan J. Ashford, 1995, "Intra-and Interorganizational Cooperation: Toward a Research Agenda," *Academy of Management Journal*, 38(1): 7-23.

Smith, Michael D., Joseph Bailey and Erik Brynjolffson, 2000, "Understanding Digital Markets: Review and Assessment," Edited by Brynjolffson and Kahin, *Understanding the Digital Economy*, Cambridge, MA: MIT Press.

Snyder, David and Edward L. Kick, 1979, "Structural Position in the World System and Economic Growth 1955-1970: A Multiple-Network Analysis of Transnational Interactions," *American Journal of Sociology,* 84: 1096-1126.

Spcence, A. M., 1974, *Market Signaling: Informational Transfer in Hiring and Related Screening Processes*, Cambridge, MA: Harvard University Press.

Stinchcombe, Arthur, 1959, "Bureaucratic and Craft Administration of Production: A Comparative Study," *Administrative Science Quarterly*, 4: 168-187.

Stuart, T. E., 1998, "Network Positions and Propensities to Collaborate: An Investigation of Strategic Alliance Formation in a High-Technology Industry," *Administrative Science Quarterly*, 43(3): 668-698.

Stuart, T. E., H. Hoang, and R. C. Hybels, 1999, "Interorganizational Endorsements and the Performance of Entrepreneurial Ventures," *Administrative Science Quarterly*, 44(2): 315-349.

Teece, D. J., 1986, "Profiting from Technological Innovation: Implications for Integration, Collaboration, Licensing and Public Policy," *Research Policy*, 15(6): 285-305.

Teubal, M., T. Yinnon and E. Zuscovitch, 1991, "Networks and Market Creation," *Research Policy*, 20: 381-392.

Thaler, Richard H., 1994, *The Winner's Curse: Paradoxes and Anomalies of Economic Life*, Princeton, N.J.: Princeton University Press.

Thompson, G., J. Francis, R. Levacic and J. Mitchell, 1991, *Markets, Hierarchies and Networks: The Coordination of Social Life*, London: Sage Publication.

Thompson, James D., 1967, *Organizations in Action*, New York: McGraw-Hill, Vernon, Raymond.

Tocqueville, A. D., 1955, *Ancient Regime and the French Revolution*(OR), Translated by S. Gilbert, New York: Double Day & Company.

Taub, Richard P., 1988, Community Capitalism, Banking Strategies and Economic Development, Harvard Business School Press: Boston.

Tilly, Charles, 1975, "Revolutions and Collective Violence," in *Handbook of Political Science,* Vol. III, edited by Fred Greenstein and Nelson Posly, Mass.: Addison-Wesley Publishing Company: 483-555.

______, 1978, *From Mobilization to Revolution*, Mass: Addison-Wesley Publishing Company.

Travers, Jeffrey and Stanley Milgram, 1969, *An Experimental Study of the Small World Problem, Sociometry*, 32: 425-443.

Trotsski, L., 1977, *History of The Russian Revolution*, London: Pluto Press.

Tversky, Amos and Daniel Kahneman, 1981, "The Framing of Decisions and the Psychology of Choice," *Science*, 211: 453-8.

Uzzi, Brian, 1996, "The Sources and Consequences of Embeddedness for the Economic Performance of Organizations: The Network Effect," *American Sociological Review*, 61(August): 674-698.

______, 1997, "Social Structure and Competition in Interfirm Networks: the

Paradox of Embeddedness," *Administrative Science Quarterly*, 42(1): 35-67.

Wade, R., 1990, *Governing the Market: Economic Theory and the Role of Government in East Asian Industrialization*, Princeton: Princeton University Press, Introduction.

Wellman, B., 1983, "Network Analysis: Some Basic Principles," In R. Collins, ed., *Sociological Theory*, 155-200, San Francisco: Jossey-Bass.

White, Harrison, 1988, "Varieties of markets," 226-260 in Wellman and Berkowitz, eds., *Social structures: A network approach*, Cambridge: Cambridge University Press.

White, Harrison, S. Boorman, and R. Breiger, 1976, "Social Structure from Multiple Networks. I.: Blockmodels of Roles and Positions," *American Journal of Sociology*, 81: 730-780.

Williamson, Oliver E., 1975, *Markets and Hierarchies: Analysis and Antitrust Implications*, New York: Free Press.

______, 1985, *The Economic Institutions of Capitalism*, New York: Free Press.

Wolf, C., 1988, *Markets or Governments: Choosing between Imperfect Alternatives*, Cambridge: The MIT Press.

World Bank, 1993, *The East Asian Miracle: Economic Growth and Public Policy*, Oxford University Press.

Wrong, Dennis, 1961, "Oversocialized Concept of Man in Sociology," *American Sociological Review*, 26: 183.

Yamagishi, Toshio, 1986a, "The Provision of a Sanctioning System as a Public Good," *Journal of Personality and Social Psychology*, 51: 110-116.

______, 1986, "The Structural Goal/Expectation Theory of Cooperation in Social Dilemma," *Advances in Group Processes*, 3, E. J. Lawler, ed., Greenwich: JAI.

______, 1988, "The Provision of a Sanctioning System in the U. S. and Japan,"

Social Psychology Quarterly, 265-271.

Yee, Jaeyeol, 2000, "Social Networks of Koreans," *Korea Journal*, Vol. 40, No 1.

Zelizer, Viviana, 1979, *Morals and Markets: The Development of Life Insurance in the United States*, New York: Columbia University Press.

Zucker, L. G., 1986, "Production of Trust: Institutional Sources of Economic Structure, 1840-1920," *Research in Organizational Behavior,* 8, 53-111.

〈기타 Website 자료〉

ETHNO 프로그램 http://www.indiana.edu/~socpsy/ESA/

산타페 연구소의 네트워크 분석: www.santafe.edu

케빈 베이컨 게임: http://www.cs.virginia.edu/oracle/index.html

International Movie Data Base 자료: http://www.imdb.com

에르되스 수: www.acs.oakland.edu/~grossman/erdoshp.html

지프법칙: http://linkage.rockefeller.edu/wli/zipf/

사회 연결망을 연구 국제 네트워크 INSNA: http://www.heinz.cmu.edu/project/INSNA/na_inf.html

부 록

부 록 A

콜만 모델; SAS/IML 프로그램

```
proc iml;
reset fw=4.2;
   x = {1 2 2 1 0,
        3 0 1 2 5,
        0 1 4 0 0};
   c = {4 0 1,
        0 1 0,
        0 5 0,
        1 0 5,
        0 0 0};
do i = 1 to ncol(x);
   x[,i] = x(|,i|) / x(|+,i|);
end;
do i = 1 to ncol(c);
   c[,i] = c(|,i|) / c(|+,i|);
   end;
   print x c;
xc = x * c;
   ones = j(ncol(c),1,1);
D = (c * x)`;
print d;
v = inv(xc + 1 - I(ncol(c))) * ones;
print v;
cstar = J(nrow(c),ncol(c),0);
   r = c * v;
print r;
z = J(nrow(r),nrow(r), 0);
   do k = 1 to ncol(c);
      cstar[,k] = diag(r / v(|k,|)) * x` (|,k|);
   end;
print cstar;
```

찾아보기

저자약력

University of Chicago에서 박사학위 받음
*American Journal of Sociology, Rationality and Society*의
Associate Editor 역임
연세대학교 사회학과 교수
제18대 연세대학교 총장

저 서

「사회구조와 행위」
「비교사회학」
「사회 연결망 분석」 외 다수

개정판
사회 연결망 이론

2003년 7월 10일 초판발행
2004년 9월 10일 개정판발행
2021년 3월 10일 중판발행

저 자 김용학
발행인 안종만 · 안상준
발행처 (주) 박영사
서울특별시 금천구 가산디지털2로 53, 210호(가산동, 한라
전화 (733)6771 FAX (736)4818
등록 1959. 3. 11. 제300－1959－1호(倫)
www.pybook.co.kr e－mail: pys@pybook.co.kr

정 가 18,000원 ISBN 978-89-7189-726-3